人間と社会のうごきをとらえる
フィールドワーク入門

新原道信【編著】

ミネルヴァ書房

はしがき
本書の読み方／歩き方

　この本は，フィールドワークという世界の「門」をくぐって自分の足で歩いて行くとき，旅行カバンの隙間にいれてもらう「旅の友」として書かれた。これから大学でフィールドワークなるものをやってみようかという人，初めての土地を歩くことになった人，知らない人に会うことになった人，「なにか面白いことがあるかもしれない」「でも少しこわい」「たいへんそう」といった気持ちをもった人，「まあ行かなくても大体わかる」と思う人，「旅が好き／旅とか苦手」といった人たちに手にとってもらいたい。

　そしてまた，学生生活を終えて，実社会で生きることのたいへんさと，学生時代の意味に気づき始めた人に，ぜひこの本を読んでもらいたい。学生時代，何の意味があるかもわからず，やみくもに，ひたむきにやっていた「汗かき仕事」──予期しないことが次々起こり，途方にくれ，仲間と議論し，ときにぶつかり，「卒論を書き上げた後の生ビールの最初の一口の味だけ覚えている」という感覚をふと想い起こすことがあるだろう。そうした人に，手にとってもらえればうれしい。大学から巣立っていった人たちが，社会のなかで，うごき，ながされ，もがくなかで，ただひたすら悩み，立ち止まり，さまよった日々を想い出し，そこからの智恵をつかみ直してもらえればと思う。

　ない袖はふれない。大学生活であれ，社会生活であれ，私たちは，自分の固有の生の軌跡に縛られるところがある。他方で，そのかけがえのない個々の体験に根ざした強みをもってもいる。子どもの頃，あるいは学生時代，すでにやるとはなしにやっていた探求や探究の時間，不思議なことに出会い，驚き，驚嘆し，好奇心や遊び心で，つらさやたいへんさを忘れた瞬間もあっただろう。過去の自分からの「贈り物」の範囲でしか，意味あることはできないところがある。だから，自分のなかにすでに在る“フィールドワークの力（自分で道を切り開き，大切なこと／ひとに出会い，ともに場を創る力）”に気づくきっかけとして，本書を活用していただければ幸いである。

i

本書に登場してもらったフィールドワーカーたちは，それぞれの生の軌跡に即して，伝えたいことを全力で書いている。「ストレスなく」「すらすら」読めないし，最初は「なにこれ!?」「わけわかんない!!」「わたしにはできない」と思うかもしれない。でも，ひとまずぐいっと呑み込んで，自分でも少し始めてみてほしい。そして，行き詰まったり，煮詰まったりしたとき，あるいはなにか達成したかなと感じたとき，再びカバンの隙間にいれた本を引っぱり出してほしい。そうすると，この本のなかのいくつかの考えや言葉が「自分の感覚と妙にぴったりくる（!?）」と体感するかもしれない。この本は，後からじわっと，しかし，全身に効いてくる漢方薬のような役割を果たしてくれるはずだ。

　この本自体をフィールドワークするつもりで，自分なりの歩き方／読み方をしてもらうとよい。そのためのヒントを最初に出しておければと思う。目次は，あなたがこれから入っていこうとするフィールドワークの世界の案内図となっている。目次を見ながら，これからの旅のルートを考えてみてほしい。たとえば，

・第Ⅰ部のタイトルを見て気になったところから読み／歩き始める
・第Ⅱ部から読んでいく（身近な話かもしれないので）
・「あとがき」「終章」「フィールドワーカーとの対話」から読み始める（この本のめざすところが表されているはずだから）
・「序章」から読んでいく（オーソドックスなやり方の方が安心するので？）

等々，いろいろな「読み方／歩き方」を試してみてほしい。

　タイトルには「入門」とある。どんな入り方でもよいけれど，「門」をくぐるときの条件がひとつだけある。（少年誌のテーマみたいだけれど）「勇気と冒険」「友情」「交感」，"共感・共苦・共歓"，そして何よりも"驚きと遊び心と探求心"を大切にすることだ。すべてを読んで，すべてマスターしなければと固くなる必要はない。探求する心に身をまかせ，自由自在に，自らうごいていくなかで読み返してもらうと，深い理解は後からやって来る。あなたがすでに，いままで生きてきた／いま生きているなかでフィールドワークをやっているということ，オフの時間も含めて24時間すべてがフィールドワークであると感じて

もらえたらと思う。

　この本では，著者たち自身のことも書いてもらったが，海外や異郷の地に飛び込むような人たちでも，最初は「うだうだ，ぐだぐだ，ぐずぐず」していた。だからきっと大丈夫 (‼)，時をとめて，ゆっくりと，先は見えないけれど (⁉)，その不安も楽しんで (‼)，だまされたと思って，ひとまず"旅"を始めてもらえれば幸いである。まずは，この本のフィールドワークをスタートしてほしい！

　2021年12月

　　　　　　　　　　　　　　　　　　　　　　　新 原 道 信

人間と社会のうごきをとらえる
フィールドワーク入門

目　次

※各章冒頭の写真は，歩く学問の先達である宮本常一さんの「読める写真をとれ」とい
　う姿勢への敬意から来ている。
※各章冒頭の地図は，〈あるき・みて・きいて・よみ・しらべ・ふりかえり・ともに考
　え・かく〉というフィールドワークの道行き，フィールドワーカーの固有の軌跡（ルー
　ツとルート）を「読む」ために付されている。

序 章

フィールドワークとは何か

—地球の裏側へ／足元へのはるかな旅から—

サント・アンタン島の港ポルト・ノボ（2009.2.23）　筆者撮影
アフリカ西岸，大西洋に浮かぶカーボベルデ諸島のサン・ヴィセンテ島から船に乗り，
最西端の島であるサント・アンタン島の港ポルト・ノボに接岸する瞬間。

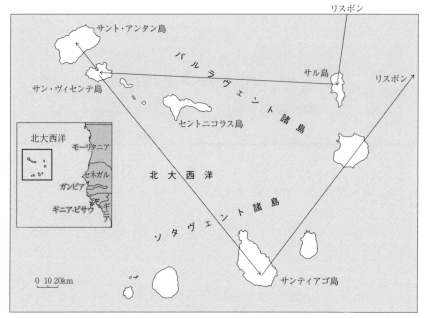

カーボベルデ諸島の地図とフィールドワークの経路　（出所）テキサス大学HP

サマリー

序章では，人間と社会のうごきをとらえるフィールドワークについて，おおまかな理解
を提示する。異なる世界に入っていき，出会うべき他者に出会う，そのなかで，自分の
「理解」を一度手放し学びほぐしていく。それは特別なよそゆきのものではなく，日々
の暮らしのなかでおこなっている〈あるく・みる・きく〉〈よむ・しらべる・考える〉
といったふつうの営みだ。自分の身体や社会に異変が生じ，簡単に移動したり，出歩い
たりできないときでも，自分が居合わせているどのフィールドでも，フィールドワーク
はできる。日本の津々浦々，世界各地，地球の裏側，足元，自分や他者の内面，図書館
のなか，本のなか，日誌のなか，「遠く／近く」，「大きく／小さく」，「様々／一所」，い
くつものフィールドでの営み（ワーク）が目の前に開けていく。

キーワード

見知らぬ明日　旅　異郷／異教／異境　ともに（共に／伴って／友として）　うごき（の
場）　居合わせる　惑星社会　地域社会／地域／地　デイリーワーク　背景（roots and
routes）

2

旅で見聞したことを書き記し報告するのは人類学者たるものの務めだろう——それが地球の裏側へのはるかな旅であれ，あるいは，足元にポッカリと開いた暗い穴の中への，これまたはるかな旅であれ，だ。

R・マーフィー『ボディ・サイレント』

（Murphy 1990［1987］＝2006：10）

1　はじめに——いまだかたちをとらないうごきをとらえるために

　私たちはいま，“見知らぬ明日”を生きている。この文章は，「新型コロナウイルス感染症（COVID-19, Coronavirus Disease 2019）」と豪雨災害が頻発する2021年夏に書かれている。「百年に一度」，さらには「誰も体験したことがない」「想定外の事件」に直面しつつ，日々を生きている。自分もまた突然，厄災の“受難者／受難民”となるのではないかという不安が頭をよぎる。社会がおおきくうごいていると感じることもある。

　不安を消すため，過去の「模範答案」で「問題解決」しようと身をよじる。社会のうごきにあわせ，自分の感じ方や考え方，行動も変化しているはずだが，しだいに慣れていき，違和感も少なくなっていく。しかし，ある日突然，ひとごと（誰かの不幸）はわがことへと劇的に転換する。

　そのときやっと気づく。私たちの日常は，社会的事件のみならず個人の病，死も含めて，“未発”の「事件」によって満たされているのだと。当面の忙しさにかまけて，見ないでいたし，聴こうとしなかった。「想定外の」災害や事故，「予期せぬ」病気，閉じたいと思っていた目や耳をこじ開けるようにして，“見知らぬ明日”は，「まったく突然」やって来る。このとき私たちは，たった一人で“異郷／異境／異教”の地に降り立つような感覚をもたざるを得ない。故郷（ホーム）は「突然」，異郷（アウェイ）となる。しかし，その「突然」の「事件」は，実は既にそれに先立つ客観的現実のなかに存在していた。なぜ気づかなかったのか。なぜ私たちは，眼前の兆しや兆候に対して“選択的盲目”を決め込んでいたのか。

　しかし，よく振り返ってみれば，予見とはいかないまでも，うっすらとした予感くらいはあったかもしれない。たとえば，2014年秋に以下のような文章を書いていた。

（「自分が考えるには複雑すぎて……」と思っていたら）

私たちは，どこか遠くの「ささいな，とるにたらない，ありふれた，陳腐なもの」が，突然，我が身に深くかかわる「厄災」や「焦眉の問題」として，"わたしのことがら"へと転変する社会を生きている。しかしそのことを実感できない。「まあたしかに，そういうことはあるかもしれないが，自分は大丈夫ではないか，そうであってほしい」と思って，そのことを考えるのはやめておく。……「現地」はたいへんらしい。「誰かが犠牲になるのは歴史的にはよくある話しだったんじゃないか」，いや「なんとかしなければいけない」。いずれもそうかもしれないが，どうしていいかわからず困ってしまう。最初は驚いたが，自分が考えるには複雑すぎて，何度か目や耳にするうちに，頭のなかでは「陳腐な問題」へと分類されていった。

（「ありふれた」景色が突然変わった⁉）

　身体のことも少し考えようと，ジョギングをして帰って来たら，突然，高熱が出た。普段だったら，よくある症状だと思っただろうが，ちょうど最近は，「感染症」が話題になっていたので，少し心配になり，病院に行ってみた。すると「デング熱です」と言われた。「話題になった公園に行ったわけではないのに」「なぜ自分が⁉」「明日のアルバイトはどうする」……，こうした考えが頭の中でぐるぐると回り出した。自転車での帰りがけ，雲行きが急に怪しくなり（最近は，東京でもゲリラ豪雨やヒョウが降るなど，突発的な気候の変化が起こりやすいようだ），あっという間に突風と雷，そして豪雨となった。熱でふらふらとしながら大学近くのアパートに帰りつき，ベッドで横になると，サイレンがなり，土砂災害の危険があると言う。高度成長の時代に「盛り土」で急造された宅地はとくに危険なのだという話をどこかで聞いたことをふと想い出した。高熱にうなされ，起き上がることもできない。山沿いのアパートから脱出することができるだろうか。近所付き合いをしておけばよかった。泥臭い空気が換気扇から逆流してきた。「まずいかもしれない⁉」とインターネット上に書き込みをいれたところで轟音が……。（新原道信「惑星社会のフィールドワーク──「景観」の背後の社会構造と人間の汗や想いをすくいとること」『Chuo Online』（2014年10月27日）に掲載。その他の文章も含めて，中央大学文学部社会学専攻のHPより閲覧可能，2021年12月現在）

　この文章を書いたときにはまだ、「新型コロナウイルス感染症（COVID-19）」も、河川の氾濫・浸水・土砂災害も、起こっていなかった。しかし、社会と人間のうごきを注視しつつ、もしかしたらという不安な気持ちで書いたことが、現実となってしまった。"未発の状態"で、しかし実はすでに存在／潜在している人間と社会のうごき、兆しや兆候をどうしたら"感知"し、"感応"することができるのか。ここでは、「いま現に起こっている／起こりつつある」ことの意味を大づかみするセンス（実践感覚）が必要となる。

　いつも見通すことができるわけではないが、フィールドで日誌（フィールドノーツ）を書き続けるというデイリーワークをおすすめしたい。日誌（フィールドノーツ）は、過去の自分、そして、自分のなかに埋め込まれた過去の社会との対話でもある。私たちは、突然「ホーム」が「アウェイ」へと転換する社会を生きている。しかし、私たちは、意外なくらいに、社会の大きな変化に慣れていく。そして、社会のうごきと同じスピードで自分もうごいていくことで、自分の感じ方・考え方の変化に気づかない。だからこそ、人間と社会のうごきの場に居合わせている自分が、そのときその場所で、何を感じ・考えていたのかを描き遺していく。

　「情報はいつでも簡単に検索できるのに、なぜ自分の考えを遺すのか」「自分の主観的で狭い考えに意味などあるのか」と思うかもしれない。しかし、その検索可能な「情報」は、特定のものの見方を正当化するために組み立てられていたりする。「いま起こっていること／起こったこと」の大半は、一定の解釈（先入観）による「コーティング」（塗布）が施されている。飛び交う「情報」や、目にする耳にする現実の一端についての「解説」を聞いて、「そんなものかな」と思いつつも、「でもなんかちょっとひっかかる」と思うことがある。

　そんなときに発せられた、まだかたちをとらない感触や予感を含んだ「つたない」言葉は、後になって大きな力を発揮する。社会が急速に転換し「前からこうでした」と歴史が単純化されていくとき、これまで「あたりまえ」だったことが失われていくとき、自分の力ではどうにもならない不条理に直面したとき、考えたりする余裕のないとき、あるいは、困難な状況にもかかわらず人のあたたかさにふれたとき、人間の可能性にこころをゆりうごかされたとき――生身の言葉は、こうした"根本的瞬間"の道標（みちしるべ）となる。

誰かが語る「わかりやすい正解」ではなく，そのとき日誌を付けていた自分が，現実をどう感じ考え，どう行動したのか，どのように「うち／そと」を分けていたのかを書き遺しておく。そうすれば，自分や他の人たちが，「見ない，聴かない，考えない，言葉にしない」としてきたことのなかに，実はすでに存在していた真実や，潜在する「事件」，あるいは別の可能性があったことに気づくチャンスが生まれる。よくみて，よくきき，つつみかくさず，すべてひっくるめて，自分の理解・状態を描き遺しておいた断片は，未来の自分や社会への贈り物（dono）となるはずだ。

　こうしたフィールドワーク／デイリーワークは，人間と社会のうごきのなかにあって，いまだかたちをとらないけれども，確かにそこに在ることがらを，"感知／感応"するための営みだ。悩み，悲しみ，怒り，歓び，希望や絶望や後悔，生身の人間と社会のうごきをつかみ，身近な／遠くの人びとの"心意／深意／真意"をくみ取るセンスを身につけられるようなフィールドワークの道を，本書では探っていきたい。

２　あるき・みて・きいて・よみ・しらべ・ふりかえり・ともに考え・かく

　人間と社会のうごきをとらえるフィールドワークとはどのようなものか。現時点で，少しだけ方向を示しておきたい。フィールドワークは，〈あるき・みて・きいて・よみ・しらべ・ふりかえり・ともに考え・かく〉という一連の動作によって行われる。

　本章冒頭の言葉は，アマゾンやニジェールやナイジェリアなど「地球の裏側へのはるかな旅」をしてきた文化人類学者Ｒ・Ｆ・マーフィー（Robert F. Murphy)の言葉だ。頑強な身体を持ち世界各地を飛び回ってきたマーフィーが,「ある日突然」，神経難病となり，52歳で車いす，57歳で四肢麻痺となった。マーフィーは，自分の身体が日々刻々と沈黙していく病のなかで，病院という「足元」で，さらには自分の内面という「ポッカリと開いた暗い穴のなかへの，これまたはるかな旅」をフィールドワークした。そして，「不治の病」という「はるかな」異郷への「旅」の書として『ボディ・サイレント』という作品を遺した（本書を手にとってくれたみなさんにぜひおすすめしたい本だ）。

　この本のなかには，フィールドワーカーの歩む道のほとんどすべてがある。

6

ここでの「地球の裏側への旅」は，物理的・地理的な距離の遠さというよりも，慣れ親しんだ自分の「故郷」から「異郷」へと出て行くという意味合いがある。そして，自分の「足元」で，実は「故郷」の内側に存在していた「異郷」に出会うという「旅」。そして，「異郷」とめぐり会うなかで，少しずつ起こっていく自分との対話，内面との出会いという局面。『ボディ・サイレント』は，フィールドワーカーが体験するであろう局面のほとんどすべてを備えている。さらにこの，"たったひとりで異郷／異教／異境の地に降り立つ"フィールドワーカーは，「旅の同伴者」を必要とするものであり，いつかは他者との間で"ともに（共に／伴って／友として）創ることを始める"ことになる。そしてまた，マーフィーが言うように，「旅で見聞したことを書き記し報告する」のは，「人類学者」のみならず，〈あるき・みて・きいて・よみ・しらべ・考え・かく〉ことを日々の営み（デイリーワーク）とする，すべてのフィールドワーカーの「務め」であろう。

　マーフィーは，「自身の内なる空間への旅」とアマゾン奥地などへの「旅」で〈あるき・みて・きいて・しらべ〉た。そして，かつて〈よみ〉，多くを学んだC・レヴィ=ストロース（Claude Lévi-Strauss）やE・ゴッフマン（Erving Goffman）たちの言葉との対話（本のフィールドワーク）と，「地球の裏側」「足元」「ポッカリと開いた穴」でのフィールドワークとを織り合わせ，ひとつの「タペストリー（織物）」へと仕上げていった。そして，伴侶であり同僚である妻ヨランダと，このような「"フィールドワーク"の旅」をともにした。『ボディ・サイレント』は，妻ヨランダや病友たちと，〈ともに考え〉るなかで，〈かく〉ことが実現した作品であるのだろう。

　とりわけ重要なのは，自らの身体的条件，社会的立場，扱われ方が変化し，障がい者をめぐる社会の状況もうごいていくなかで，自分／人間／社会の"うごき"をとらえようとした点である。ここでの"うごき"とは，（少し難しい言い方になってしまうが）"多重／多層／多面"の関係性の束である人間と社会が，その関係性を結び直し，組み直していく，ある特定の瞬間・プロセスだ。人間も社会も自分も，軸足をずらしつつ，揺れうごきつつ，かたちを変えていく。安定した距離を保って，純粋に客観的な立ち位置から静止した構造をとらえることなどできない。生身の人間と社会を相手とするとき，自分もまたうごいて

いくなかで,「フィールドのなかで書くこと（writing in the field, writing while committed）」が大切であるのだが,それは至難の業でもある。しかし,マーフィーは,アマゾンから自分の病まで,〈"うごき"のなかで"うごき"をとらえる〉という企図（プロジェクト）をやり遂げた。

　ここからわかることは,〈あるき・みて・きいて・よみ・しらべ・ふりかえり・ともに考え・かく〉,「地球の裏側」と「足元」「暗い穴」への「旅」が切り結び,いずれはつながるものであることだ。「遠く」であれ「近く」であり「はるか」な場所に旅立ち,異なる土地やひとと出会う。身近な,「足元」の端や果てにまた,「はるか」なものであった自分を識る。旅立ち,自分からうごいていくなかで,足元にあったはずのことがらと出会う。そしてこの,自分のこころのなかでもなされていた「はるかな旅」は,同伴者を必要とし,〈ともに考え・かく〉ことでひとつの区切りをつけていくのである。

③ そもそもフィールドワークをしてよいのか？

　本書では,とりわけいまフィールドに出ることの意味を問い直しておきたい。本章の扉にあげた写真は,大切なこと／ひとに出会うこととかかわるもので,2009年のカーボベルデでのフィールドワークにおいて筆者が撮影したものだ。2009年2月16日に日本を発ち,ローマ経由でイタリア・サルデーニャ島に到着し,旧知の盟友であり研究仲間であるA・メルレル（Alberto Merler）と再会した。翌日,早朝にサルデーニャを発ち,ローマ,リスボンを経由して,夜半の飛行機で大西洋を南下し,午前3時頃にサル島に到着した。サル島からまた飛行機に乗り,サン・ヴィセンテ島に到着,ここから船でサント・アンタン島に上陸するところの写真であった。その後はまた飛行機で首都プライアのあるサンティアゴ島へ移動し,サンティアゴ島から32時間ほどかけて3月2日,日本にもどった（移動経路は,本章冒頭のカーボベルデ諸島の地図を参照されたい）。

　サン・ヴィセンテ島から船で一時間ほどのサント・アンタン島にわたったのは,メルレルの旧友を訪ねるためだった。朝の5時より準備を始めて7時過ぎに宿を出て,港へと向かい,対岸の港ポルト・ノボ行きのフェリーに乗り込んだ。「今日の海は比較的静か」とのことだったが湾の外に出るとすぐに,大波と強風,強い揺れがおそってきて,吐き気に襲われながら椅子にしがみつき,

写真序-1　サント・アンタン島ポルト・ノボの教会で再会したアントニオ神父とアルベルト・メルレル（2009年2月23日筆者撮影）

一時間をじっと耐えた後に，港が近づき，とても救われた気持ちになり，地元の人たちと一緒に下船したのを覚えている。港で出迎えてくれたアントニオ神父は，1970年，イタリアのトリノでメルレルと知り合った。1971年にはリオデジャネイロでも会い，友人となった。しかし，それ以後会う機会はなかった。40年近い時を経ての再会だった（写真序-1）。メルレルは，出会うべき人に出会うため，はるか"異郷／異教／異境"の地——自分の故郷から離れ，異なる教え，異なる境界線が引かれた土地へと旅をしたことになる。筆者は，メルレルと旧友との「再会」という"うごき"の場に居合わせる体験をしたことになる。

　カーボベルデのフィールドワークについては，『"境界領域"のフィールドワーク』という本でも紹介した（新原 2014：356-386）。大航海時代の航海者たちが苦労の末に到達した島々を飛行機で訪れたわけだが，それでも旅のたいへんさはある。4回の機内泊も含めて，飛行機を10回乗り換えての移動だった。2001年の「9.11」以降，セキュリティチェックとパスポートコントロールは厳しさを増し，毎回荷物の隅々まで調べられたため，多くの時間を費やした。そのため，飛行機の乗り換えそのものも危なくなり，飛行場内を全力疾走し，飛行機の扉が閉まる寸前（最後の乗客!?）というのも何度かあった。「できればこういう旅／フィールドワークはもうしたくない」という気持ちになった。にもかかわらず，気がつくと，また新たなフィールドへと引き寄せられていき，旅を続けてきた。しかし，そもそもこうした移動の自由があったというのは，どういうことなのだろうか。

　「新型コロナウイルス」以降の世界では，「あたりまえ」のように飛行機で移動することの意味が問い直されることになるだろう。フィールドに出られるときも出られないときも，日々の営み（デイリーワーク）の「質」，そもそも「フィー

ルドワークをしてよいのか」が問われることになる。たとえば，二酸化炭素（CO_2）
を大量に排出するジェット旅客機で世界各地を移動することは，有限な地球環
境に悪影響を与えることとなってしまわないか。自分とは異なる条件で懸命に
生きるひとたちの生活に悪影響を与えないか。自由に移動できる人間が，簡単
には移動できないひとたち，自分の意志とは関係なく移動を余儀なくされたひ
とたちに会いに行くとはどういうことか。フィールドワーカーの移動と環境難
民や政治難民の移動との違いをどう考えるのか。いくつもの疑問が沸き上がっ
てくる。

　他方で，私たちは，惑星地球規模に拡がる情報ネットワークのなかで，ヴァー
チャルに様々な「土地を訪ね」，「ひとと出会い」，「世界を飛び回る」ことが可
能となっている。だったら，わざわざ「現地」まで行って，ひとに会わなくて
もよいのではないか。わざわざ「現地」のひとに迷惑をかけてまで，本人たち
の自己満足のために，「現地入り」しなくてもよいのではないかとも思う。

　さらにいま，「新型コロナウイルス感染症」の影響が滞留し続ける世界では，
飛行機での移動は簡単ではなくなり，身近な場所の移動，さらには対面でひと
と話すことすら，以前と同じにはできなくなっている。

　気候変動，環境汚染，森林破壊，貧困・格差，飢餓，感染症，民族紛争，移
民・難民——グローバル社会で生起する地球規模の諸問題の背後にある根本的
な問題を理解し，想定内の「問題解決」ではない新たな問いを立てることは大
切だ。しかしそのための営みとして，フィールドワークをすることにどんな意
味があるのだろうか，そもそもやってもよいのだろうか。

④ 謙虚に，慎み深く，低きより

　狭義の「フィールドワーク」は，「現場（フィールド）」に足を運び，状況を
観察し，話を聞き，資料を集めるなど，様々な「現地調査（フィールドリサーチ）」
をおこない，その「成果」を「報告書」や「論文」にまとめる方法だ。社会学
や人類学，民俗学，地理学，歴史学や考古学，政治学，経営学，経済学，文学，
芸術・美術から，建築学，農学，古生物学や地質学，生態学，遺伝学，地球科
学，災害研究など，それぞれの学問，それぞれのフィールドワーカーに固有の
方法が存在している。

　この間，いろいろな人たちから，「フィールドワーク（野外調査）ができなくなってたいへんですね」と言われた。「コロナ禍」という地球規模の社会現象でなくとも，自分や家族が病気になったりすれば，「自由な移動」は難しくなる（筆者の場合，大学の教師となってすぐに，母親の病，それに続く父親の死，その後の母の介護によって行動は限定されてきた）。では，「自由に移動」できなければフィールドワークは無理なのだろうか。

　病の床にあったマーフィーがそうであったように，「自由に移動」できないことは，フィールドワークにとってそれほど致命的なことではない。たしかに「フィールドワーク」という言葉は，「フィールド（野外）」での調査（ワーク）となっているが，「フィールドワーカー（フィールドワークするひと）」という言葉にはもっと深い意味と拡がりがある。

　フィールドワークの「質」は，日々の暮らしを「フィールド」として自覚的におこなうべき「デイリーワーク（日々の“不断・普段の営み”）」によって決まってくる。デイリーワークとは，「机の前で」の「勉強の時間」（「デスクワーク」）やインタビュー調査中といった「オン」の時間以外の「オフ」の時間のことだ。朝起きてニュースを見ているとき，新聞の記事を読んでいるとき，犬の散歩をしているとき，電車のなか，食事中，風呂やトイレのなか，病院のベッドの上，痛みを抱え自宅にひきこもっているとき，ぼーっとビルの谷間や路地を眺めているとき——つまり，日常生活のあらゆる瞬間，様々な場面で，臨機応変に，“臨場・臨床の場”で，“生身の現実”を観察し，疑問をもち，つぶやき，理解しようとする営みだ。

　デイリーワークであるようなフィールドワークにおいては，突然相手の状況で予定が変わったり，現地に行けなくなったり，帰れなくなったり，いろいろ大切なものを失ったりと様々なことを体験する。むしろ，危機的瞬間こそが，理解を深化させ，何かを発見するチャンスだ（と意地でも考えたい）。何かを「うまくやる」力というよりは，「うまくいかないときでも何かはできる」力を養うことができる方法だ。

　筆者の盟友 A・メルッチ（Alberto Melucci）は，いま私たちが生きている社会を，「惑星地球の命運」という遠大な問題と，私たちの身近な日常生活が分かちがたく切り結ぶ「惑星社会」として捉えた。彼の主著『プレイング・セル

フ——惑星社会における人間と意味』の9章「地球に住む」では，地球環境，「野生」の生物にまで，人間の活動が影響を与えるという段階，本当の意味で人類史の岐路に立っているとする。つまりいま，私たちは，社会そのものが大きくうごいていく時代に生きている。そしてまた，社会の"うごき"に自分を順応させつつ人間もまたうごいている。しかもその社会と人間の"うごき"は，惑星地球規模の"うごき"に大きな影響を与えてしまうようになった（Melucci 1996＝2008：173-182）と述べている。そのメルッチが2001年9月12日に白血病で夭逝する数カ月前，こう言っていたのを想い出す。

　謙虚に，慎ましく，低きより（humility, humble, humilis をもって，高みから裁くのでなく，地上から，廃墟から），自分の弱さと向き合い，おずおずと，失意のなかで，臆病に，汚れつつ，貧相に，平凡に，普通の言葉で，ゆっくりとした"うごき"のなかで，"臨場・臨床の智"を私たちの身体に染みこませていこう。そのためには，私たちの存在のすべて，個性のすべて，身体のすべてを賭けて，具体的な生身の相手とかかわりをつくるしかないんだよ。

　私たちがいま，ひとに迷惑をかけたり地球環境に悪影響を与えたりするかもしれないフィールドワークに着手するとしたら，謙虚に，慎ましく，低きより，歩み出すしかない。このようなフィールドワークであるなら，いつでも，どこでも，どこからでも，できるはずだ。「地球の裏側」であれ，「足元」であれ，「ぽっかり開いた暗い穴」であれ，その営みを生かす条件さえ整えるのであれば，物理的移動が必須の条件とはならない。むしろ，意識や認識の転換（メタモルフォーゼ），"軸足をずらしつつ揺れうごき（playing），かたちを変えつつうごいていく"ことこそが大きな意味をもつようになるはずだ。

⑤ まず始めてみるための「覚え書き」

　フィールドワークでは，ひととおり学んでからやるというよりは，〈あるき・みて・きいて・よみ・しらべ・ふりかえり・ともに考え・かく〉を，まず始めてみるところからスタートする。〈よむ〉は，〈あるき・みて・きいて〉を始める前から，その途中や後でもやっていること（本のフィールドワーク，ライブラ

リイワーク）である。〈かく〉については，本論において，それぞれのフィールドワーカーがどのように〈かく〉に取り組んだのかを見ていってほしい。

　ひとまずは，フィールドのなかでまず身体とこころをうごかしてみるところから始め，そのなかで自分にあった理論や方法を練り上げていってほしい。「本格的なフィールドワーク」は，数年の時間と膨大なエネルギーを必要とする。しかし，その長期にわたって持続するフィールドワークにも「始まり」がある。いわば，"全方位的な探求型フィールドワーク"として始まる。ここでは，まず"［何かを］始める"ための「覚え書き」を紹介したい。

⑴行く前に考え，下調べをする

　たとえば，「新〇〇ヶ丘」という場所でフィールドワークをするとしたら，いつどのように命名されたのか，古い地名は何だったのか，なぜ「新」なのか，なぜ「〇〇」なのか，なぜ「ヶ丘」なのかといった疑問をつらねていく。地図を眺め，どこに何があるのかを探索し，気になる場所があったら航空写真や地形図などでも探索してみる。その場所そのものについては書かれてないとしても，歴史や社会の大きな流れを理解できるような書籍や県史，市町村史などを一覧する。その土地の構造を把握できるような学術書にもあたってみる。インターネット検索もしてみる。

⑵〈テーマとリサーチ・クエスチョン〉を仮置きして，〈あるく〉ルートを考える

　自分がおこなうケース・スタディを位置づけるために，比較可能な地域を考える。そのために仮設的な〈テーマとリサーチ・クエスチョン〉を設定する。たとえば〈テーマ〉の軸足として，第二次大戦後，風通しがよく居住性がよい新たな公営住宅として建設された「スターハウス」に着目してみる。「スターハウスが建設された〇〇団地をフィールドとした近代日本の都市郊外の研究」という〈テーマ〉を設定した場合，比較可能な地域は，「スターハウス」が建設された他の団地となって，都市郊外の開発における諸問題を比較研究することができる。そのうえで，「スターハウスは，いつ何をきっかけとして，建て替えられたのか。住民はどううごいたのか。近隣の商店にはいかなる影響があったのか」といった〈リサーチ・クエスチョン〉を仮置きしてみる。地図を見て

気になったお風呂屋さんや美容院，団地，公園，小学校などを組み込んで，〈あるく〉ルートを考えてみる。

「仮置き」としたのは，実際にフィールドに入ると，様々な「発見」があり，組み直しが必要となるからだ。そのとき，何がきっかけで，どのように組み直したのかというプロセスそのものも，フィールドワークでは重要な意味をもってくるので，粘り強く記録を残しておくとよい。

(3)あるく・みる／足でかせぐ

まだ「目的地」についていなくても，行く途中の風景をよく眺め，植物や建物などの変化に注目する。そして「目的地」に到着したら，まず「大通り」を歩き，市場や店，史蹟などを眺める。そして，「大通り」から街のはずれへと入って行き，できれば高いところにのぼって街の中心と町の外部を眺望する。さらに，外壁に沿って歩いたり，路地を歩いたり，なぜか気になったり，「ひっかかり」を感じたりした場所には，できる限り足をとめて，ゆっくり，じっくり，ウロウロしてみる。

商店，公園，学校，家々の並び，窓，門柱，ブロック塀，洗濯物，植木鉢，犬小屋，猫や鳥のえさ皿，庭の植木，芝生，花壇，家庭菜園，木々，果樹，花，雑草，虫，カラス，ゴミ箱，ゴミ捨て場，自治会の掲示板，自治会館などをながめる。上や横，下を向いたりしながら，傾斜や段差に注意しつつ，歩道，敷石，縁石，誘導ブロック，手すり，側溝・用水路の蓋（グレーチング），マンホールの蓋，電柱，金網，フェンス，塀などを見回し，「景色」の一部となっている鉄やコンクリートや木材，プラスチックゴミや空き缶の様子を確かめてみる（写真序-2）。

どんな植物が生えているのか，どんな作物が植えられているのか，土地はどのように活用されているのか，道や生け垣や鉢植えや洗濯物はどんなふうになっているのか，

写真序-2　板が朽ちて釘が剥き出しになったベンチ（2020年11月2日筆者撮影）

ゴミはどうやって処理されているのか，街のひとは，どんな表情で街を歩き，どんな仕草や言葉遣いでひとと話をしているかなどに注意して観察する。あるく速度，距離感，道の広さ，駐輪・駐車のされ方など，空間の構成からよみとることができるひとのかかわり，関係性，そこにある差違，境界線に目をとめる。「ある時期には活用されていたらしいのに，いまでは**放棄されてしまっているもの**」——朽ち果てた看板や破れたポスター，放置された器具，建物の残骸，瓦礫，廃墟，空き地など——については，特に「こだわり」をもって探索し，後ほどその由来を探求していく。

　それと同時に，後からまた，その全景把握をひとつの「塊（かたまり）」として想起するための言葉を遺しておく。小さな紙への簡単なメモ，写真や動画，音声の録音，歩きながら，あるいは少し立ち止まって携帯端末への書き込み，様々な仕方で，臨機応変に記憶のかけらを記録していく。フィールドに居るあいだは，〈あるき・みて〉に重心を置き，選り好みせずにぐいっとのみ込む"全方位的な探求型フィールドワーク"を旨とする。

⑷その場で感じたことを日誌（フィールドノーツ）につける

　帰路では，自分にとって「景観」でしかなかった生身のフィールドについての感触を反芻する。その日の夜，できれば翌朝までに，少しでも言葉をフィールドノーツのかたちで残しておく（**写真序-3**）。大量で詳細な記述を念頭におきつつ，できれば，気になったことがあった場所と出来事を手書きの地図に書き込んでいく。写真ではうまく全景を表現できないというときはスケッチをしてみる。

　実はここからがフィールドワーク

写真序-3　アントニオ神父へのインタビューで実際に書いたフィールドノーツ（2009年2月23日）

写真序-4 コルシカ・コルテのコルシカ大学付近のスケッチ（1989年11月22日）

　の本番といってもいいのだが，フィールドから居なくなった後も，「いつもあなたとともにある」という気持ちで，手元に残されているものを生かし直す。フィールドからの贈りものである記憶，心象，写真，動画，スケッチ，メモ，フィールドノーツなど基点／起点として，繰り返しふりかえり，他のひとと話し，何度も何度もその生きた街，そこに暮らすひとの息吹を素描（デッサン，スケッチ）し直していく。

　日誌（フィールドノーツ）は，最初に日付，その横に，社会学的な意味づけ（他の学問でもかまわない）を一言にまとめた言葉，収集したデータ（インターネットから取得した新聞記事など）のなかで特筆すべきもの（後に比較の対象となり得るものなど）を冒頭に提示し，本文中では，起こったことについての観察，連想したこと，社会学的考察などを編み合わせながら"描き遺す"ことを試みる（**写真序-4・5**）。すなわち，①社会的な**事実の集積**（他者にも認知されているもの），②身の回りの出来事についての**観察**，③感想・思考・解釈などの**考察**，④他の出来事に関する事実・考察との**比較**をおこなう。

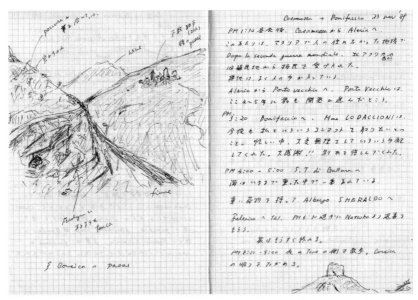

写真序-5　コルシカ東部アレリア付近のスケッチとフィールドノーツ（1989年11月23日）

(5)声をかけられたら話を〈きく〉

　〈あるく・みる〉をするなかで，声をかけてもらえることがある。あるいは，このひとならと意を決して声をかけたら応えてもらえることがある。そのようなときは，ぜひ思い切って「対話・談話」を試み，自分が何者で何を「識り」たいのか，どうしていまここを〈あるいて〉いるのかを伝えてほしい。もしその方が誰かを紹介してくれたり，あらためて話をしてもいいと言ってくれるなら，正式の依頼状を作成し，別の時間を設けて，本格的なインタビューに挑戦していくことになる。何を話してくれたかだけでなく，非言語的なコミュニケーションのレベル──そのときの表情，言葉のリズム，周囲の情景のすべてを記憶し記録するとよい。

(6)後から気になったことを徹底的に〈よみ・しらべる〉

　自分で図書館や公民館，資料館などを歩き，インターネットだけでは手に入らない紙ベースの情報を大切にすること。もっともやってはいけないことは，調査の「外」や「上」から，「理論」や「解釈」を貼り付けて，せっかく出会っ

た"生身の現実"を歪曲してしまわないこと。自分とはことなる理解のあり方をもったひとや土地があることを認め，その事実に驚嘆する気持ちを大切にすることだ。

(7)その体験を〈ふりかえり・ともに考える〉

　フィールドワークでは，"複数の目で見て複数の声を聴き，複数のやり方で書いていく"ことにより，複数の「偏り」の「藪のなか」の先にあるリアリティへと接近していく。フィールドでの体験を語る相手を探し，その間に，感じたこと，考えたこと，連想や着想なども含めて，できる限り対話する時間を設ける。フィールドワークの後にも，その意味を，"ともに（共に／伴って／友として）"振り返るための機会をつくる。「専門家」や「識者」の意見に頼るのでなく，自分のかたわらで，同じく現実を理解しようともがいているひとの声，感じ方，考え方に耳をかたむけること。どこかにある「答え」を探すのでなく，いままで学んできた智を総動員して，「答えなき問い」に応えることをあきらめないことだ。

(8)簡単なまとめ

　最初のフィールドワークは，自分にとって多くの「発見」をもたらす。それが，よくあることなのか，本当に「発見」なのかは後になってみないとわからない。そして，不思議なことに，最初に見た情景のなかに，実はすでにすべてが在ったのだということが多々ある。だからこそ，それが難しいとしても，"すべてのことを忘れずに"という姿勢が大切だ。粘り強くやっていけば，理解は後からやって来る。

　「目立つ街の目立つこと」だけ見る（見たいものだけ見る）のでなく，目立たないことも含めて，そこに暮らすひとたちの日常性のなかにある諸事実（それは"未発"の「事件」の芽でもある）をできる限り掬い取ること。自分がいま目にしている「景観」は，どのような積み重ねでつくられてきたのか──公営団地・マンション・集合住宅，分譲の戸建て住宅，商店街，鉄塔や側溝，コンクリートや鉄の階段，川のある風景──"生身の社会"の複合性と"多重／多層／多面"性をできる限り，筋立てて構成し，他者に伝わるための工夫をするこ

と，自分の「地図」をつくっていくことだ。

⑥ フィールドワークの「道具立て」

前節では，〈あるき・みて・きいて・よみ・しらべ・ふりかえり・ともに考え・かく〉の一連の動作について紹介してきた。以下では，実際のフィールドワークでは，どのような「道具立て」をするかを書いておきたい（ただし，ここでの「道具立て」は，活用する機材の進歩によっても変わってくるので，もっとも原初的なものの範囲で説明する）。

(1)地図

あらかじめ何種類かの縮尺の地図（世界，国，地域，街，等々）を準備，あるいは現地で購入し，実際に歩きながら書き込みをいれていく（写真序-6）。

写真序-6　メリリャで収集した地図と紙の資料（2019年3月17日〜3月19日筆者撮影）

(2)手書きのメモ

スケッチなども含めて手書きしかできないこと，手書きがふさわしいことをメモしていく。サイズの小さなものでジャケットのポケットに入るものがよい（あるいはA4の用紙を四つ折りにしてポケットに入れる）。青と赤のボールペンを使用（青は通常の記録で，注意を喚起する場合は赤を使う）。

写真序-7　サルデーニャで収集したコルク樫の樹皮と枝葉，そこからつくられたワインのコルク栓（2009年11月12日筆者撮影）

(3)現地で採集したモノ

文献や冊子・地図・パンフレットなどの紙の資料のみならず，その場の記憶をよみがえらせるために，石や貝殻，葉っぱなどの切片をとって

写真序-8 アゾレス諸島ピコ島ラエス
の教会で撮影した胸像（2008
年2月23日筆者撮影）
　胸像には「ドン・ジョアン・パウリー
ノ・アゼヴェド・エ・カストロ，1852年
2月4日ピコ島のラエスに生まれ，1918
年2月17日マカオに死す」とあった。後
から調べ，この時代のマカオの司教が，
中国全土，長崎，東ティモール，マラッ
カなど，アジアのカトリック世界に大き
な影響力をもっていたことがわかった

写真序-9 2018年3月ランペドゥー
ザ島，2019年3月メリリャ
でのフィールドワークにおい
て実際に使用したクリア
ファイル　筆者撮影

おく。花や枝葉などは，手書きのメモに押
し花にして残す。石や貝殻などは解説を付
けて，小さな透明の袋などに入れて残して
おく（写真序-7）。

(4)写真

　そのときには意味がわからないことでも
あとから調べられるように，できるだけ「分
厚い記述」となるような写し方をする（もっ
とも撮りたいものと近くのものを同時に，その
写真がいかなる状況で写されたのかを含めて撮
影する）（写真序-8）。

(5)動画

　そのときには意味がわからないことでも
あとから調べられるように録っておく。①
列車や車で移動中に流し撮りをすることで
土地の全景を把握するためにとるもの，②
広場や公設市場などの光景や街路でのひと
びとの歩き方，話し方，生活のリズムなど，
動画での記録がふさわしいもの，③メモを
とれないときの音声メモとして撮る場合な
どがある。

(6)クリアファイル

　日付の順番に行く先々で収集した紙ベー
スの資料，メモ，地図などを整理し保存し
ていく（写真序-9）。最後の部分には領収
書・旅程などフィールドワークそのものの
実務に関するものを入れておく。これとは

別に，旅程に関する資料を入れたファイルと調査そのものに関する事前資料（インターネットで集めた情報など）を入れるファイルを常備しておく。

⑺日誌（フィールドノーツ）

「日誌（フィールドノーツ）」は，フィールドワークの最も大切な「果実」であり，「フィールドのなかで書くこと（writing in the field, writing while committed）」から生み出される理論のための「沃地」となっている。デジタルデータの形でフィールドノーツを残しておく（後日まとめようと思ってはいけない）。できる限り同日夜か翌日の早朝までに，その日に手書きでメモしたことなども含めて，記憶していることがら，情景などについて書き残していく。そのとき，連想したこと，想起したこと，着想したことなども，そのままの順番で描き遺す。これまでの経験の蓄積のなかから，理解しえたことがひとつの概念としてうかびあがる瞬間があったら，その概念を記録するとともに，その概念がいかなる条件のもとで，いかなる連想と蓄積のなかで，いかなる“化学反応／生体反応”により生み出されたのかも記録しておく。

⑻対話

旅をともにする相手がいた場合には，その旅の間に，感じたこと，考えたこと，連想や着想なども含めて，できる限り対話する時間を設ける。旅の後にも，その旅の意味を振り返るための機会をつくる。一人旅の場合には，日誌（フィールドノーツ）をつくると同時に，親しいひとたちに向けて，旅の途上で得られた感覚に忠実な形で，手書きの手紙（絵葉書などでもよい）やＥメールを送っておくようにする。

⑼新聞や雑誌，TV ニュースなど

フィールドワークの間にも，現実の人間社会は地球規模にうごいていき，フィールドでの体験と特定の社会的個人的な「事件」とが深く切り結ぶ可能性がある。旅の行き帰りに読んだ機内誌や新聞などを持ち帰る。飛行機や電車に乗る場合は，現地の新聞や雑誌などに目を通す（多くのひとが目を通しているものが何かを知るため）。帰路では，まずメモと記録をもとに旅の最後のリフレク

ションの内容を日誌に記す。新聞・雑誌などで偶然出会った情報・言説についての解釈（「日常言語」の中にいかに「科学」は混入しているのかなど）を考察する。

(10)簡単なまとめ

こうした「道具立て」自体に目新しいものはない。むしろ "不断・普段の営み" としての観察・記録・情報収集とリフレクション（意味づけと再解釈）——複数の目で見て複数の声を聴き，複数のやり方で，分厚い記述と再解釈をし続けているかどうかにかかっている。たとえば，「ここには何かあるかな」と "嗅覚" を働かせて見知らぬレストランに入る。内部の装飾やメニューなどを見てから店の人に話しかけ，会いたいと思ってきたひとの名前を出して消息を訪ね，偶然とれた約束でそのひとに会う，そのひとからまた連絡をとってもらうという "奇偶" と "機縁" でうごいていく。〈あるく・みる・きく〉の内的なリズム，想起が継起する契機を大切にして，それ自体をひとつのプロセスとしてうごいていく。

食事中，移動中，家で，ホテルで，散歩しながら，いま何を感じ，どう理解したか，それはいかなる意味があると現在考えているか，過去のいかなる体験や知識が想起されているか，新たな知覚によって，いかなる着想が生まれたか（ことがらの "化学反応／生体反応" が起こったのか）など，できる限り身近なひと，遠くのひとと対話し，何度も何度も，頭のなかにつくられた「(話の) 筋」を組み直していくのである。

７ ひとまずのまとめ——フィールドワークとは何だろうか？

そろそろ序章のまとめに入っていきたい。フィールドで出くわす事実は，最初，ひとつの「景観」のように立ち現れる。しかしその事実や智者の言葉の背後には，舞台上に登場することのなかった言葉や想念がある。さらにその舞台裏の言葉や想念の背後には，身体に刻み込まれた記憶，同時代に起こったことがらがある。(智者である) 他者を理解するとは，この "多重／多層／多面" の「一所懸命」を理解すること。「景観」として受けとめた「事件」や「データ」や「情報」の背後にある "心意／深意／真意" と "身実（みずから身体をはって証立てる真実）" を探ろうとすること。かたちを変えつつうごいていく "事柄の

理（ことわり）"を"探究／探求"すること。つまりは，「景観」のなかの"構造／人間の汗や想い"を掬い取ること。そして，こころと身体をくぐり抜けた言葉を書き／全景を描き遺すことだ。身体でわかっていくことで，気がつくと自分も変わっていくのだ。

　生身の身体で「慣れない土地」へとむかうとき，気候の変化や病気や怪我，盗難や事故等から身を守ることがリアルに必要となる。また「慣れない土地」で「慣れない言葉」を使って，自分が何者でなぜここに来たのかを伝える力，「相手のこと」を理解しようとする態度，思慮深く，謙虚に，慎み深く，自らの限界を識る智が必要となる。

　「データ」は，現実を剥製にしたものではなく，生々しく，あるときの情景，しぐさ，表情，空気感といったものの複合体として，フィールドワーカーの身体に刻み込まれる。こうして，自らの「汗かき仕事」で獲得した「情景」のアーカイブ（自前の図書館・資料館と地図）と，自前の現実へのふれ方（実践的な理論）を創ることも念頭におきつつ，自分の理解のかたちを変えつつうごいていくことができれば，フィールドワーカーは，出会った土地やひと，そして，その土地やひとに出会っていないひとにも何かを贈り届けることができるようになる。

　ここでは，フィールドで出会う「予想外の事実」こそが重要となる。調査者側の当初の「作業仮説」とは異なる理解のあり方，現象の現れ方，相関関係など，「予想通りにいかない」場合が，もっとも貴重なリフレクションの場を提供してくれる。そしてまた，フィールドワークは，それをするものの"固有の生の軌跡"と分かちがたく結びついている。フィールドワーカーのみならず，フィールドでの出会い，出会うひとたちにも，それぞれに固有の"背景（roots and routes）"があり，ここから特定の二者の「間」で，異なる他者である両者が出会った意味が生まれるのである。

　それゆえ，フィールドワークの〈エピステモロジー／メソドロジー／メソッズ／データ〉は，ある部分だけを切り離して「活用」することは難しい。〈特定の現実〉と〈特定のひと〉が出会い，切り結び，関係性そのものもうごいていくなかで織り合わされる「タペストリー（織物）」ということになる。

　筆者にとって，フィールドワークの〈エピステモロジー／メソドロジー／メソッズ／データ〉の"基点／起点"となったのは，イタリアのサルデーニャと

23

いう土地である。1987年からほぼ毎年通い続け，サルデーニャ滞在中に，ベルリンの壁の崩壊，昭和天皇の崩御，阪神・淡路大震災，「9.11」とアフガニスタン侵攻，旧ユーゴスラビアやイラクへの空爆，「3.11」と，社会の大きな"うごきの場"に居合わせた。イタリアに通い，暮らすなかで，アルベルト・メルレルとアルベルト・メルッチという二人の智者と出会った。二人それぞれとの間で，家族も含めた深いかかわりをつくり，お互いの「生老病死」も"ともに（共に／伴って／友として）"した。筆者の父親の死やメルレルの両親，メルッチの両親，メルレルの伴侶の死，そしてメルッチ本人の死というきわめてパーソナルな，それぞれの記憶の奥底に刺さったままとなっている出来事を，イタリアで体験した。

　ひとつの土地やひとと長きにわたってかかわる（「契りを結ぶ」ような）フィールドワークは，そこにかかわるひとの「生老病死」とも重ね合わされる。メルレルとの間では「地球の裏側へのはるかな旅」を，メルッチとの間で，「足元にポッカリと開いた暗い穴のなかへの，これまたはるかな旅」をともにしてきたことになる。メルレルとの間でも，それぞれの生老病死を「フィールド」とする経験を積み重ねてきた（新原 2011：113-136）。筆者にとってのフィールドワークは，"旅をして，出会い，ともに考える"ことの歓喜，そしてまた，永訣の朝を迎えることの痛切，それらすべてを受け入れるところに生まれる"共感・共苦・共歓"である。それゆえ筆者にとってのフィールドワークは，自分のなかに埋め込まれた"異郷／異教／異境"の地であるサルデーニャから，"旅をして，出会い，ともに考える"というスタイルとなっている。

　これからフィールドワークをやってみようとするみなさんに向けて，あらかじめの「まとめ」を提示しておきたい。いま読んでも「なんのこと？」とわからないものだけれど，ひとまず"ぐいっとのみ込む"ことをしてほしい。自分のフィールドで岐路に立たされたとき，理解がやって来るはずだ。

　以下の文章は，まず自分で始めてみて，行き詰まったとき，一息ついて，これまでを振り返る時期などに，読み直してもらうためのテーゼとして，ここに置く（すべての文章は，これまで筆者が馴染んできたイタリア語，ラテン語，ドイツ語，フランス語などでも考えている。ここでは，できるだけ英語に変換した言葉を中心に原語を残しておくが，「飛ばし読み」してもらってかまわない）。

①フィールドワークは,「ここがロードスなり, ここにて跳べ！(Hic Rhodus, hic saltus!)」(『イソップ物語』より), あるいは,「誠者天之道也, 誠之者人之道也 (誠は天の道なり, これを誠にするは人の道なり)」『中庸』という "臨場・臨床の智 (cumscientia ex klinikós, wisdom to facing and being with raw reality)" だ。生身の人間が, 生身の身体 (corporeality) をうごかし, 生身の社会をわかっていくという感性的人間的な営み (sinnlich menschliche Tätigkeit) だ。

②フィールドワークは, 私たちが「景観」のようなものとして受け入れ, やり過ごしてしまっている人間や社会のうごきを捉える「問題発見 (仮説生成) 型」の方法だ。とりわけ, どのようなやり方で現実を解決すべきかが定まらないときに力を発揮する。とりわけ,「景観」の背後にある "構造／情動 (汗や想い)" を掬い取ることを旨とする。

　なぜそれが大切であるかといえば, "生という不治の病を生きるひと, 痛む／傷む／悼むひと (homines patientes)" が生きられるテリトリー (存在しているものは何であれ, ただ存在するという理由のみによって静かに尊重されるようなテリトリー, 異質性を含み混んだコミュニティ) を探求するためだ。つまりは, "生存の場としての地域社会／地域／地 (regions and communities/territory/earth for sustainable ways of being)" を構想すること,「損得」や「合理性」や「効率」をこえて, 人と社会が変化していく "うごきの場に居合わせ (being involved with the field)", 人間と社会のうごきをとらえ, 進むべき道を明らかにするための探求の方法だ。

③フィールドワークは, 生身の社会に, たったひとりで異郷／異教／異境の地に降り立ち, ともに創ることを始める──自分で道を切り開き, 大切なこと／出会うべきひとに出会い, 他者とともに場を創る営みだ。生身の現実(raw reality) にぶつかり, 自分の「枠」を揺さぶられ,〈「わかった (つもり)」だったことを一度手放し,「学びほぐしていく (unlearning)」(鶴見俊輔) という創造的なプロセス (process of learning by unlearning in the field)〉だ。

④フィールドワークは, 調査研究のなかでもとりわけ, 総合芸術／総合的な知

の技法（arte sintetica），「型」にこだわらない「総合格闘技（mixed martial arts）」，文化人類学者レヴィ＝ストロースが言うところの「ブリコラージュ（日曜大工）」的な色合いの強い営みだ。しかしそれは，「安全な場所」で「余裕をもって」，いろいろ，うまく貼り合わせるという思考態度（mind-set）ではない。生身の身体で，現実のうごきのなか，余裕のないなかで，自らふりかえりつづける，その営みを他者との間で"交感／交換／交歓"しつづけ，なけなしの経験と智恵を"組み直し（recompose/reassemble）"，"織り合わせる（weave together）"という「汗かき仕事」だ。

⑤フィールドワークは，「このひととつきあっても自分に得なことはないかもしれないけれど，まあつきあうか」と思ってもらえる力，「役に立つかどうかわからないけれど，まあ声をかけてみるか」と呼んでもらえる力（calling の力），"ひとごと（misfortune of someone else）"に巻き込まれる力を必要とする。その力は，日頃の"不断／普段の営み"としてのデイリーワークからつくられるものなので，フィールドに出たときだけ「うまく」やることはできない。

⑥デイリーワークは，「勉強の時間に」というよりは，むしろ「オフ」の時間，ふつうの時間をフィールドとして，日常生活のあらゆる様々な場面で，素朴かつ率直に，感じ，考えたことを，"大量で詳細な記述法（methods of acumen, keeping perception/keeping memories）"によって"描き遺す"ことを基本とする。"大量で詳細な記述法"は，とりわけ，たいへんな時期，危機の瞬間，予想外のことや困ったことが起こっているとき，いままでのやり方ではうまくいかないときに，真価が問われ，深化していく方法だ。ゆっくりものを考え書くことなどできない状況で，たとえそれがつたないものでも，その日の社会と自分を観察し，その日に"描き遺す"という"不断／普段の営み"を続けると，自分のなかに「洞察力」がつくられていく。

⑦フィールドワークは，地球規模で〈あるき・みて・きいて・よみ・しらべ・ふりかえり・ともに考え・かく〉ことを試みる比較学（comparatologia, comparatology, comparative socio-cultural studies）である。特定の土地やひとの生身の現

実にふれ経験的な問いを発すること，その小さな現実がもつ大きな意味を鳥瞰し，時代を超え，縦横無尽に想像／創造力を働かせるという営みであり，"対話的／対位的に問いかけ続ける（keep asking questions dialogically and contrapuntally）"ことを大切にする。

⑧フィールドワーカーと成り行くには，いくつかの局面（monent）が存在している：

"試行／修行の局面（moment of trial）"においては，何をどうしていいかまだわからず，何をどこから"始める（beginning to）"のかを考えところから行為を始めていくしかないところがある。この時期の「無駄」や「失敗」から学ぶことが後に生きてくる。「着々と」ではないし，いつになるかの予想もできないが，試行錯誤を繰り返すなかで，"創発の局面（moment of emergence）"がやって来る。「降りてきた」とか「沸き上がった」とか表現するひともいる。そして，思い，志し，想いを馳せ，言葉にして，考えると同時に，フィールドのなかで身体とこころがうごいてしまっているという"思行の局面（moment of thinking/acting）"がやって来る。

　この一連の営みのなかでは，構造化・形骸化していく身心を再び揺りうごかす瞬間（エピファニーあるいはペリペティア）が必要となる。社会的事件や，人間関係の亀裂，喪失は，大きな役割を果たし，それらはすべて〈エピステモロジー／メソドロジー／メソッズ／データ〉に刻み込まれ，身体化して，そのひととの拘束と絆（human bondage）を構成する。他者をわかろうとすることで，"かたちを変えつつうごいていく"フィールドワーカーは，いずれはこの第三の局面を「生きる」ことになる。

　⑨フィールドワークは，"グローバル社会で生起する地球規模の諸問題（global issues）"の背後にある"根本問題（fundamental problem）"を切り出し，想定内の「問題解決」ではない"新たな問いを立て"，"ひとごと"から"わがこと（cause, meine Sache）"への転換を図るための学問的方法である。

　⑩フィールドワーク／デイリーワークは，なかなか実感のわかない社会の全

景を“感知し（percieving/sensing/becoming aware）”“感応する（responding/sympa-thizing/resonating）”チャンスを与えてくれる。「いま私たちが生きる社会はどこに来てしまっているのか？」——すべてがローカルな運命共同体，逃げていく場所のない領域（テリトリー）となった惑星地球，「グローバルなフィールドとその物理的な限界（the global field and its physical boundary）」をもつ“惑星社会（planetary society）”を生きる人間であることを，身体感覚も含めて理解しうごき出す手助けをしてくれる。

　⑪私たちはいま，惑星地球というひとつの「船（Spaceship Earth）」の内側で，あっという間にひとつの出来事の影響が伝播してしまう社会，“ひとごと”などない“惑星社会”を生きている。その場で私たちがおこなうべきフィールドワークは，きめ細やかに見る／大きくつかむという「虫の目／鳥の目」からさらに，深く広く，微細に遠大に，思考や想像の翼を拡げ，行動する必要がある。これまで，感じようとすることすらなかった「（ウイルスを含めた）微生物の目」や，人間中心の暮らしのなかに組み込まれた「（野生・家畜・栽培を問わず）動植物の目」や，私たちがあるき，みて，きくことを成り立たせてくれている「生態系の目」を意識して，局所的に，しかし，大きな視野と複数の「目」をもって，すべての出来事，森羅万象に五感を総動員させていきたい。ひとまずこれを，“惑星社会のフィールドワーク（Exploring Fieldwork in the Planetary Society）”と呼ぼうと思う。

　⑫“惑星社会のフィールドワーク”は，１）空間的には，身近な場所，“縁”のある場所にかかわるだけでなく，同時に，自分の視野の“端／果て”においてしまっていた“（人間と社会の）うごきに対して開かれた理論（theories open to the nascent moments/processes）”を必要とする。２）時系列的には，「一期一会（一度きりの出会い）」から，コミットメント（関与）へ，そして，出会い直し，関係を“組み直し”続けるデイリーワークである。３）「近い／遠い」「短期／長期」といった二分法からこぼれてしまう「内なる異質性（“異物（corpi estranei, foreign bodies）”）」に気づき，ふれるための「回路」であり，“端／果て”から“組み直す”可能性を常備した調査研究の方法である。

⑬「一期一会」に始まり，コミットメント（関与），出会い直し，関係を“組み直していくなかで，思い，志し，想いを馳せ，考えるとは“存在と契りを結ぶ（s'engager）”ことだと気づかされる。つかまれ，引き込まれ，巻き込まれ，関係性はうごいていく。そのなかで，“惑星社会のフィールドワーク”は，物理的であれ想念のなかであれ，土地とひととの間での新たな関係性を創出していく。たとえば，“未発のコミュニティへのフィールドワーク（Exploring Fieldwork for the Nascent Community）”，個々人の奥底にある「生老病死」とかかわる“内なる惑星のフィールドワーク（Exploring Fieldwork in the Inner Planet）”といった変奏曲を奏でていく。

⑭“惑星社会のフィールドワーク”は，“声をかけられたらすぐに請け負う準備があるという協働／協力性（willingness）”，“無償性／無条件性／惜しみなさ（gratuitousness）”を必要とする。“見知らぬ明日（unfathomed future）”に直面するなかで奮闘する“ごくふつうのひとびと（ordinary simple people）”のリフレクシヴな営みから生まれる意味，“（軸足をずらし）揺れうごきつつかたちを変えていく（playing and changing form）”営みに寄り添い，こころを寄せる。その旅／フィールドワーク／デイリーワークの道程で出会った書物，映画，ドラマ，ドキュメンタリー，手記，私信，日誌，風景，情景，音，匂い，話の断片，表情，つぶやき，くちごもり，記憶の奥底──そのどれをも「フィールド」として，生きた「タペストリー（織物）」を織り合わせていく。

⑮いま私たちは，切り離すことのできないひとつのまとまりとなった惑星社会に対面している。“惑星社会のフィールドワーク”は，“未来に向けての考故学（Sociological/anthropological caring for the lost and nascent）”，失われたもの／新たに生まれつつあるものに思いを馳せ，社会学的／人間学的に“感知／感応”する学問をめざし，道を切り開いていく。こうして，いまここでなすべきフィールドワークにとっての根本的学術的な“問いかけ（interrogazione, ask questions）”は，以下のものとなる。

惑星地球をひとつの海として，社会をそのなかに浮かぶ島々として体感する

ような"智"——地球規模の複合的諸問題に応答する"臨場・臨床の智"を，いかにして紡ぎ出すのか。地球の，他の生き物の，他の人間の悲鳴を，感知し，感応する"共存・共在の智"をいかにして可能とするのか。"惑星社会のフィールドワーク"はこの課題を引き受け／応答するものたり得るのか。そのためにはいかなる条件があるのか？

8 おわりに——フィールドワーカーとの対話にむけて

そもそも本書は，特定のフィールド（土地やひと）に対して「一所懸命」なひとたち，土地とひと（フィールドの智者，"地識人（the streetwise)"）に出会ってきたひとたちの話を聴いてみたいと想うところから始まった。

第Ⅰ部そして第Ⅱ部に登場する面々は，出会ったものに引き込まれるかたちで，ゆっくりと，やわらかく，深く歩むことを選び取ったひとたちだ。そのひとたちは，それぞれ，耳をすましてきき，勇気をもって，たすけあうことを，フィールドのひとたちと，異なるフィールドで格闘するひとたちとの間でおこなってきた。

すでに多くのフィールドワークの作品を生み出しているひと，いま生み出しつつあるひとに，作品の"舞台裏"も含めて話を聴ければと思う。ここでは，それぞれのフィールドワークの"背景（roots and routes)"と実際について，以下のような"問いかけ"をおこないたい。

わたしより年若く，「歩く学問（フィールドワーク）」の実践者としてわたしが尊敬しているみなさんへ

以前から，みなさんの「作品（モノグラフ／エスノグラフィー）」はどのように生まれたかを聴いてみたいと思っていました。そこで以下のような質問をさせてください。とりわけ応えたいこと，応えられる範囲で文章を書いていただければ幸いです。

①あなたの原動力となった「こだわり」は何か？

②フィールドワークの途上でいかなる困難と対面したのか，何をきっかけに，考え，そして視野が変化していったのか？　フィールドのひとたちとの間で何が生まれたのか？

③誰の，何と，どのように出会ったのか？

④どのように，〈あるき・みて・きいて・よみ・しらべ・考え・かく〉という営みをしているのか？

⑤何を識ろうとしているのか？　何を実現しようとしているのか？　いかなる社会を構想しているのか？　その智を誰に伝えたいのか？

　わたしの場合は，うごかずにはいられない，混沌・混乱のなかで，千々乱れ，たいへんなとき，苦しいとき，悲しいとき，怒りのなかで，ひきこもったこころのままで，あるき・みて・居合わせ・引き込まれ・託され，静謐な歓喜や無償性を交感する瞬間にも出会い，吐露するように本をつくりました。自分のなかのマグマにさいなまれ，突きうごかされつつ，フィールドにつかまれ，巻き込まれ，流れ，うごき，かたちを変えつつうごいてきました（『ホモ・モーベンス——旅する社会学』，そして『旅をして，出会い，ともに考える——大学で初めてフィールドワークをするひとのために』という本のなかで書きましたが，終章でも少し書きたいと思います）。"驚きと遊びと探求心"をもってあらゆることの意味を問うていく"不断・普段の営み"であるフィールドワークの実際とその"心意／深意／真意"について，語っていただけましたら幸いです。

　各氏は，この"問いかけ"への「返歌」を，それぞれのスタイルで提示してくれるはずだ（巻末「フィールドワーカーとの対話」も参照されたい）。本論での個々のフィールドワークの物語が，読者にとって，どこか共鳴するところがあり，フィールドのなかで身体とこころがうごいてしまうきっかけとなることを願いつつ，序章を結ぶこととしたい。「生きられたフィールドワーク」と読者との間で，かすかな鳴動が生まれ，"対話的にふりかえり交わる"という"交感／交換／交歓"が生まれることを祈念しつつ。

（新原道信）

参考文献

新原道信，1997『ホモ・モーベンス——旅する社会学』窓社。

————，2004「生という不治の病を生きるひと・聴くことの社会学・未発の社会運動——A・メルッチの未発の社会理論」東北大学『社会学研究』第76号，pp. 99-133。

───────，2007『境界領域への旅──岬からの社会学的探求』大月書店。

───────，2011『旅をして，出会い，ともに考える──大学で初めてフィールドワークをするひとのために』中央大学出版部。

新原道信編著，2014『“境界領域”のフィールドワーク──惑星社会の諸問題に応答するために』中央大学出版部（メルレル，メルッチ，中村寛，鈴木鉄忠，阪口毅と共著）。

───────，2016『うごきの場に居合わせる──公営団地におけるリフレクシヴな調査研究』中央大学出版部（鈴木鉄忠，中里佳苗，中村寛と共著）。

───────，2019『“臨場・臨床の智”の工房──国境島嶼と都市公営団地のコミュニティ研究』中央大学出版部（鈴木鉄忠，阪口毅，大谷晃，鈴木将平，中里佳苗と共著）。

新原道信・宮野勝・鳴子博子編著，2020『地球社会の複合的諸問題への応答の試み』中央大学出版部（鈴木鉄忠，阪口毅と共著）。

Melucci, Alberto, 1996, *The Playing Self : Person and Meaning in the Planetary Society*, New York : Cambridge University Press（＝2008，新原道信・長谷川啓介・鈴木鉄忠訳『プレイング・セルフ──惑星社会における人間と意味』ハーベスト社）.

───────, 2000, "Verso una ricerca riflessiva", registrato nel 15 maggio 2000 a Yokohama（＝2014，新原道信訳「リフレクシヴな調査研究にむけて」新原道信編『“境界領域”のフィールドワーク──惑星社会の諸問題に応答するために』中央大学出版部，pp. 93-111）.

Murphy, Robert F., 1990 [1987], *The Body Silent──The Different World of the Disabled*, New York : W. W. Norton（＝2006，辻信一訳『ボディ・サイレント──病いと障害の人類学』平凡社）.

読者への問い

Q. あなたにとって「身近な」土地とはどこか？

Q.「身近な」ひととは誰か？

Q.「端」や「果て」の土地，人とは？

Q. 何が「わがこと」で何が「ひとごと」か？

Q. 何が「うち」で何が「そと」か？

Q.「身近」と「端／果て」，「わがこと」と「ひとごと」，「うち」と「そと」，これらの境目が突然変わったことはあったか？　それは何がきっかけだったのか？

補遺：フィールドワークの重要事項

　学生諸氏に提示しているフィールドワークの重要事項をここで紹介する。

フィールドワークの基準
・調査研究される側への深い配慮と理解
・"多重／多層／多面"性と"多声"の確保
・致命的な失敗につながる「安易さ」（安易に聞いて答えを求める。見たいものだけを見る。足でかせがず，調べ尽くす工夫をせずに，表面だけ整えようとする）を徹底して避けること

フィールドワークで求められる力（自分で道を切り開き，大切なこと／ひとに出会い，ともに場を創る力）
・教えられたり，指示されたりする前にまず自分で始めてみる力
・自分に対して向けられているのでないコメントをわがこととして聴く力
・自分がいまだ体験していないことだとしても興味関心（コミットメント）をもとうとしつづける力
・自分の（既存の）枠組みによる整理・分析の対象としてしまうのでなく，相手の独自の筋やリズムを理解しようとする力。相手の文脈を理解しようとすることで，自分の枠組みをかえていく力
・助力を受ける力：自分で考え行動するべき部分と，どうしても自分の力では突破できないことがらとを見極め，自らの答え／応えを準備したうえでアドバイスを受ける力
・切実な個別的問題をある特定の条件下で考える。「すっきり」，「くっきり」，思いついたままに言い放つのでなく，複雑なやり方で，"多重／多層／多面"的に考え，調べ，語る力

フィールドワークの智

・同時代性：フィールドのなかで，自分の学問・調査研究がもつ現在的意味を問い，存在証明する
・問題志向性：状況の変化のなかで生起する諸問題に接近し，入り込んでいく。"ひとごと"から"わがこと，わたしのことがら"への転換を図る
・複合性：生活者を断片化することなく複合的に受けとめ総体として把握する複数性と相補性：地域的／地球的，実体的／構築的など，異なる視点・立場から，領域横断的に現実を把握し，異質な他者との対話をおこなう
・根源性："グローバル社会で生起する地球規模の諸問題"の背後にある"根本問題"を切り出し，想定内の「問題解決」ではない"新たな問いを立てる"

フィールドワーカー（調査者）とフィールドで出会うひと（当事者）との関係性

・フィールドワーカーの使命は，その能力を，あくまであらたな社会の構想につながる認識の地平を生産することのみに活用することである
・この営みに参加する者は，有意の情報や知見を他の調査者にもたらす必要がある
・調査者は調査によって獲得した新たな認識をなんらかのかたちで他の調査者や自分が属するコミュニティ／かかわるフィールドに返す必要がある。そして調査に応じた当事者もまた他の当事者に新たな認識を返す必要がある。そこで重要となるのは，結果の伝達を通じての直接的なコミュニケーションそのものである
・当事者は，社会と自らの行為のリフレクションをしていくという意味での調査者でもある。その当事者と調査者は，対話的にふりかえり交わるなかで，おたがいの関係性を組み直し続ける。当事者も調査者も，それぞれの目的に応じたかたちで，調査の結果をわがものとする　（Melucci 2000＝2014：99のまとめをもとに筆者が改作）

第Ⅰ部

いくつものフィールドワークの道

第1章

民俗学者・宮本常一の足跡をたどる旅から

—あるく・みる・きく，そして記録する—

白木山（1995年）　筆者撮影
民俗学者，宮本常一（1907-1981）の故郷・山口県周防大島の生家付近にある。標高374メート
ルの山頂から本州・四国が見渡せる。宮本は少年時代，この山から眺める風景から，見知らぬ
土地や人びとに思いを馳せた。

宗谷岬

竜飛岬

島根県邑智郡邑南町鱒渕・出羽

山口県大島郡周防大島町白木山

長崎県対馬市上県町伊奈

長崎県対馬市厳原町浅藻

長崎県南松浦郡新上五島町有川郷

長崎県五島市富江町富江

与那国島

福島県いわき市平北神谷
愛知県北設楽郡設楽町名倉
大阪府河内長野市滝畑
和歌山県有田市
高知県吾川郡いの町寺川
高知県高岡郡梼原町茶や谷
高知県宿毛市
高知県幡多郡大月町月灘
高知県土佐清水市貝ノ川
東京都小笠原村父島

サマリー

　稀代のフィールドワーカーであった民俗学者・宮本常一（1907-1981）の生涯をたどる旅から考えたことを紹介する。人と出会い，証言を記録するだけでなく，景観を読み，記録に残りにくい記憶を呼び覚まし，豊かな過去をよみがえらせるには，どのようなことを心がける必要があるだろうか。私が学生時代に経験した旅から，できるだけ具体的なエピソードをもとに考えてみたい。日本列島の津々浦々に暮らす人びととの出会いを通して，歴史のなかで「忘れられた」とされる存在を，「忘れるまい」とすること。そのために，ささやかな記録を残すこと。どんな時代，どんな社会にもはびこる「支配的言説」を打破するためには，どのような試みが可能か。若い読者と共に考えてみたい。

キーワード

宮本常一　民俗学　旅　聞き書き　景観を読む　記録に残りにくいもの　支配的言説の打破

[1] 旅の始まり

　出会いは，高校三年の春休み，大学に入学する直前の出来事だった。

　東京から高知県へと帰省する電車のなかで読んだ宮本常一（1907-1981）の『忘れられた日本人』（未来社，1960年。岩波文庫，1984年）のなかの，「土佐源氏」という一篇にすっかり心うばわれてしまい，帰省途中の列車を途中下車して行き先を変え，「土佐源氏」の舞台となった土地へと初めて足を向けたのだった。

　「土佐源氏」は，高知県梼原で暮らす老人が，私生児として生まれてから馬喰として生き，盲目となった晩年までの一代記を，宮本常一がまとめた聞き書きである。学校で習う歴史の教科書からはけっして知ることのできない人間の生きざまがそこには書きとめられていた。

　郷里の高知県に，このように世間から忘れられながらも，人知れず鮮やかな人生を生きた人がいるとしたら，私もそうした人の話に耳を傾けてみたい，その時そう思ったのである。一冊の本との出会いが，その後の人生を決めたといっても言い過ぎではない。

　著者である宮本常一は，当時，ほとんど忘れられた民俗学者であった。まだ評伝は一冊も出ておらず，その人について知ろうとしたら，まず，彼が書き残した著作を一つひとつ地道に読んでいくほかなかったのである。大学の図書館が所蔵する著作をひととおり読み終えて，今度は旅だと思い立った。旅に生きた宮本常一の生涯を理解するには，自分自身も旅をするなかで人と出会い話を聞くことをしなければ，彼には迫れないような気がしたのである。

　そうして，『忘れられた日本人』の舞台をすべて歩く旅がはじまった。学生時代は，寝袋を持っての野宿の旅であったので，その日，寝る場所を確保し，十分な睡眠をとり，旅を持続させる体力を奪われないようにする工夫の連続。それが旅だった。そのような旅を通して，人が生の営みを続ける原点を学んだような気がしている。

　しかし，やがて，私に宿を貸し，食事を提供してくださる方が必ず現れた。それは私にとって，人間に対する視野がすっかり変わるような出来事だった。見ず知らずの旅人に，なぜ，人は泊まる場所と食べるものをまったくの無償で提供できるのか。人が人を信用しようとする最初の姿を教えていただいたと思っている。

　宮本常一の本を読んで来ましたと言うと，「ああ，それは宮本さんがうちのじいさんに聞いて書いた本だ」とか「孫の自分がまだ子どものころ，宮本さんが来たのを覚えている」というように，1990年代の当時はまだ，宮本が訪問してきた時のことを記憶する老人や，宮本が話を聞いた古老の子孫にあたる人たちに話を聞くことが可能であった。

　本書の読み手には，フィールドワークを志す学生も多いのではないかと思われるが，ちょうどみなさんと同じくらいの学生時代に，私もまた，全国を訪ね歩いて，宮本常一が旅した土地に行っては，関係者と出会い，その人に話を聞き，記録するということをつづけてきたのだ。

② 白木山からの眺め

　本稿では，宮本常一を手掛かりに，フィールドワークの魅力や可能性について考えてみたい。

　宮本常一の歩いた場所を歩いて，私がまず気づいたのは，「景観が語る」ということだ。

　宮本が生まれたのは，山口県の周防大島という，瀬戸内海の島である。ここに白木山という山がある。標高374メートル。たいして高い山ではない（**扉写真**）。

　宮本常一の生家は，この山のふもとにある。宮本の幼少期の時分は，**扉写真**に写っている手前の道路の真下が海であった。戦後，ずっと埋め立てられて，**写真1-1**がちょうど私が初めて周防大島を訪ねた1993年。道路のさらに海側を埋め立てるためにブルドーザーが入っているのがわかる。**写真1-2**が，2017年春の様子。先ほどブルドーザーが入っていた場所には運動場ができて，道の駅ができている。私が初めて行ったときは，ここは海であった場所だ。この20年余の間に，定点で見るとそれぐらい変わっていることがわかる。

　写真1-3は，白木山へ登って，その中腹から見た風景である。真下に見えているのが，宮本の生家がある集落だ。瀬戸内海が見え，対岸には本州が見える。

　この白木山に登ると，本州と四国と九州が同時に見える。この山は，この土地に暮らす人たちなら必ず登ったことがあるという，心の原風景ともなってい

写真1-1　周防長崎バス停付近（1993年）　筆者撮影

写真1-2　周防長崎バス停付近（2017年）　筆者撮影

写真1-3　白木山からの眺め（1993年）　筆者撮影

る場所である。宮本常一も少年時代，この山から，九州や四国，本州を眺め，子ども心に，あそこにどういう人が住んでいるのだろうかとか，そこにはどんな街があるのだろうかとか，どういう魚が獲れるのだろうかと思いをめぐらせる場所であった。

宮本常一は，「父は，私を白木山へ連れてのぼることによって，私を旅人にした」という印象的な言い方をしている[1]。そういう場所であることが，実際に行ってみると非常によくわかる。

日本の交通手段というのは，陸上交通に取って代わられるまでは，船がその中心であり，瀬戸内海は移動の大動脈だった。そのもっとも人通りの激しい四国と本州と九州の三叉路のど真ん中にあるのが，宮本の故郷の周防大島であった。

最初の旅でこの山に登って風景を眺めて初めて，私は宮本の原点がよくわかる気がした。島というと「離れ小島」とか「絶海の孤島」とか呼ばれて，人との交流のない場所のように考えられがちだが，そういう固定観念を打ち壊してくれるのが，この白木山からの眺めであった。

③ 「景観が語る」ということ

宮本常一が『忘れられた日本人』の「対馬にて」で歩いた場所で，九州の長崎県の対馬は，北岸から韓国まで50kmしかないので，夜になると韓国の街の明かりがよく見えた。

稚内の宗谷岬に行ってみると，そこは対馬と韓国よりももっと近くにサハリンが見えた。ここは一番近いところで43kmしかない。

もっと近いのが，竜飛岬と北海道の間で，20kmしか離れていない。津軽海峡は，アイヌ語で「塩っぱい川」と呼ばれていたようで，そこは海ではなく，ひとまたぎできる川だという認識だった。当然行き来が行われていた。

もう一つ例に挙げると，日本の最西端の与那国島から台湾までは110km。私が与那国に行った時には台湾は見えなかったが，年に数回，晴れ渡ると台湾が見える日があるとのことであった。

いま挙げた場所は日本の国境地帯だが，行ってみると，すぐそこに陸地が見えて，わずかの距離であることが，景観を通してよくわかる。当然人の行き来

がある。日本が孤立した島国というような考え方はすっかり改めないといけないということが、その場に立つと非常によくわかる。景観そのものが、そうやって語りかけてくるのだ。

　宮本常一が高知を旅した帰りに、飛行機の窓から眼下を眺めていたら、海岸から川がずっと土佐山中へ向かって延びていて、そこに水田が開けている様子が見えた。そうやって川を遡るかたちで弥生時代の水田が開拓されていき、人が住み着いていったのだろうということが推測された。それがある場所まで行くといったん途切れる。そして、途切れた後に何が起こるかというと、さらに山の奥の方に、ぽつんぽつんと畑作で生活を立てていて、水田を作っていない集落が現れる。これはいったいなぜか。

　宮本は、この山奥に住んでいる人たちというのは、日本の先住民の末裔ではないかというひとつの仮説を立てている。(2) 後から稲作が入ってきたときに、別のルートから別系統の人たちが水田を切り開いていったが、あるところでプツンと切れて、その奥の畑作の集落とは断絶がある。景観を見ていくと、そういう不思議な、問いを投げかけてくるような景観がたくさんあって、山林の利用にしても海岸の利用にしても、景観からいろんなことが見えてくるのだ。

　『忘れられた日本人』に左近熊太という「世間師」として紹介されている老人が登場する。その人が住んでいた大阪の河内長野市にある滝畑という場所は、いまはもう滝畑ダムができて、水底に沈んでしまっている。

　そこを旅した時、この土地には両墓制の習慣が存在したことを知った。両墓制というのは、同じ人物を埋葬するのに、埋め墓と拝み墓という二つの墓を別々に立てる風習である。遺体は火葬せず、集落の外れのできるだけ遠くに埋め、埋め墓を立てる。しかし、そこまで拝みに行くのはたいへんなので拝み墓の方は家の近くに建てるという風習である。

　左近熊太の墓の写真を見てほしい。**写真1-4**が拝み墓で、**写真1-5**が埋め墓である。

　しかし、当時の墓地は全部ダムの底に水没しており、本来の場所にはすでにない。その後、滝畑霊苑という大きな霊園をダムの脇の高いところに新しく建てて、そこに、埋め墓の墓石と拝み墓の墓石を全部一緒にして集めてしまっている。

写真1-4　拝み墓　　　　　　写真1-5　埋め墓
（ともに1994年）　筆者撮影

　写真を見ると，拝む方の墓には花が絶えないことがわかる。埋め墓には，か
つての風習で花は活けない。同じ場所に二つの墓石を集めてしまっているので，
すでに両墓制の意味は失われてしまっているにもかかわらず，かつての習慣は
そんなところにも残っているのだった。そのことを，供えられた花の有無が物
語っている。
　両墓制というのは，その土地の不浄観とか，他界観とか，霊魂観とか，その
土地に生きる人びとのコスモロジーを知るうえでたいへん重要なものだが，こ
うなってしまうと，もはや両墓制の意味もなにもないわけで，ダムの建設がそ
ういう世界を破壊したということを，この現在の墓地の景観から私は思い知る
こととなった。
　『忘れられた日本人』の「文字をもつ伝承者」に出てくる島根県の邑智郡の
出羽は，戦後間もない頃まで牛市が立つ村であった。中国山地中から牛が集め
られた牛市の跡地に，当時の牛小屋が残っていた。
　写真1-6は，1994年，20年以上前に見に行った時の写真。当時すでに牛小
屋としては使われなくなっていたが，近隣の方が車を停めたり，トラクターを
停めたりしていた。元々牛は，トラクターのように物の運搬や耕作に使うもの
だったわけで，この場所の流用のされ方としては非常に面白いと思って撮った
写真である。

2016年に久しぶりに行ってみると，この小屋はまだ残っていた。写真1-7のように，いまはもう倒壊寸前で，ここに車を停めている人は一人もいなくなっていた。

1994年に最初に行ったときはかろうじて車庫として利用されていたのだが，いまでは，もう単なる物置として利用されているだけで，牛小屋の生きた記憶を喚起するものではなくなってしまっていたことを，この景観が物語っているような気がした。

実際にその場に立ってこうした景観の変化を見るということは，かなり面白いことだ。旅をする時には，「景観が語る」ことに敏感になってほしい。新たな発見につながることもあるはずだ。

写真1-6　牛小屋の再利用（1994年）　筆者撮影

写真1-7　牛小屋の再利用（2016年）　筆者撮影

④ “音”の記録は残りにくい

『忘れられた日本人』の冒頭の一文「対馬にて」には，宮本常一が旅先で，法螺貝の音で目が覚めたというさり気ない記述がある。

宮本が長崎県対馬の伊奈という集落で古文書を借りたいと申し出た時に，古文書を貸すか貸さないかを巡って何日にもわたって，結論が出るまで寄合が開かれたというエピソードがつづく。

その寄合を開始する合図が法螺貝だったのである。こうした音の記録というのは，文字資料にはなかなか残りにくいもので，宮本常一は，よくぞ法螺貝の音について記録してくれたものだと思う。

　何日も結論が出るまで寄合を開くなどということがあるのだろうかと思いながら，実際に私も対馬を旅して，当時の人に話を聞くと，「昔は何日もかけて寄合をしていたもので」と，実際に行われていたことを教えられた。

　しかも面白かったのは，実際に法螺貝を吹いて，半日で終わる寄合なのか一日がかりなのか，神社の総代の寄合なのか村全体にかかわる寄合なのかということを，音で吹き分けたというのである。音の吹き分けについてまでは宮本も書きとめていない。そういうふうに法螺貝を吹き分ける世界がついこの間まで残っていたということを教えられたのである。

　そのことを知ってから，行く先々で，かつて寄合の際に何か合図がありましたかと質問するようにしている。すると，思いがけないことを聞くことできるのだ。

　自分の故郷の高知県土佐清水市の太平洋に面した地区では，恵比須を祀る神社で太鼓を叩いて寄合の合図にしていたということを教えられた。村の寄合なのか，神社の寄合なのか，漁師の組合の寄合なのかといったことを太鼓を叩き分けて知らせたというのだ。宮本の旅を経て，自分にゆかりの土地の昔の習慣をあらためて知るきっかけになったのであった。

　他にも，長崎県の五島列島の有川を旅した時のこと。有川は捕鯨が盛んだった場所だが，イルカが湾の中に入ってきたことを告げるのに笛を吹いて村中に知らせ，漁をしたという。

　小笠原諸島の父島に行ったとき印象深かったのは，捕鯨が終わってクジラを獲って帰ってきた船が，二見湾に入ってくると，マッコウクジラが獲れたのかミンククジラが撮れたのかというように，港で船を迎える人たちにクジラの種類を汽笛を鳴らし分けて知らせたという。その汽笛の音は，父が乗る船がクジラを載せて湾を横切って入ってくる絵とセットになって，子どもの頃のある種の高揚感を伴った記憶として残っているのだった。

　現在失われた音の記憶というのは，文字の記録に残らない場合が多いから，現地に行って証言を聞くしかない。旅には，そういう楽しさがある。

⑤　フィールドワークと文字資料
　民俗学のフィールドワークでは，聞き書きだけすればいいのかというと，そ

うではない。文字資料も重要な
ヒントとなる。

　『忘れられた日本人』には「文
字を持つ伝承者」という章があ
る。民俗学というと，文字資料
を中心に扱ってきた歴史学から
の自立，という学の成り立ちの
経緯もあり，文字の役割を必ず
しも重視してこなかったが，近
代以降の地域社会にとって，文

写真1-8　田中梅治文書（1996年）　筆者撮影

字をもつ指導者の役割はけっして軽視できるものではなかった。そのことへの
宮本の直感が，こうした章を書かせた。

　そこで紹介されている島根県の田中梅治という伝承者の孫にお会いしたとき，
地元の公民館に梅治翁が残した資料があるというので見せていただいた。

　写真1-8は，段ボール何箱にもわたって，保存されている田中梅治文書の
一部である。中を見ると，和紙に筆書きの小さな文字でびっしりと記録を残し
ていた。近代に入って，文字を知ることができて，とにかく何でもあらゆるこ
とを書き留めておかずにはいられないという書き手の人物像をほうふつとさせ
た。

　これだけものを書いている人なので，宮本常一が訪ねてきたときのことを書
き残していないだろうかと思い立ち，調べてみると，案の定，宮本来訪のこと
を記録した文章が出てきた[3]。

　そこには，「宮本常一ト云フ人」とある。当時宮本は無名であることを考え
れば，「宮本常一先生」などという表現ではなく，「宮本常一ト云フ人」という
素っ気ない表現はかえってリアルである。

　私がこの資料を読むときに，非常に難儀したことがあった。「岡野」という
言葉が出てきた。岡野まで行って人を呼んできてと書いてあった。その人に頼
んで，宮本に田植え歌を聞かせたという経緯が記録してある。

　文脈からすると，「岡野」というのは地名かと思ってずっと地図を調べたの
だが，どうも付近にそのような地名はないらしい。それでは人名なのだろうか

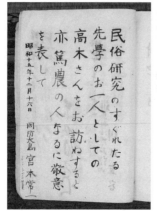 

写真1-9　宮本常一の記帳1940年　　　写真1-10　宮本常一の記帳1946年
（ともに1995年）　筆者撮影

と思って聞いてみると，どちらでもないのだった。

　現地で聞くと，「岡野」とは屋号だということがすぐにわかった。「Ｉさんの家の屋号ですよ」という返答がすぐに得られた。Ｉさんという人が田植え歌の名人で，その家は田中家と目と鼻の先にあった。

　いくら「岡野」と読めても，それが地名なのか人名なのかわからない。しかし，一生懸命調べてもわからなかったことが，現地で聞けば一発で判明することがあるわけだ。

　『忘れられた日本人』のなかでもう一人，「文字をもつ伝承者」として紹介されているのは，福島県いわきの北神谷の高木誠一である。この人物は，非常に有名な郷土研究者だったので，記念芳名録には，名だたる人物の記帳が残っている。大正時代に高木家を訪問したロシアの人類学者ニコライ・ネフスキーの署名もある。柳田国男は，二回来ている。渋沢敬三も来ている。

　写真1-9は，宮本常一の記帳である。宮本は，1940（昭和15）年にここに来て，「民俗研究のすぐれたる先学のお一人としての高木さんをお訪ねすると，亦，篤農の人なるに敬意を表して」と，漢字とひらがなで書き残している。写真1-10は，戦後間もない1946（昭和21）年に再訪したときのもの。「六年ニシテ再度高木氏ヲ訪ヒ，文農両道ニ愈々精ヲ加フルヲ見，国家再建ノ前途ヲ想フ」と書いている。

　面白いのは，太平洋戦争前夜の戦局が悪化していく時代には，時局の色の出ていない柔らかい文章を書き残していて，戦後の方は「国家再建ノ前途」という使命感を背負った文語調になる点だ。宮本常一の心の様子をこういうところから推し量ることができるのではないだろうか。こういう文体の変化もたいへん面白い。これも現地で見せてもらって初めてわかることで，こうした文字資料もけっして軽視できない。

6　旅する土地が結び合う

　旅をしていくと，この土地で聞いたことが別の土地で聞いたこととつながるということがよくある。

　宮本常一は，戦前の1941（昭和16）年，高知県月灘（現・大月町）を旅して，サンゴ漁の話を聞いている。紅サンゴや桃色サンゴといった，装飾品に用いる宝石サンゴの採取漁についてである。

　近代日本のサンゴ漁の歴史を紐解くと，明治時代になって江戸時代のような人の移動の制限がなくなると，土佐のサンゴ漁の採取方法が，長崎の五島列島に伝播したことがわかる。サンゴ漁師が海を行き来した結果である。

　私の故郷は，高知県幡多地方の宿毛というところだが，親父のルーツはサンゴ漁をする太平洋に面した土佐清水の漁村である。その幡多の沿岸部の方言で「ざまに」という言葉がある。「事態がはなはだしい」という意味だ。「今日はざまに冷やいね」と言ったら「今日は本当に寒いね」という意味になる。

　五島列島を旅した時に，この言葉を全く同じように使っているのを耳にしてたいへん驚いた経験がある。「ざーま寒か」というように，全く同じ意味で，全く同じ言葉を使っているのだ。

　その後，聞くところによるとこの「ざーま」という方言は，五島以外の九州には一切ないらしいのだ。「ざまに」という方言も，高知の幡多地方以外の地域にはない。サンゴ漁をしたところにだけ共通して残っている言葉であるらしいのだ。

　どちらからどちらに伝わったかまでは，よくわからない。ただ，サンゴ漁を介した人との交流によって一方に伝わったことはまず間違いない。旅をしていくと，そういうことに気づかされる。

同じような話をもう一つ紹介したい。

それは，さつま揚げの呼び方である。地方によって様々な呼び方があるのだが，私の郷里の四国の西南部では「じゃこ天」と呼ぶのが一般的だ。豊後水道を挟んで，対岸の大分県のあたりでも，「じゃこ天」と呼ぶところが多い。

さらに，土佐清水では，「じゃこ天」のほかに「ほねく」という言い方もする。「ほねく」とは一体何なのか，長い間疑問で，ずっと旅先で聞いて回っていたが，知らないという地域がほとんどであった。

ところが最近，この「ほねく」という呼び方が和歌山県の有田市にあるということを知った。有田市は，タチウオの漁獲量が日本一の港町で，タチウオのすり身を油で揚げたものを「ほねく」と呼んでいる。同じ呼び名が太平洋で繋がっている。

高知県も和歌山県もカツオ漁が盛んな土地である。カツオ漁師というのは黒潮に乗って移動する。当然人の行き来があって，言葉を運んでも不思議はない。

「ほねく」という言葉が和歌山の有田と土佐清水にだけ伝わっているとしたら，この言葉の背景には，漁師同士の交流の事実を裏書きしているのではないだろうか。

⑦　庶民に生きる「公正（フェアネス）」の感覚

先ほど両墓制のところで話に出た滝畑という場所では，宮本常一が話を聞いた左近熊太という老人の，孫にあたる方にお話を伺った。地域の人に話を聞くと，そのお孫さんはひょうきんで話し好きなところが，数ある親類のなかでも祖父の左近熊太にいちばんよく似た人ですよ，とのことであった。

この孫にあたる方は，戦時中神戸の商船会社に勤めていて，仕事で地球を何周もするような旅をした人であった。滝畑がダムに沈むというときに，大多数はダム建設に賛成する中にあって，最後までダム建設に反対したという。

アフリカのザンジバル（奴隷貿易の拠点）で植民地の人たちがこき使われている現場や，パナマ運河（1940年完成）を掘削する工事で現地の人がはした金で豊かな国の人たちに都合よく使い捨てられたりするのをつぶさに見ており，その見聞などをもとに，ダム建設に反対したというのであった。結局，ダムなど作ったところで，都会の人たちのために使われるだけで，私たちの暮らす地

域は破壊されてしまうということを主張して譲らなかったのである。最初にお会いしたときに，そのときのことを長い時間かけて聞かせてもらっていた。

二度目にお会いした時，ぜひともあの時のダム建設反対の話を書かせてもらえないかとお願いした。すると左近さんは，それはできないというのだ。

なぜかというと，ダム推進派のリーダーだった人が亡くなっているからというのだった。あなたは，私の言い分だけ聞いて，結局ダムを推進したその人に話は聞けないだろう。そうすると，話が偏る。それは不公平だ。私の話だけでは一方的な内容になるから，あなたは正しい判断ができないはずだと。

そのような返答であった。あとで知ったことだが，滝畑ダムの建設をめぐっては，いまだに地域にしこりが残っていると語る人にも出会った。非常にデリケートな問題であるらしかった。

そのようなわけで，書くことは断念したのだが，庶民に息づくフェアネス（公正）の感覚にふれ，非常に気分が良い体験となった。

もう一つ，高知県梼原を訪ねたときの話を紹介したい。梼原は冒頭にも述べたように，宮本常一の「土佐源氏」の舞台になった場所である。そこで，「土佐源氏」のモデルになった人物のお孫さんに話を聞くことができた。

そのお孫さんは，1941（昭和16）年，小学生時分に宮本常一が自分の祖父を訪ねてきた時のことを記憶していた。祖父が若い頃，馬喰をしていたことも，自身の女性遍歴についてあけすけに語る人物であったことも，晩年は失明していたことも事実だが，ただ「乞食*」ではなかった（＊現代の人権意識に照らせば「乞食」という語の使用はふさわしくないが，宮本常一が著作の中で「乞食」の語を使用したことをめぐる議論の文脈に限り，「　」を付して使用する）。自分の祖父を「乞食」と書いた宮本常一（正確には，宮本常一というより，「土佐源氏」を独り芝居にして興行している俳優）に対しては腹に据えかねていると言って怒っていた。

しかし，宮本常一を慕って訪ねてきた学生である私に対しては食事をご馳走して，宿まで貸してくれた。追い返すような対応はけっしてとらなかった。それ以来，家族ぐるみと言ってはなんだが，その方が亡くなった後も，その息子さんとその後も交流がつづいている。

自分の祖父を，「乞食」でもないのに「乞食」と書いた宮本常一に対して怒っている人が，一方で宮本について知りたいとやってきた学生に対しては丁寧に

話も聞かせてくれるし，宿も貸してくれる。村の歴史にも非常に詳しく，そういう話も喜んで聞かせてくれるのだった。

　宮本常一の足跡を訪ねて旅をして歩いていると，庶民のあいだに息づく公正（フェアネス）の感覚が息づいているのを感じることができる。そういう人との出会いを求めて，話をまた聞きに旅に出ることになる。

8　下調べは必要か

　調査に入る前の下調べはどれくらいしておくべきか。そもそも下調べは必要なのか。むしろ下調べをしてからフィールドへ出ると，先入観が邪魔をして曇らぬ目で真実を見る妨げになるのではないか。……等々。

　フィールドワークにつきまとう大きな論点のひとつであろう。行き当たりばったりでいくか，それともしっかり下調べをしていくか。

　私は，行き当たりばったりの旅をしてきたように思われがちだが，それなりに下調べはしてゆくほうである。冒頭でも述べたように，宮本常一と出会って彼について知りたいと考えた当時，まだ彼の評伝などは書かれておらず，彼の仕事を知るには，まず愚直に宮本の著作を読む必要があった。大学図書館が所蔵する宮本常一の著作をすべて読むことを自らに課し，すべて読破したうえで，最初の旅に出ている。

　大学の教員，研究者なども，自分の教え子に対してはしっかり下調べはしたうえでフィールドに出るようにと教えているのではないだろうか。

　インターネットである程度の情報を得られる現在，フィールドにて出会う人たちも同様な仕方で情報にアクセスできる環境にある可能性が高い。それにもかかわらず，何にも知らないで現地に行ったとしたら，何しに来たのかということになりかねない。

　ただ，下調べさえすれば，現地調査がうまくいくかといえば，そんなことはない。確かに下調べをして行くと，調査は効率的に終えられるかもしれない。ただ，一回現地に行って何もかも十分に知り得るということは稀だ。十分に下調べをしたつもりでも，旅先で，必ずそれを超える発見があり，未知なるものとの出会いが待っている。一度行ってもなおわからないことが残ったら，非効率ではあるが，現地に何度も何度も行けばよい。

　例えば，先ほど述べたように，一度目の訪問では滝畑のダム建設反対のことを聞けたとしても，二度目には別の反応が返ってくることもあり得る。そのことそのものが新たな発見につながる。そういう思いがけないことが起こるので，何度も現地に足を運ぶことが重要だろうと思うのだ。

　ちなみに拙著『「忘れられた日本人」の舞台を旅する』（河出書房新社，2006年）は，宮本常一が旅した土地をすべて訪ねた記録だが，ひとつの土地は必ず再訪することを実践している。

　ここで思い出すのは，ある人物に話を聞いたとき，「いい加減なら追い返すつもりだった」と言われたときのことである。怖いなあ，と思った。

　その方は，高知県の退職された保健婦経験者であった。夫を亡くして，一人暮らしをされていた。仕事をしていた頃のことを教えてほしいとアポを取ると，自宅の最寄りの駅の駅前の喫茶店を指定され，会うことになった。

　そこで私はもう話が聞けるものだと思って，挨拶をして，調査の趣旨を説明し，昔の話を聞かせてくださいとお願いしたら，その時初めて，自宅に場所を移してゆっくり話をしようと言われたのだ。

　私は，その意味がよくわからず，ここで構いませんよと伝えたら，「もしあなたがいい加減な気持ちで来たんだったら，ここでコーヒー一杯だけ飲んで追い返すつもりでいました」と打ち明けられたのだった。

　しかし，話を聞いたらあなたは悪い人ではなさそうだし，研究の意図もしっかりしているし，よく調べて来ていることがわかったから，家でゆっくり話をしましょうということになったのである。

　そう聞かされた時，肝を冷やしたことをいまでもはっきり覚えている。こちらはもう話が聞けるつもりでいたのだが，そうではなかった。

　聞き書きというのは，こちらも向こうに見られているということは，よく肝に銘じておいた方がいい。「帰れ！」と怒鳴られることは稀だと思うが，にっこり笑って，「じゃあ，これで」と追い返されることはあり得る。

　いい加減な準備しかしていないということが少しでも相手に伝わると，それ相応の対応しかしてもらえないだろう。だからといって，入念に下調べをして行って，相手の話を聞いても，「あっ，それ知ってる」，「あっそれもう下調べしてきましたから」，「それはもう知ってますからいいです」ということだと，

それはもう聞き書きにならないし調査にならない。

「そういうことがあるんですか！」と心底思感動できるような話をどれだけ聞けるか，そういう出会いを得られるかということが大事になってくる。感動の力を借りないと創造的なものは生まれないと思う。

⑨ 聞き書きと編集の問題

　聞き書きにおける編集の問題についても考えてみたい。聞き書きを文字に起こしたものをどのように使うのかという問題である。

　もちろんそれは，どのような研究をするのかという問題と不可分だから，過度に一般化できないことではあるのだが。

　話をまとめすぎると話のディテールがそぎ落とされてしまう。とはいえ，逐語録のままで使うのはあまり現実的ではないので，ある程度話はまとめなくてはいけない。

　頭のいい人ほど，結局こういうことでしょ，という言い換えが上手だ。しかし，このまとめるという作業がくせ者で，語り手にとっても断言できないことや，明確に話せないこと，簡単に白黒つけられないということが必ずあって，実はそういう部分が，その人の話を理解するのに非常に大事になってくるということがあるのだ。

　『忘れられた日本人』に「土佐寺川夜話」という作品が収録されている。その舞台となった高知県の寺川というところは，焼き畑を主体とした米がとれない山奥の土地である。

　私はそこで聞き書きをしたとき，伊予から「ゼンさんハルさん」という名の行商人の夫婦がやって来たという話を聞き，紹介している。

　別に「ゼンさんハルさん」という名前が大事なわけでもないし，そんな山奥のむらにも他県から行商人が来ていたという事実が重要なので，固有名詞にこだわるつもりは私にもなかった。

　ところが，本が出たあと，九州の70歳を過ぎた年齢の男性から，あなたの本を読みましたと職場に電話がかかってきて，「ゼンさんハルさん」というのは私の祖父母ではないだろうかと言うのだ。

　その方の祖父は明治の初年の生まれで，松山で漁師をしていて，自分のとこ

ろで獲れた魚を干物にしては売って歩いていたという。ただ，あなたが書いている時期というのはもう割と豊かになっていた時期で，行商にはあまり出てなかったと思うけれども，わざわざ寺川のような山奥まで行商に出ていたと知って驚いたというのだった。

　それを聞いて，私の方が驚く番だった。私がその本の中で「ゼンさんハルさん」という名前を記さなかったら，当然その人はそういう電話をしてこなかったのだ。まさにそれは「神は細部に宿る」としか言いようがない。それは私が狙って書いたことではなくて，結果論に過ぎないことではあるのだが，私が話を要約・編集していたら聞くことはなかった話なのである。

　拙著『駐在保健婦の時代』（医学書院，2012年）では，退職した保健婦の聞き書きをふんだんに使っているのだが，この本に使っていない聞き書きで，いまだに心に残っていることがある。

　それは，ハンセン病の人たちを隔離しなければならない立場にあった当時の保健婦たちに話を聞いていたときのこと。

　その元保健婦に話を聞くまでにも，ハンセン病に関しては，様々な証言を聞く機会があった。ある保健婦は，ハンセン病を発症した患者が，療養所に入りたくないと逃げ出して，山奥の炭焼き小屋に隠れて，家族が一週間も食事を運んでいたところを発見し，療養所に隔離することとなった。またある保健婦は，療養所から社会復帰してきたハンセン病の回復者から就職の相談を受けたが，どこも病歴を理由に雇ってはくれず，その患者が失意のうちに再入所した療養所で自殺したことを聞かされた。隔離政策を末端で担った保健婦もまた，誰にも言えないような経験を様々に抱えていた。

　すでに退職したベテランの保健婦は，ハンセン病隔離政策の話題を向けると，一瞬沈黙があったのち，「らいの話もねえ……」と言ったまま，絶句して，ぽろっぽろっと涙を流したのだ。

　「らい」というのは，ハンセン病の昔の病名である（現在では差別的な表現であることを理由に使用されることはない）。

　それまで気丈に話をされていた人が，急に絶句して涙を流したものだから，私はうろたえてしまって，何も問い返せず，おろおろしてあわてて話題を変えた記憶がある。おそらく，その元保健婦は，ハンセン病患者の隔離をめぐって，

人に打ち明けられず，そっと胸の奥にしまっておくことしかできないような，なんらかの深刻な体験をしてきたことだろう。この話は，どこにも発表できず，それでいて忘れることもできず，折りにふれて思い出すのだ。

　しかし，人に言えないこと，沈黙の中にこそ，その人の最も重要な体験が秘められているのではないだろうか。

10 受け売りで話す人，誤りを話す人

　他人の経験を自分のことのように話す人がいる。

　ハンセン病回復者は，故郷の家族に差別が及ぶことを恐れて，自分の名前も出自も隠してひっそり生きている方も多い。だから，自ら進んで話してくれる方というのは非常に貴重な存在であるわけだが，ある療養所でお話を伺った後で，別の入所者の人から「あの人は，人の受け売りばっかり自分のことのようにしゃべるからね」ということを聞いた。

　私は，それまで非常に貴重な話を聞けたと思っていたのだが，その指摘を受けて，その人の話は丸々どこにも使えなくなった。

　その問題をどう考えたらよいのか。

　ハンセン病療養所の入所者の中には，私はとても人前で話したくないという方も多く，一方で，自分しかそういう話ができないと言って進んで話し手を買って出る人もいる。その人が，自分の経験だけではなくて，人の経験を自分の経験として話し，聞いた方はその人の話として受け取って帰るとしたら，どうだろう。

　もうひとつ例を挙げると，とある場所で宮本常一がここにも訪ねて来たという話を聞いたあとで，後日，資料をよく調べてみると，宮本はその土地を生涯旅することがなかったことがわかったという経験である。

　宮本常一が二度来たと，わざわざ二度とまで言って，どこそこの旅館で泊まって帰ったなどと，相当詳細に話してくれたにもかかわらず，である。

　その証言をした人自身は，宮本常一と東京の会合では会っていて，薫陶を受けた方であることは間違いないのだ。当初，私もよく知らずにその人の話を聞いて，ああそうですか，宮本さんがこの土地について書いたものはないけれど，やっぱり来ていたんですね，などと会話が弾んで帰ってきたのだった。

　現在は宮本常一の日記が公開されているので，後から調べてみると，どうも宮本はその場所へは足を運んでいないようだということが判明した。

　その人は，宮本と出会って，人生が変わるほどの影響を受けた人なので，自分の住む場所にも宮本常一が来たと言いたかったのかもしれない（もっとも，単純な記憶の誤りや，ひょっとしたら別の人物と間違えたケースも想定し得る）。

　受け売りで話す人，誤りを話す人の話をどう考えるかというのは，根の深い問題である。この問題には容易に答えは出せない。ただ，聞き書きにはそういう論点が付きまとうし，そういうことには非常に気を配っておいた方がいい。さらに付け加えれば，読者のみなさんも，体験しないよりはこういう体験をしておいた方がいい。

⑪　学問は「遊び」から生まれる

　最後に，読み手にひとつのメッセージを述べて本稿を終えたい。

　宮本常一が監修した本に『日本残酷物語』全5巻（平凡社，1959～1960年）というシリーズがある。古い本だが，1995年に新装版が出て，平凡社ライブラリーに入っている。

　その新装版が出たとき，ちょうど私は大学院に在学中だった。大学院で教えていた網野善彦（日本中世史）が，編集者から解説を頼まれたが，それを断ったと私に打ち明けたことが記憶に残っている。その理由として，こんなことを言っていた。

　「どうも私はあの『日本残酷物語』というのは，宮本さんの仕事の中では良いものと思えないんです。宮本さんは，当時，辺境で生きる人たちの人生がみじめで残酷という捉え方をしていたのではないでしょうか。どこかの時期で，宮本さんはそういう認識を改められたんじゃないでしょうか」。

　私との雑談の中で出た言葉で，このことを網野善彦はどこにも書き残していないと思う。

　私は，そうとも言えないのではないかと反論した。宮本常一は「残酷」という言葉を，「忘れられてしまう構造こそが残酷」という意味で使っている。そういう人たちの人生がみじめで残酷だという言い方はしていない。それは，誤解ですよと，網野と議論した記憶がある。(4)

　宮本常一が生涯かけてしたことというのは，自身の旅の見聞から，日本列島各地の埋もれた，忘れられた庶民の文化や歴史の多様性を描き出すという試みであっただろう。その試みは，あれもあるこれもあると単に置いて並べる式の文化相対主義とは一線を画していた。

　なぜ旅をするのか？　旅をすることによってひとつの支配的な言説が破壊されて，従来の支配的な歴史が塗り替えられるということ。それが，宮本常一の目指したことではないだろうか。それこそが「忘れられることが残酷なのだ」という言葉にあらわれている。そして，忘れられている人たちの生を書き留めることで，いわゆる支配的な「日本人」という言説に変更を迫ることが，『忘れられた日本人』という本のタイトルに込められた意味だったのではないか。それが，なぜ旅をするのか？　という問いに対するひとつの答えになるのではないだろうか。

　自分自身について言えば，見知らぬ人に出会うことへのわくわくする感じ，期待感から旅をしている。それを掘り起こして，後世に伝えていくことに対する期待だと言える。

　いまこういう「遊び」を伴う学問というのはしづらくなっている。質的な調査をする人は，倫理審査などを受けなくてはならなかったり，競争的資金を取るにしても，三年そこそこで成果の出せる主題しか採択されなかったりする。そうすることでどんどん創造的なフィールドワークがやりづらくなっているのではないかと思うことがある。

　私は一貫して非正規の職を転々として来た人間で，研究機関に所属して専任の研究者として生きているわけではないので，そういう立場からのみなさんに対するメッセージになるが，最後にひとつ言いたいのは，どんな学問も，必ず「遊び」のなかから生まれるということである。

　別に奇を衒って言うのではない。古今東西の独創的な仕事というのは常に「遊び」の中から生まれた。宮本常一が上空の景観から日本人の開拓の歴史について想像をめぐらしたように，そういう「遊び」を伴う仮説の数々をいくつ自分の中に作れるか。そして，歩きながらそれを検証していけるか。そういう「遊び」心をもつ研究者が，この本の読み手のなかから出ることを願って，本稿を閉じたいと思う。どこかで会いましょう。　　　　　　　　　　（木村哲也）

付記　本稿は，2017年11月3日，大阪大学文学部「日本学方法論」で行った講演記録「体験的フィールドワーク論～民俗学者・宮本常一の足跡をたどることから」（大阪大学文学部日本学研究室，2018，『日本学報』第37号，1-26頁）の後半部分をもとに作成した。

注

(1)　宮本常一，1971「旅を誘う白木山」『岳人別冊　グラフ国立公園』中日新聞社。1997『宮本常一著作集　40　周防大島民俗誌』未来社，p. 21。

(2)　宮本常一，1968「山と人間」『民族学研究』第32巻第4号，pp. 259-269。1968『山に生きる人びと』未来社，第二版から収録。2011，河出文庫。

(3)　田中梅治，1940「数々の仕事」『随筆』。木村哲也，2006『「忘れられた日本人」の舞台を旅する』河出書房新社，pp. 79-80で全文引用している。

(4)　木村哲也，2018『宮本常一を旅する』河出書房新社，pp. 59-60。

参考文献

宮本常一，1960『忘れられた日本人』未来社。1984，岩波文庫。

読者への問い

Q. 旅には偶然の出会いや感動がつきものです。そうした現地調査に向かう前に，下調べはどの程度必要だと考えますか？

Q. 相手が話したまま・聞いたままを記録することは不可能です。では，どのように，どの程度，相手の話した内容を要約・編集することが最適だと考えますか？

Q. 受け売りで話す人，誤りを話す人に出会ったとき，どのように対処しますか？その事実を，肯定的に理解することは可能ですか？

推薦図書

荒木経惟，2001『天才アラーキー　写真ノ方法』集英社新書。
　　写真を撮ることと，聞き書きをすることとはよく似ている。本書はもっぱら写真の方法を主題にしているが，人とのどのように出会うか，人の話をどのように聞き，記録するかを考えるうえで大いに参考となる。

伊藤明彦，1980『未来からの遺言――ある被爆者体験の伝記』青木書店。2012，岩波現代文庫。
　　明らかに事実と異なる内容を，自己の体験として証言する被爆者と出会ったとき，その人や話をどのように理解すべきか。最終的に著者は，思いがけない肯定的な結論を導き出す。

越川芳明，2006『トウガラシのちいさな旅――ボーダー文化論』白水社。
　　アメリカ合衆国とメキシコの国境地帯などを旅しながら，小説，映画，音楽，食をめぐって，国籍や民族や宗教や性別の境界線に生きる人びとを縦横無尽に語る痛快

　無比なフィールドワークの記録。

毛利甚八，1998『宮本常一を歩く——日本の辺境を旅する』上・下巻，小学館。

　近年，様々な宮本常一関連本が出ているが，私がもっとも親しみを覚えるのが本書。旅や人との出会いの魅力にあふれている。著者自らが撮影した旅先の写真も素晴らしい。

第**2**章

環境，公害というフィールドから

―「書庫」を介して外へ出る―

「書庫」も「フィールド」につづく道になる。筆者が通い始めた頃の「宇井純公害問題資料コレクション」の一部。右側にも書架が続く。（2008年9月26日筆者撮影）

調査で訪れたことのある土地　▨

秋田　岩手
新潟　宮城
富山　福島
石川　栃木
滋賀　群馬
　　　埼玉
大分
福岡　静岡
　　　三重
熊本　高知　大阪
宮崎　徳島
鹿児島

沖縄

サマリー

　筆者は，環境問題の原点といわれる「公害」に関する人びとの考えや動きを知る目的で，国内の複数の土地，たとえば岩手県，新潟県，栃木県，群馬県，静岡県，埼玉県，大分県，沖縄県などを訪れて来た。ひとところに腰を落ち着けて，土地やコミュニティに身を浸すような滞在型フィールドワークはしてこなかったが，一見ばらばらの行き先には，出発点となる場所として「書庫」があった。本章では，紙の文字を読むことから始まる「よむ，きく，あるく」というひとつながりの行為をフィールドワークと捉えて，その過程を記述する。

キーワード

　公害・環境思想史　被害　ステレオタイプ　不可視化　アーカイブズ　再構成

1 はじめに——本章の前提

(1)出発地としての「書庫」

多くの図書館には，刊行年が新しくてよく借り出される本が並ぶ「開架」だけでなく，刊行から時間の経った書籍や雑誌などを保管する「閉架」があり，これを書庫と呼ぶ。たいてい最低限の蛍光灯しかついておらず，入った瞬間ひんやりして，どことなくほこりっぽい臭いがする場所だ。あらかじめパソコンの蔵書検索で出た請求記号を走り書きしたメモを手に書庫へ入り，目的の本を見つけ，その場で開くと，熟読するというより連想が始まる。「この土地はいまどうなっているのだろう。この人は存命？　連絡は取れるだろうか？」。まわりの書籍の背表紙の文字を眺めるのも面白い。検索窓に打ち込むことを思いつかなかった様々な言葉が目に飛び込んでくる。

調査研究の過程で，とくに過去について調べたいと考えたとき助けになるのは，図書館だけに限らない。参考になる資料には，書籍のほか，古文書や，公文書など，様々な形態があり，これらを包括するアーカイブズ (archives) という概念がある(1)。アーカイブズという言葉には，資料という意味のほか，資料を適切に保管し，利用に供する資料館という意味もある。日本のアーカイブズ整備は海外に比べて遅れが指摘されるが，それでも人びとの努力のリレーによって残されてきた記録資料群はいくつもある。筆者は図書館以外に，常葉大学（旧富士常葉大学）・飯島伸子文庫と，立教大学共生社会研究センター・宇井純公害問題資料コレクションという二つのアーカイブズの「書庫」を研究の出発地としてきた。

フィールドワークは，かならずしも特定の「土地」を訪れる行為だけを指すのではない。本章では，「フィールド」を，場所のことではなく，研究対象そのものを指す言葉だと捉える。はじめは「環境問題」に関心があった筆者は，いくつかのきっかけを経て，「公害」が自分の「フィールド」だと考えるに至った。そのプロセスのなかで，書庫で資料を読む時間と，外へ出て人と会うことを交互に繰り返す，いわば，紙からひとへ，ひとから紙へというジグザグの動き方をしてきた。以下，2節でまず「公害」にこだわるようになったきっかけを述べ，3節で，公害研究の先達が遺したアーカイブズとの出会いと，そこから具体的にどのように動いてきたのかを記し，4節で，作品をまとめる際に感

じた困難についてもふれてみたい。

(2)公害とはなにか──その基本構図

　あらかじめ，筆者の現時点における「公害」の基本的な理解を示そう。

　公害というと，教科書で見た「水俣病」「イタイイタイ病」「四日市ぜんそく」といった病名が頭に浮かぶかもしれない。間違いではないのだが，それらは公害の例であって全体ではない。公害という概念は，突出した事件や病気の名前にとどまらない，万人にかかわる集合的な経験として捉えたほうがよいものだ。

　たとえば私たちの暮らしになくてはならない電気も，公害と関係する。電気を運んでくる電線が日本で初めて引かれたのは，1869年，明治という時代の始まりに遡る。電線の芯には金属の銅線が使われているが，銅が線状に加工されるまでには，地中にある銅鉱石を掘り出し，砕き，わずかしか含まれていない銅成分を製錬する作業が必要となる。明治期，近代化を目指す新しい政府と緊密な関係をもっていた資本家たちは，江戸時代に発見されていた各地の鉱山に西欧由来の技術を投じるなどし，より速く，たくさん，効率的に，金属製錬ができるようにした。ところが鉱山は，開掘と同時に，坑内水を湧出させ，製錬過程では自然界にも人体にも有害な物質（硫黄，ヒ素，重金属類など）が排煙，排水，汚泥中に出てしまう（**写真2-1**）。古来人間の生命は，山，野，川，海という，地域ごとに固有の有機的なつながりをもつ自然生態系のなかで農林漁業を営むことで維持されてきたが，鉱山の稼働はその均衡や循環を壊す側面をもった。現在の栃木県日光市足尾町に位置する足尾銅山の場合，稼働以前から周辺にあった複数の集落の住民は煙害のため，渡良瀬川下流域の谷中村の村民は鉱毒のため，故郷を離れざるを得ない状況に追い込まれている。こ

写真2-1　古河機械金属株式会社足尾事業所で24時間稼働する中才浄水場。鉱山の坑内および堆積場から滲みだす重金属を含んだ酸性の水に消石灰を投入し，処理し続けなければならず，中和で沈殿する不純物も堆積場に溜まり続けている。（2013年11月14日筆者撮影）

のとき国も県も，住民を守るというよりも，「公（おおやけ）のために個が犠牲になるのはやむを得ない」というかのような姿勢で当事者に我慢を強いる方向へと動いた。背後には，兵器，鉱工業生産設備，機械類などの輸入のため，銅を輸出し獲得した外貨を重視する政府の意向があった。鉱山の坑内で肉体労働を担う人びともまた，長期間の過酷な労働を通じてヨロケなど呼吸機能の職業病を患うことが多かった。

　悪意や殺意はどこにもない。停電を「災害」と認識するほどの電気依存症である現代の私たちは，銅の精錬が原因で生活を根こそぎにされた人びとがいると聞かされても，便利で快適な生活を手放す気にはなれず，「仕方がなかったんじゃない？」の一言で片づけてしまいたくなる感覚を共有している。ほんとうは，いったん操業を止め，軍備増強の必要性を疑い，廃棄物の処理方法を考え出すなど，知恵を絞ることができたかもしれないが，その前に思考が止まってしまう。このように，人間がおこなう経済活動が，他の人間の生活を脅かし，なおかつその脅威が「公」のためという理屈によって正当化されるという構図をもつ社会問題が，公害なのである。

② 「フィールド」を定めるまで

　ところで，高校生までの筆者は，母が消費者運動に参加していたことと，よくテレビで見ていた自然番組の影響から，「環境問題の解決」にごく浅い興味をもっていた一方で，公害のコの字も頭になかった。学校教育で，「公害」というのは古い概念で，「環境問題」しかも地球規模に広がるレベルのものこそが最重要課題だ，と習ったことをうのみにしていた。しかし，大学生になってからの見聞によって，少しずつ視野が広がることになった。

(1) 「環境問題」の解決？

　1999年4月，大学に入学して驚いたのは，環境に関する数々のサークルが新入生勧誘の看板を出していたことである。学園祭で出るごみを減らす活動もあれば，森林生態系の保全や減農薬みかん栽培を支援する自主ゼミもあった。その種類の多さと持続的な取り組みに敬意を抱くと同時に，疑問をもった。こんなに大勢の人が熱心に環境問題に取り組んでいるならば，なぜ問題はなくなら

ないのか？

　農学部で学び，環境問題に関する自然科学的な対処や解決方法のいくつかを聞く間にも，疑問は募った。問題の多くは，経済的利益を得る目的での科学・技術の進展が引き起こしたもののように思えたが，それをさらに新たな科学・技術で解決することはできるのか，むしろ問題を積み増すことになりはしないか。そもそも環境問題が生まれてくる源はどこにあって，いったい何をすれば状況は改善するのか？

　疑問を考えるためのヒントは，4回生の夏，卒業論文の準備で訪れた書店で，飯島伸子（1938-2001）による『環境社会学のすすめ』（飯島 1995）を手に取ったときに見つかった。同書は，彼女が創設にかかわった新しい領域「環境社会学」の学問的特徴を示し，人間をとりまく自然的，物理的，化学的環境と人間集団や人間社会の関係性を研究することの意義を述べていた。「環境と人間」という捉え方については特別新しい感じを受けなかったが，「人間集団や人間社会の諸々の相互関係」というフレーズには，自然科学からではない環境問題へのアプローチが存在することを教えられ，新鮮に感じた。たとえば，砂漠化していく土地に木を植える効果的な方法を自然科学的に考える道だけでなく，砂漠化を引き起こす人間社会の仕組みを捉え，その変容を模索する道もあるということだ。環境問題は本来，人間の問題であって環境の問題ではない——当たり前のようで，それまで考えもしなかったフレーズが頭に浮かび，ストンと腑に落ちた。自然環境ばかりを注視していたが，社会という視角からならば，自分にもかかわる余地があるかもしれない，と思えたのだった。

(2)問題がこわれる——篤農家（とくのうか）からの問いかけ

　この段階では筆者は，まだ問題そのものを知らないうちから，何かを「解決」したいという意識にとらわれている。つまり，いったい「解決」とは「誰にとって」の「どういうことか」という視点を欠いた，硬直した問題意識しかもっていなかった。これを揺り動かす転機となったのは，卒業研究である。

　卒業研究では，「滋賀県環境こだわり農産物認証制度」の事例研究をおこなった。対象選びに深い思慮はなく，友人が情報をくれた，といった単純な理由だったように思う。当時の住まいは京都府で，隣県である滋賀県には学生サークル

の合宿で毎年のように訪れており，親近感もあった。

　環境こだわり農産物認証制度は2001（H13）年から始まった制度で，環境保全を意識した農法で育てた農作物に対し，県が認証ラベルを貼る許可を与えるというものである。滋賀県は，中央部に大きな淡水湖の琵琶湖を擁し，周辺から117本の一級河川が琵琶湖へ流れ込むため，その水質悪化が大きな環境課題となってきた。水質改善のため，たとえばコメづくりならば，化学合成農薬と化学肥料の使用量の5割減に加え，田植え後に通常おこなう落水をしないなどの複数の技術を実施し，栽培基準を満たす必要がある。「環境保全」を，食料品のひとつの付加価値にしようとする取り組みではあるが，ただ，営農者にとっては，通常より手間のかかる農法となる上，ラベルの認知度も高いわけでなく，価格を上げられるわけでもない。メリットはあるのか。

　まずは県担当課を訪問して制度の概要を教わり，つぎに職員の方に紹介されて会うことができたのが，JAグリーン近江の営農指導員Kさんだった。JAグリーン近江は当時県内で環境こだわり農産物の取り組み面積が最大だったが，それでも県全体で目標とする面積の11％だということだった。電車を乗り継ぎ2時間ほどかけて訪れた八日市市（現東近江市）のJAグリーン近江東部営農センターで，筆者はKさんに，「なぜ，環境こだわり農産物認証制度に取り組んでいるのですか」という質問をぶつけた。農家にとっての取り組む動機はなにかを知りたいと思ったのである。Kさんの答えはこうであった（以下はあくまで2002年時点のKさんの発言である）。

　農家が本当に何を考えてやっているかは，正直わからない。あなたが自分で聞いてまわって筆者に教えてほしいくらいだ。ただひとつ言えるのは，環境こだわり農産物を作る農家が，みんな環境を大事にしたいと考えているわけではないということ。……『琵琶湖を守りたい』『孫の代まできれいな琵琶湖を』という願いをもつ農家はごく少数。感覚的には，高く売れるかもという期待を抱いて取り組む農家と，琵琶湖を守りたいという願いから取り組む農家を割合にしたら，7対3の割合だろう。（2002年10月8日，筆者聞き取り）

　とつぜん「あなたが」と言われたことにはどきっとした。農家が気にするのは価格だ，とのKさんの口調はからっとしていたが，一束198円のホウレンソウが売れると農家に戻るのは50円程度，そのなかで認証のシールすら1枚約3円（サイズ大の場合）で自腹で買わねばならず，農家が汗水垂らして苦労しても，農家経済は好転しない，との説明を聞きながら，どんどん身が縮んだ。とくに「安くなければ消費者は買ってくれないのがいまの世の中だろう？」と直截に問いかけられたことには胸を刺された。大学入学とともに始めた一人暮らしで，スーパーで食材を選ぶことは，日々のちょっとした楽しみではあっても，パッケージされたコメ，野菜，食肉などの成り立ちを考え，そこに生身の人びとの存在を想像したことは，それまで一度もなかったからだ。

　いま，コメの価格はどんどん下がっているが，正直言ってもう限界。これ以上下がったら農家はやっていけない。だから，（こだわり農産物が）高い値段で売れてほしいとは思っていない。期待するのは，店の陳列棚にこだわりと慣行栽培品が同じ程度の値段で並んでいたら，消費者はこだわりを選んでくれるのではないかということ。それなら農家の収入はいま以上に下がることはない。その結果農業を続ける農家が増える。そして農業が続く限り，水田や畑も管理される。滋賀県の大半は農用地だから，農業が続けば土地が荒れずに済む。そして最後の最後に，琵琶湖の水もきれいになる。そういう状況が作れたらいいと思う。（同前）

　当時の筆者には，環境保全といううたい文句では実際には人は動かないのではないか，と斜に構えた仮説しかなかったが，Kさんの説明は，それよりさらに根深い問題，すなわち農業政策の矛盾と，それを知らない消費者の選択行動が農家経済を苦境に追いやってきた事実を突きつけた。しかもKさんは環境保全という建前をどう利用するかまで見通し，農家の生活から農業の将来，そして自然環境の未来までを連続的に捉える視野をもっていた。のちに農業新聞にKさんが取り上げられているのを見かけて知ったが，Kさんは，稲作のほか酒米，梨栽培なども意欲的に手がけ，減農薬・有機栽培の手法の改良，新しい品種への挑戦などを続ける，いわゆる篤農家だった（込山 2006）。

　農学部の学生なのに農家の現実をまったく知らない自分は，「人の足」をそれと知らずに踏むようなかたちで，無感覚な加害者になっていた。人間が環境を脅かしているのは確かだが，それ以前に，人間が人間を脅かしている状況がある。それまでの「環境問題」に関する観念的な理解が揺らぎ，現実認識じたいを壊す必要を感じるようになった（野田・友澤 2007）。

(3)「ひと」という入口

　2003年4月，大学院に進学してすぐの頃は，石川県能登半島の珠洲市の調査を考えていた。そこは祖父母が住む町で，1975年に市が誘致した原子力発電所の立地計画が2003年に会社側によって凍結された後，活性化のためにカジノを誘致する計画が持ち上がっていた。しかし，孫の立場で「調査」をすることは困難が大きく，1年ですぐに行き詰った。ほどなく祖父は病で入院し，家族交代で介護をするうち半年が経ち，祖父を看取った頃には修士論文提出期限まで3カ月という状況になっていた。

　大学院のゼミで，手元にある素材で研究報告を準備する中で，再び飯島伸子の本を手に取った。飯島の著書で使われている「環境問題」という概念には，他の研究者にはない意味合いが込められているのではないか，といった内容を話した。ゼミの先輩方がこれに応えて，飯島はごく最近，63歳という若さで逝去したこと（2001年），環境社会学会の複数の研究者が，彼女の旧蔵資料の整理作業を始めていると教えてくれた。厚みのある追悼集と資料集が作られており，刊行委員会の事務局をされていた関礼子先生から送っていただいた。そこから，飯島に関する資料を探しに，大学図書館へ通うことが始まった。

　ここで少し寄り道して，調査のための資料探索手段の変化についてふれておきたい。筆者が大学に入った1999年の時点では，インターネットを使いたい場合は，「ダイヤルアップ接続」という方式で，その都度大学の提供するネットワークに電話回線を通じた接続が必要だった。用途は主にEメールの送受信で，インターネット上のコンテンツはさほど多くなかった。だが筆者が修士論文に取り掛かった2004年末には，大学院のゼミ室のパソコンは常時有線LANでネットワークにつながっていて，何かわからないことがあればすぐにインターネットブラウザを開き，サーチエンジンのYahoo！JAPANやGoogleで

検索する動作が日常的になった。「ググる」という動詞も生まれた。こうしたなかで資料の所在を調べる作業も格段に効率化された。それまで図書館で書籍や雑誌を探す場合には，カード目録といって，紙カードに著者・図書タイトル・書誌情報・配架場所等が記されたものを 1 枚ずつ繰って行く必要があった。しかしインターネット上で見られる蔵書検索システム OPAC が整備されて以来，カード目録の出番は減った。OPAC は，検索語や著者名さえ決まれば，求めるジャンルの書籍や論文を一覧で出してくれる。もちろんその移行には，各図書館で，目録カードを電子データに一つひとつ手入力するという手間がかけられている。

　ともあれ筆者は，OPAC 整備によって研究上相当の恩恵を受けた世代である。飯島の資料集に収録された著作目録からタイトルを拾い，1 点ずつ OPAC に入力して所在を調べると，その多くは大学附属図書館地下の書庫に収蔵されていた。あいにく1967〜69年の著作の現物は所蔵がなかったが，1970年代以降のものはたいてい入手できた。コピーを取り，執筆年代順に並べてファイリングし，片端から読んで抜き書きをし，所感をメモした[2]。

　それまでも環境問題の入門書，専門書はいろいろと手に取ったが，あくまで客観的な情報が書かれているとしか受け止められず，身が入らないでいた。ところが，飯島という一人の生涯に焦点を絞ったとたん，その足跡を追う作業に没入してしまった。「ひと」の視点を通じて知る歴史は，ただ年号を覚える暗記式の歴史の勉強と違って，面白かった。過去について客観的に俯瞰する書物から系統立てて知見を整理することと同時に，たった一人の主観的な表現を入口に過去を再想像するという回路もあってよい。筆者にはそれが性に合った方法だったのだと思う。

(4)「公害から環境へ」で落ちる視点

　彼女の著作を通して読むことで，筆者の問題意識と現実認識は少しずつ変わってきた。とくべつ関心を惹かれたのが，「公害」と「環境問題」という概念に対する彼女の意味づけの違いである。

　1960年代に始まった飯島の研究の柱は，公害，労働災害，薬害等の被害調査だった。当時，「公害」が多くの人を死に追いやり，原因企業が非人間的な対応をしている事実が社会に知られるにつれ，訴訟提起をはじめとした多様な形

の抗議運動が全国至るところで起きていた。飯島は，みずから運動当事者とはならなかったが，心情としては被害に遭う側の立場に立った論文を書いている。他方，政府や産業界は，「公害」を紛争の種とみなし，1970年代以降，公害という単語自体をごく限定的にしか使わない傾向を強め，代わりに「環境」という概念が重宝された。1971年に「環境庁」が発足したことも大きな要素である。世間の関心が「公害から環境へ」と移行し，公害が「環境破壊」などと言い換えられていくとき，飯島は，言葉の使い方によって，加害と被害の関係が不可視化されてしまうことを危惧していた。

　「公害」は，今日の日本では，主要な加害者を企業とし，責任者を国家とときには自治体とし，加害－被害関係を明確に示す用語となっているが，「環境破壊」のほうは，責任や加害源の所在は問われず，ただ，漠然とした広がりを持つ「環境」が破壊されているという事実が，因果関係抜きで示されがちである。そもそも「環境」という概念も，生物学や物理・化学，社会科学など関連学問のそれぞれにおいて異なり，あいまいな印象を強めているのだが，それよりも，「公害」が，「害」という文字によって災害性を打ち出しているのに対し，「環境破壊」は，それによって生じる被害を追加説明しないと災害性はでてこないという本質的な差異が両者の間にあることのほうが大きい。(飯島 1974：49)

　「害」あるいは「被害」という文字にこだわることは，人間にこだわるということでもある。1990年代，世界情勢の変化の影響で「地球環境問題」にスポットライトがあたり，飯島も発起人となって「環境社会学会」が設立された際には，飯島は「環境」という文字も使いながら，学問の意義を社会に伝えていったが，亡くなる前年の論文では，地球環境問題がテーマとしてもてはやされるなか，国内外でいまも公害問題が発生しつづけ，被害者に苦痛を与えていることを強調している。飯島の調査研究は，どのようなテーマを扱っていても，そこにいる血肉をもった人間を捉えようとする視点をかならず含んでいた。

　飯島の文章を複数読むうち，筆者は，「環境」という概念からはつかまえられないことがらが「公害」という概念のなかにまだ隠されているのではないか，

と考え始めた。環境問題の入門書，専門書によくある導入で，「公害の原点は
水俣（または足尾）」，「深刻で悲惨な公害病が環境科学の原点」と書いたすぐあ
とに，「近年，公害から環境へ問題は多様化・複雑化してきた」と続けるパター
ンがある。このような「公害から環境へ」という定型化した物言いには，公害
をめぐるステレオタイプを増産し，問題を丸ごと過去へと押しやる作用があっ
たのではないか。環境と言ってしまうと，人間が落ち，人間の間に動かしがた
くある格差や差別が落ち，そして被害が落ちる。これらの視点を欠いたまま進
む環境論議は，別のどこかで新しい被害を生み出しかねない。

　ほかならぬ自分自身が，卒業研究に取り組むまで，「環境問題」という枠組
みしかもたず，農家の苦境に無感覚だったことは既に書いた。「公害はもう終
わった」という世の言説に囚われず，公害を見直す作業そのものを，自分の
「フィールド」にしていきたいと思うようになった。

(5)アーカイブズの迫力

　公害という概念にこだわりたいという思いは，二つのアーカイブズ，飯島伸
子文庫と宇井純公害問題資料コレクションの存在によって後押しされた。

　飯島伸子文庫は，2006年3月に旧富士常葉大学附属図書館の一画に開設され
たアーカイブズだ。飯島が2001年に63歳で亡くなったあと，環境社会学会設立
時から飯島と一緒に仕事をしてきた舩橋晴俊先生（2014年に逝去）を中心に，
東京都国分寺市の自宅から，約5,000冊の蔵書と，約200箱の調査研究資料を運
び出して整備された。合宿形式で行われた資料整理作業には筆者も幾度か参加
し，正式に文庫がオープンしてからは，利用者として通った。

　若いころの飯島を叱咤激励し，社会学的な公害研究の道へと背中を押した宇
井純さん（1932-2006）も生前，収集した資料を大学機関に寄贈し，整理を経て
宇井純公害問題資料コレクションとなった（扉写真）。宇井さんは熊本水俣病
事件と新潟水俣病事件の原因解明に尽くし，訴訟などにおいて被害者側に立っ
て重要な役割を果たした人物である。1970年から東京大学で15年間余り開かれ
た「自主講座公害原論」の主宰者として全国に名を知られた。ここの書庫には
最初，飯島文庫に保存されていない資料を探す動機で訪問したのだったが，宇
井資料のほかにも多種多様で魅力ある市民・住民運動資料の存在を教わった。

またその後 1 年ほどアルバイトとして，宇井さんの直筆ノートや著作の整理を手伝わせてもらった(つい中身を読んでしまって，著しく作業スピードが遅く，スタッフの方にご迷惑をかけた)。それは，市民・住民運動に関するたくさんの耳学問をする機会となった。

　二つの書庫に初めて足を踏み入れたとき，その物量に心の底から圧倒された。飯島は社会学，宇井は衛生工学と，専門分野は異なるが，国内から国外まで多岐にわたる土地を旅し，そこで得た「紙」を捨てずに取っておいたことは共通している。宇井も飯島も，公害の研究は第一に被害者に学ぶことが重要と考えており，土地を訪ねるたび，必ず何か資料を持ち帰っていた。いろいろな事件・問題，社会運動の当事者の人びとと交流すれば，その後も参考資料や手紙を送り合う関係が続く。結果，膨大な資料が手元に集積されていったことがうかがえる。

　一生かかってもすべては読めないような数の資料が，何連もの書架にわたって収められている様子は，すなわち，公害は一生かけてもいい大事なテーマだと確信させるに足る光景だった。あるとき，何かの集まりで筆者に向かって「公害なんてもはや古い，終わった概念なんだ」としきりに「公害」を手放すよう薦めた人があったが，アーカイブズの存在を思うと，まったく受け容れがたい提案だった。自分の知らない未知の世界を，見たことがない資料の山として物理的に視認できるということが，筆者を勇気づけ，励ます効果をもっていた。

③ 何と出会ったか

(1)迷い

　環境から公害へ，いったん時をさかのぼって考え直したい，という意識をふくらませて『「問い」としての公害——環境社会学者・飯島伸子の思索』という著書が世に出ることになった (友澤 2014)。公害は，いまも私たちにとって現役の「問い」なのだという主張を，飯島の思索の軌跡を借りて述べたものだ。ただ，博士課程に進学した2005年からこの著書をまとめるまでの 8 年間は，相当な寄り道や迂回をした。

　寄り道の主因は，博士過程でも飯島研究を続けるかどうかの迷いである。大学院生として学会，研究会に参加するたび，公害・環境問題を研究しているの

に，なんらかの「現場」に関わっていないことが後ろめたく，いつもちくちくと胃を刺した。自己紹介をするとたいてい，「公害の再検討は重要だから頑張れ」と励まされたあと，「それで，次はどんな研究をするの？」と尋ねられた。人物研究はそれくらいにして……という言外のメッセージだった。実際，宇井純公害問題資料コレクションとの出会いから外へ出るきっかけをいただき，市民・住民運動資料の保存・活用に関する研究プロジェクトや，1970年代の公害・開発反対運動に関する調査にも関心が広がった。[(5)]

　しかし結局，博士論文は，飯島伸子ひとりを掘り下げることによってまとめた。書庫から外へ出て行って，様々な話を聞くうちに，「飯島さんが生きていた同時代にこのようなことがあったのだ」という理解の仕方をするようになっていた。想像上の飯島の眼が，筆者のものさしになってきたのである。以下では，迷いながらも作業として続けてきた内容について書いていく。

(2)肉声を聴きに行く

　現代史を対象とする場合，研究対象にゆかりのある人物が存命であれば，会いにいくことができる。事実誤認を避けるためだけでなく，飯島という人が生きていた同時代の雰囲気や，本人の人柄などについて，紙から得られる情報量は圧倒的に少ない。しかも飯島は2001年に亡くなったばかりで，本人と交流のあった人も多く存命であった。資料探索で「芋づる式」という言葉があるのと似て，筆者の場合，ある人に会うと，必ず次にこの人に会え，というアドバイスをもらうことが続いた。

　最初のきっかけは，飯島伸子文庫の整理作業中に，舩橋晴俊先生からいただいた。舩橋先生は，深い実証研究の上に理論形成が達成されるという「Ｔ字型の研究戦略」のモデル（舩橋 2006）を日ごろから説かれていたが，特定の公害や環境問題の事例研究をしていない筆者の，飯島への関心のもち方を否定はせず，それなら宇井純さんには会いに行くべきだ，まずは手紙を書くように，と具体的に指南してくださった。

　2005年10月に手紙を投函したところ，すぐに宇井さん本人から携帯電話に着信があった。手術のため明日から入院するが，１カ月ほどで退院するはずだから，そのころまた連絡してほしい，とのことだった。以来１カ月おきに何度か

連絡したが，なかなか回復されないようだった。いろいろな方に仲介いただき，病院でお会いすることがかなったのは2006年の5月で，それは熊本水俣病事件の公式確認から50年の節目だった。話の中心は宇井さんから見た公害研究史の概説であったが，何よりも，宇井さん自身があまり「環境」という概念を用いない理由について，被害や偏見・差別，人権の視点が欠落するからだという見解を示されたことは非常に大きかった。

写真2-2　飯島伸子の自筆の調査ノートを手に取る工藤玲子さん。ご自身の勤め先だった自治労大分県本部から飯島に取引先を紹介した思い出を語る。たまたま手に取って開いたノートにご自身と直接関係する箇所が出てきたことを，その場にいた全員で不思議がった。（2007年11月15日筆者撮影）

　飯島伸子の実姉である工藤玲子さんには，文庫開設後に見学に来られた際に面会がかなった。大分県からJRに長時間揺られて静岡県にたどり着かれ，書庫を回られ，職員の方に丁寧に御礼を述べられた（写真2-2）。それを機に手紙の行き来が始まり，一年後私から，故郷をご案内いただけないかとお願いをした。大分駅から豊後竹田駅へ，さらにそこから1時間に1

写真2-3　飯島ら家族が過ごした旧城原村を訪ねる（2008年11月21日筆者撮影）

本の路線バスに乗って，下車後も山のなかを歩き，もう人の手に渡っているというかつての住居を，道路から見上げたりもした（写真2-3）。戦前の朝鮮半島での家族の暮らしや，引揚前後の恐怖，戦後の苦境なども教わった。玲子さんは，新聞の切り抜きを送るなど，飯島の研究を陰で支えておられたようだった。飯島が生きてきた過程に伴走してこられた玲子さんにお会いしたことは，何よりもその存在を近く感じる貴重な機会となった。

　飯島に関する証言は，他の方々からも，学会中の雑談や，集会の道すがら，ふと思い出したような口ぶりで聞けることも多く，断片的である。しかし，称賛であれ批判であれ，飯島に関する思い出と，飯島と交流をもちながら，その人自身が見ていた時代状況についての肉声を聞くことは，まるで紙の資料に息が吹き込まれるようで，支えになった。そして，その声が手がかりとなって，また紙に向かうことができた。宇井さんに関しても，過去に宇井さんが訪れたことのある土地に行った際は，かならずその印象を尋ねるようにしてきた。運動関係者で宇井さんを「知らない」と言う人は皆無であり，その存在が全国の人びとの心のなかに深く残っていることが実感された。

(3)資料による再構成

　では，書庫の資料はどのように使ってきたのか。社会学的質的調査の場面では，インタビューなどで聞き取った会話の記録や，研究対象者自身の筆による日記，手紙，メモ，あるいは写真や映像，調査者自身がある場に臨んで書き取ったノートやメモ（フィールドノーツ）は，観察対象を生で知ることができるようなデータとして重視される。これらを「一次的資料」と呼ぶと，これを別の誰かが活用して加工・編集した資料が「二次的資料」（たとえば新聞記事や調査報告書など），さらにそれを引用して作成された資料が「三次的資料」といった具合に，扱う資料の性質をおおづかみに区分けすることができる。筆者が見た限り，二つのアーカイブズでは，1冊のファイルに，一次，二次，三次的資料が混在した状態であったので，たとえば一次資料だけを抜き出して使うというのではなく，混在状態でそのまま1点ずつ把握し，総合して理解を獲得していく方針を取った。

　たとえば，公害や労働災害を主に調査してきた飯島の仕事歴において，異なる趣をもつ『髪の社会史』（1986年）という作品がある。書籍自体は古書で入手でき容易に読めるが，いったいなぜ，文化論のようにも思える領域に飯島が足を踏み入れたのか，作品になるまでにどのような個別の調査研究が積み重ねられたのかは調べてみないとわからない。そこで，この本の謝辞に名が挙がっている「山崎伊久江」「全国美容環境衛生組合連合会」「ワールド・ビューティー・アンド・ヘルス・アソシエーション」「全国理容環境衛生組合連合会」といっ

た単語を糸口に，飯島伸子文庫の
資料を手操ると，1980年から約10
年にわたって美容師・理容師の健
康障害（主な原因は過重労働と，化
学物質曝露）の調査をおこなった
際の資料があり，その結果を飯島
が業界紙へ報告した連載の記事も
まとまって出てきた。また，化粧
品による健康被害（化粧品公害と
呼ばれた）に関する雑誌記事のコ
ピーと，在籍していた研究室の原

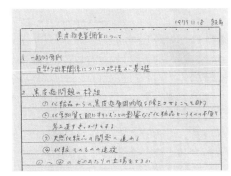

写真2-4　化粧品公害の調査に関するアイデアメモ
　　　　　（1977年11月18日の署名入り）。常葉大学附
　　　　　属図書館（草薙）・飯島伸子文庫所蔵

稿用紙に手書きされた調査のアイデアメモも合わせて見つかった（写真2-4）。
メモの日付は，美理容師調査より3年も前の1977年であるが，別の資料によれ
ば，その1，2年前，自分自身がパーマを当てて髪を傷める経験をしたと言い，
美容への関心を裏付ける。

　私的体験としてのパーマの失敗，化粧品公害への関心，美容師・理容師調査，
という「点」の記録を手元に並べ，時系列で検討することによって，彼女が一
貫して「身体」に関心を寄せており，文化研究に見える「髪の研究」も，実は
大衆消費社会で消費者の受ける健康被害を見つめるものだった，という「道筋」
を再構成した。パーマや化粧品等の日用品は，「女性は美しく」「男性はかっこ
よく」といった固定観念と，それをあおる広告と一体になって，未知の化学物
質を生活に浸透させる役割を果たしてきたと飯島は述べているが，アーカイブ
ズでは，その著述を支えた資料，著述には登場しなかった資料を合わせて確認
していった。さらに，飯島に調査を依頼したという東京都理容青年会議所の方
には，資料に出てきた氏名を手がかりに連絡を取り，お話も聞かせてもらった。
ほかにも，飯島の追悼文集における，彼女の人柄や，女性研究者として生きる
ことへの姿勢に関する証言も，間接的に参考にしている。

　とはいえ注意しなければならないことも残る。化粧品公害の論文が残ってい
るのは事実としても，飯島が集めたのでなく，誰かが与えただけなのかもしれ
ない。自筆メモにしても，資料を様々見たうえで「これは飯島の筆跡」と筆者

が判断しているのであって，プロの筆跡鑑定まではお願いしていない。「資料に基づき」といえば確からしい作業に聞こえるものだが，実際には一つひとつ，危うさも自覚しながら，使用する・使用しないという判断をするしかない。もちろんアーカイブズに収められていない資料もあり，たとえば飯島自身の卒業論文は出身の九州大学文学部の社会学研究室に閲覧に行くなどして，できるだけ足で集める努力をした。

(4)土地を訪ねる

　宇井純公害問題資料コレクションとの出会いは，飯島研究の文脈とは関係なく，土地を訪ねることへの背中を押した。本章冒頭の地図は，筆者がこれまで調査目的で訪れたことのある土地である。短い滞在や，誘われて行ったものも多いが，もし飯島研究の効率だけを考えれば，おそろしく気が遠くなる「寄り道」だ。だが，津々浦々の風景を垣間見るにつけ，「戦後の日本では誰もが経済成長を是として動いてきた」などという通説がきわめて一面的であると実感し，もっと社会は複雑で多層的なものだという感覚が芽生えた。アポイントなどを取ったうえでの「調査」もおこなってきたが，ここでは「とにかく行って，見て，帰ってくる」だけの旅もいまにつながっている例を書いておきたい。

　公害史を学んでいくと，炭鉱のある地域では石炭採掘に起因する住宅地や田畑の陥没がひどかったという記述が出てくる。これは「鉱害」と呼ばれ，近年はあまり研究も多くないのだが，とにかく旧産炭地に，何らかの痕跡があるのかどうか確かめておきたいと思い立ったことがあった。2008年，以前から計画していた水俣訪問と合わせて，7月24日から水俣に滞在，27日に八代から九州横断特急に乗り大分へ出て1泊して工藤玲子さんと会い，28日に大分から移動して小倉に1泊，29日に筑豊の田川，直方，飯塚といった地を回って帰途につくという欲張りな日程を組んだ。

　このなかで，北九州市小倉北区にかつてあった小倉炭鉱については，事前にインターネットで，ある小学校の一室に記録が集められているとの記事を読んでいた。直前にその小学校に電話を入れてみたところ，当日おられた教頭先生が，小倉炭鉱にまつわる記録資料の発掘・保存に取り組んでいる会の方に連絡してくださり，徒歩で，近くのお寺に建てられた小倉炭鉱殉職者慰霊塔や，石

炭を積みだすための駅へつながる道などへご案内いただいた（写真2-5）。地域の記憶の継承のために動き，筆者のような，どこの馬の骨とも知れない急な来訪者に，丁寧に対応して下さる方々の振る舞いにふれ，地域の歴史は，紙資料だけでなく，ひとの内面にゆたかに存在すると知った。

　この会は現在まで活動を継続され，折々に記録を活字化している（菊ヶ丘「語ろう会」2011）。ご案内下さったHさんとは，たった一度しかお会いしていないにもかかわらず，その後いまに至るまで，交流をいただいている。筆者が長崎に移ったと伝えた際には，山口県の原爆被爆者の証言集や，『長崎原爆戦災誌』等，重要な資料の譲渡を申し出られた。地域に身を置き，地域に活きる教育・研究をつづけるようにとメッセージが届くたび，背筋を正される。

写真2-5　北九州市小倉北区・広寿山福聚寺の墓地内にある小倉炭鉱殉職者慰霊塔。（2009年7月28日筆者撮影）

④「壁」を見ながら，作品を書く

(1)方法論という困難（壁）

　以上のようにしてよむ，きく，あるくを重ねていったが，博士論文を出すためには研究をどのような方向へもっていけばよいのか，といった研究上の戦略は，ほぼゼロだった。もし，現在の筆者が，この当時の筆者の指導教員という立場だったら，次のような声かけをする誘惑に駆られただろう。「公害に関心があるのはわかるが，テーマが広すぎる。もっと対象を絞りなさい。飯島伸子？

　そんな亡くなって間もない人物が研究対象になるだろうか？　第一彼女の仕事はそこまで面白いの？」等々。

　研究をめぐる方法論には，おおまかな定石がある。たとえば，〈公害を知りたいなら，何か具体的な事件・問題を対象とした事例研究から始めるべきである〉。あるいは，〈人物研究の対象は，亡くなってしばらく経過し，当該人物に関する社会的評価がある程度掴めてから取り組むべきである〉。筆者は，こう

した定石は耳にしながらも，呑込むことはできず，自らの立場を決めかねたままの時間が長かった。あなたの研究の方法は？　と問われると答えに窮し，壁を感じた。

　いまも，この壁を乗り越えてきたとは言えない。そこに壁があると意識しながら，それでも書けるものを書いてきたという状況だ。ひとつ支えになったのは，歴史学者の安丸良夫（1934-2016）の民衆史に関する著作である。安丸には，江戸幕末から明治時代への大きな社会変動の中，貧困にあえぎつつ暮らし，57歳で「神がかり」をし，新興宗教・大本教の祖となった女性の生涯を描いた『出口なお』という作品がある（安丸 2013）。神がかりしたなおは，「艮の金神が現れて三千世界の大洗濯を致す」，すなわち世直しが必要であることを述べ，また字を習う機会がなかったにもかかわらず，神がかりをした際には筆を持ち，ひらがなと漢数字で神の言葉を半紙に書き付けた「筆先」を多数残した。こうしたエピソードに接すると私たちは「科学の対象になり得るか？」という疑念を起こす。だが安丸は，貧しく無学で，通常なら何も書き残すことのない民衆の一人であるなおの，「生の様式のなかにはらまれていたはげしい抑圧と葛藤」とに近づき得る史料として「筆先」に魅了され，なおの評伝をまとめていった。のちに安丸は，新聞のインタビューに，「この神がかりを理解できないと研究者として自立できないという感覚」があり，「神がかりや百姓一揆の運動や意識のような，それまでの歴史学の枠組みでうまく取り扱ってこなかった領域では，隣接諸科学を参照しながらも，史料に内在してできるだけ的確に書くという非常に単純な立場で，ある程度自分なりの表現に到達しうるのではないか」（朝日新聞2012年2月14日朝刊，「時の回廊」欄）と考えたと回顧している。

　この記事の，「史料に内在してできるだけ的確に書くという非常に単純な立場」という表現は，「公害」や「環境」という，ステレオタイプの理解に陥りやすい対象を研究しようとする筆者の葛藤への処方箋であるように感じられ，たいへん励まされた。特定の個人を通じて，時代を理解しようとする道があってよいと思った。既存の研究の厚みに学びつつ，異なる材料，異なる角度からの光の当て方で，"公害（という概念）"の登場を，日本人にとっての「明治維新（文明開化）」と同じ衝撃度をもった思考様式の変化として捉えてみたいという思いも新たにした。

(2)話を受けとめる場，咀嚼する時間

　壁に関してひとつ断言できるのは，研究が一人でおこなうものではないということだ。資料と向き合って考えたこと，インタビューから帰ってきて思ったことなど，一人で解釈を煮詰めてしまう少し手前の段階で口にして，他者とのやりとりを通じて咀嚼していく時間が必要だ，と幾度も言われてきた。

　筆者の場合，関心が違う人同士が集まっている場に鍛えられた。学部・大学院と籍のあった「農学原論講座」は，社会学，文化人類学，歴史学など複数の方法論をベースに議論が行われ，指導教員の末原達郎先生はアフリカ農業・農村の研究者であったし，同期の友人は，南米ペルーのティティカカ湖で湖上生活を営む人びとの研究をしていた（村川 2020）。隣の比較農史学講座との人の行き来も頻繁だった。ゼミでは真剣に報告準備をしさえすれば，様々な角度から厳しくも有益なコメントをもらうことができた。参加者の誰も，公害や飯島伸子や宇井純に詳しい知識をもたないからこそ，きちんと準備しないと質問に答えられず，ぼろぼろになる。とても勉強になった。

　本書編者である新原道信先生のインフォーマルな研究会にも言い尽くせないほどお世話になった。新原先生は，筆者が研究発表する内容のあらゆる細部について一定の状況理解をもっておられ，短時間で要点をすべて述べられた。そのコメントがいかに的確かということは，その場では理解できず，数年後にわかってくる。参加者の経歴も研究対象もみなばらばらだったが，一から自己紹介をし，手持ちの材料をすべて開示してみることが推奨されている唯一無二の場だった（「報告は5分以内でお願いします」「資源節約のため配布資料は最小限にしましょう」などとけん制されてしまう場も多い）。打ちのめされつつ飲食店に移動すると，酔いつぶれたり泣き伏したりする人もあった。

　もちろん，環境社会学会をはじめ，環境教育，環境倫理，公害史研究を専門とする方々からも，たくさんのヒントと励ましをいただいてきた。だが，全然関心のもち方が違う人，異なる世界を知っている人と，一緒に研究材料を吟味し，咀嚼する時間をもって初めて，自分のやろうとしていることのいくばくかの意味を教わることがある。これは特別な話ではない。手近な書籍を一冊手に取って，「あとがき」にあたる部分に目を通してみると，必ずといっていいほどそこに，著者を支えた人びとへの謝辞が見つかるだろう。謝辞はたいてい，

字数の制約とのたたかいで，お世話になった方々の数は活字になるよりはるかに多いものだ。

　だから読者のみなさんには，研究を始めようとするときや，一歩踏み出したとき，戸惑ったとき，その話を受け止めてもらう場の存在を意識しておくことを薦めたい。もしあなたが，ゼミに所属しているなら，仲間は大切にしてほしい。

⑤ 探究の行き先

　なぜ2000年代のいま，筆者は，人びとが公害の経験を通じて考えた内容を知ろうとするのか。それは，衝撃と忘却をくりかえすこの日本社会の自画像をもちたい，という願望があるからだ。

　2010年に初めて非常勤講師として担当した講義で，富山イタイイタイ病を扱ったドキュメンタリーを見せたところ，ある受講生が，こんな感想をくれた。「わたしたちは，四大公害病の単語を覚えることで，その中身を忘れてきたのだと気づきました」。

　ドイツ中世史の研究をおこなった歴史学者の阿部謹也（1935-2006）は，日本とドイツの比較から，日本には「社会」がない，あるのは「世間」だけだ，と考察している。おのおのの人に「個人」の意識が希薄であり，国家・個人・社会をはっきりと区別することができず，歴史を「世間」の外で演じられるドラマかのように捉える傾向があり，戦争や災害，病気，事故の記憶も，渦中に自分自身が巻き込まれない限り，「突発的事件」として忘れていく（阿部 2004）。

　阿部の指摘が的を射ていると感じたのは東日本大震災だ。2011年3月11日東京電力福島第一原子力発電所が外部電源を喪失し，内閣府は原子力緊急事態宣言を出した。4月頃，書店には，たくさんの原発に関する本が並び，過去に出版されたすぐれた書籍の復刊も相次いだ。30年以上も前から，発電方法としての原子力には人命尊重の観点から多大な欠陥があることを多くの人が訴えてきたのだ。しかし，1年もたたず，店頭のこうした状況は終わり，やがて「震災本はもう売れない」とまでささやかれるようになった。

　衝撃を受けては忘却する。もしくは悲劇や感動劇に仕立てて消費する。この繰り返しが，公害でもおこなわれてきたのだと，いまははっきり感じている。

自分自身が忘れっぽいことも痛感しながら，せめて忘却を繰り返している社会の自画像をもち，様々な人とその内容を吟味，議論したいと思う。

　筆者の場合は環境問題だったが，この社会で〇〇問題，といわれることがらは多くある。そうした問題に関心をもった場合，学問分野には大きくわけて2方向がある。すなわち，「こうすればうまくいく（だろう）」という考え方を学んだり考えたりする分野と，「こうやってきたけれどまだうまくいかない」という，いわば現実を学んだり考えたりする分野だ。医療に例えれば後者が症状を診察して「診断」することにあたり，前者が適切な薬や手術などで「対処」することにあたるだろうか。応用的な学問の場合，問題が切実なだけに，「解決」，つまりわかりやすい処方箋が求められるが，社会は複雑で，拙速な「対処」が新しい病をもたらす場合もあり，「診断」自体の妥当性はたくさんの人の眼から常に問われる必要がある。公害・環境問題についても，「救済」や「解決」のあり方をめぐって，様々に意見が交わされてきた。整った問いに手短かに答えを出そうとする「学問」のあり方から，自分自身もが問われてしまう「問学」という営みへ，との意思も表明されている（最首 2010）。

　さて，あなたはどんな問題に関心をもっているだろうか。まず一歩，書庫に踏み込んでみると，そこから「フィールド」につづく道が見えるかもしれない。

（友澤悠季）

注
(1)　たとえば一枚のメモや手紙，ノートや，スクラップされた新聞記事，ファイリングされたチラシ，あるいは横断幕や人形などモノ資料，そしてデジタルデータまで，身のまわりのあらゆる事物がアーカイブズになりうる。
(2)　抜き書きははじめ手書きでしていたが，情報量が多くなってきてからはワープロソフトへ，その後，文献管理用の無料アプリケーションに切り替えた。
(3)　富士常葉大学は2018年に閉学，文庫は静岡市の常葉大学草薙キャンパス内の図書館に移転している。
(4)　当時は埼玉大学共生社会研究センターが所蔵していた。現在は立教大学共生社会研究センターで公開（閲覧には要事前予約）。ほかにも，鶴見良行文庫や，市民・住民の手による膨大なミニコミ・コレクションがあって驚かされた。ミニコミのなかに，父の書棚にあった全国各地の公害反対運動の有力な交流誌『月刊地域闘争』（1970年創刊，現・月刊むすぶ）を見つけたことにも縁を感じた。

（5）　そこへ東日本大震災（2011年3月11日）という巨大な出来事が重なり，思いがけないかたちで，陸前高田市の人びとから震災前に聞き取っていた証言を活字にすることになった（中田・高村編 2018）。

参考文献
阿部謹也，2004『日本人の歴史意識——「世間」という視角から』岩波新書。
飯島伸子，1974「公害・環境破壊の現実」『家庭科教育』48巻6号，pp. 47-60。
菊ヶ丘「語ろう会」，2011『小倉炭鉱発掘記』小倉炭鉱発掘記編集委員会。
込山和広，2006「作る顔と食べる顔が見える農業」『滋賀報知新聞』。
最首悟，2010『『痣』という病いからの—水俣誌々◎パート2』どうぶつ社。
友澤悠季，2014『「問い」としての公害——環境社会学者・飯島伸子の思索』勁草書房。
中田英樹・高村竜平編，2018『復興に抗する——地域開発の経験と東日本大震災後の日本』有志舎。
野田公夫・友澤悠季，2007「「地球を救う」は人を救うか？——「環境問題」に潜む権力性」竹本修三・駒込武編『京都大学講義「偏見・差別・人権」を問い直す』京都大学学術出版会。
舩橋清俊，2006「「理論形成はいかにして可能か」を問う諸視点」『社会学評論』57(1)：4-24。
村川淳，2020『浮島に生きる——アンデス先住民の移動と「近代」』京都大学学術出版会。
安丸良夫，2013『出口なお——女性教祖と救済思想』岩波現代文庫。

読者への問い
Q.　本を開いてどきっとしたことはありますか。
Q.　あなたにとって，すいすい読める本と，そうでない本があるとすれば，その違いはどこから来るのだと考えますか。

推薦図書
飯島伸子編，2007『新版　公害・労災・職業病年表』すいれん舎。
　公害・労災・職業病に類する出来事が，具体的にいつどこでどのような人びとの体験として積み重なって来たのかを江戸時代から1979年まで網羅した年表。買わなくてよいけれど一度書庫でその重さと厚みを体感してほしい。
宇井純，1997『キミよ歩いて考えろ』ポプラ社。
　著者は会社員時代，富山の化学工場で水銀の混じった廃水をそのまま川に流した罪の意識を原体験として，遠く離れた熊本で起きた水俣病事件を「わがこと」と感じ，調べ始めた。その道程はフィールドワークそのものである。
深田耕一郎，2013『福祉と贈与——全身性障害者・新田勲と介護者たち』生活書院。

障害者の自立生活運動をたたかった新田勲さん（1940-2013）と，新田さんを介助者として支える人びとの群像を交差させて描いた作品。著者は介助者の一人として働きつつフィールドノーツをつけ，この作品をまとめた。内容の濃さと，ユーモラスな文体で，一気読みすること請け合い。

丸山眞男，2006『現代政治の思想と行動（新装版）』未来社。

著者は戦争，敗戦といった激動の渦中にいながらにして観察し，考えることをし続けた先駆者の一人。新型コロナ感染症が2020年初頭から徐々に国内に拡がり，人びととの生活も振る舞いも刻々と変わるなか，「忘却」と「思考停止」への恐れを抱く人に薦めたい。

第3章

新宿・大久保の路地と小さな祭りから

―フィールドを往還する―

新宿・大久保のメインストリート，大久保通り　筆者撮影
　街を東西に貫くこの通りは，１年に１度，商店街の祭の際に車両通行止めとなり人々
が闊歩する。2000年代以降，韓国系をはじめとするエスニック・ビジネスの集積が進
んだが，日本人の商店も残っており，マルチエスニックな空間を形成している。

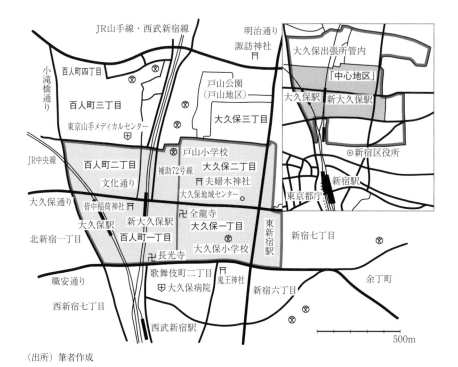

（出所）筆者作成

サマリー

　大学２年生の秋，筆者はコミュニティの包摂と排除をめぐるジレンマに引き裂かれな
がら，自分の生き方を見つけていくために，なぜか心惹かれながら同時に怖れを抱いて
いた「見知らぬ」場所——新宿・大久保へと足を踏み入れた。フィールドワークはとき
に，現地に「入って」ひとや出来事と出会うことと，元居た場所へと「帰って」モノグ
ラフを書くことの二つの局面によって語られる。こうした往還の過程を，フィールドワー
カーはどのように体験するのだろうか。本章では，これから「見知らぬ」場所へとおず
おずと足を踏み出す人たちに向けて，筆者の体験を書き残したい。

キーワード

　心の風景　境界状況（リミナリティ）　往還　モノグラフ　新宿・大久保

1　はじめに——心の風景

　あなたには忘れられない風景があるだろうか。生まれ育った土地でも，友人たちと過ごした思い出の場所でもなく，何気なく通り過ぎたり，ほんの少しだけ立ち寄ったりしただけなのに，どうしてか心に引っ掛かり，折にふれて思い出されるような「心の風景」が。

　西武新宿線の上り電車に揺られながら車窓を眺めていると，高田馬場駅を過ぎて終点に到着する直前に新大久保駅のホームが目の前を通過する。子どもの頃，休日に両親に連れられて歌舞伎町に映画を見に行く時に，繰り返し見た風景だ。ホームには大人が何人も立っていて次の電車を待っているのだが，自分の乗っている車両はそこに止まることはない。いったいどうやってあの場所に行くのか，不思議に思っていたことを覚えている。幼少期の頃の私にとって大久保は心のなかにある地図の「空白地帯」だった。

　大久保を初めて訪れたのは高校生のことだった。中野にある高校に通っていた私は友人とともに大久保駅の近く，中央・総武線の高架脇にあった教科書販売会社に自転車で向かった。日が暮れて薄闇のなか路地を進んでいくと，中国語やハングルの看板が立ち並ぶ街にぶつかった。雑踏のなかでは日本語以外の言語ばかりが聞こえてくる。馴染みのない音の風景のなかで心細さを感じ，用件を済ませて急いで駆け抜けたのを覚えている。私は初めて，自分が自分とは異なるものへの素朴な怖れをもっていることを思い知った。その感情は薄っすらとした恥の感覚とともに，小さな「ささくれ」のようなものを心に残した。

　再び大久保を訪れたのは，それから数年たった大学 2 年のことだった。必修科目の授業で，自分でテーマと対象を決めてインタビューをおこなうという課題が出され，大久保で1990年代以降，多文化共生の活動を続けていた「共　住㤒（きょうじゅう）」という市民グループの代表にインタビューすることにした。なぜ大久保をフィールドとしたのかについては後述するが，このインタビューの後も「共住㤒」との関係性は継続し，やがてその一員として活動に関わるようになり現在に至っている。そしてこの過程でモノグラフ（フィールドワークに基づく報告書や論文）を繰り返し作成してきた（阪口 2014；2022）。

　たいていの社会調査法の教科書ではデータ収集・分析の段階と，報告書・論文の執筆の段階とは段階的に切り分けられて紹介されているし，フィールド

ワークの先駆者である人類学者や社会学者たちの体験談もまた，フィールドに「入る」部分と「帰ってくる」部分とで構成されることが多い。けれども私にとっては，フィールドワークを続けることと，その経験をモノグラフとしてまとめることは，車の両輪のように不可分の過程であった。

　本章では，私にとって初めての本格的なフィールドワークの体験であった，新宿・大久保での調査・研究・実践の体験を振り返り，その過程を書き残したい。私はなぜ，大久保でのフィードワークを始めたのか。どのようにフィールドに「入り」，何と出会ったのか。フィールドから「帰ってくる」とは何を意味するのか，フィールドワークはどのように「終わる」のか。こうした一連の過程を，様々な人たちとの「出会い」の重なりとして書き残したい。

　こうした伝達の手段をとるのは，本書全体を読み進めてもらえばわかるように，フィールドワークには教科書に記載されているような単一の普遍的な過程(1)に還元できない要素が多く含まれているからである。一方で，フィールドワークは完全に固有かつ個別の体験であって，一切の方法を自分で編み出すしかないというわけでもない。本章では筆者のフィールドワークの基本動作（調査の技術）も書き込んでおくので，必要な時に読み解いてもらいたい。

2 フィールドワークの始まり

(1)はじめのフィールド

　私はいま，都市社会学・地域社会学を専門とする研究者として職を得て，コミュニティ論やフィールドワークについて教えている。けれども初めから都市や地域に関心があったわけではないし，ましてフィールドワークに取り組みたいと思っていたわけではなかった。出不精で人見知りの自分にとって，フィールドに出て見知らぬ人と多く関わることは，できることなら避けたい道だった。

　将来の道を見据えないまま大学に進学することをひどく恐れ，高校卒業後は予備校にも通わず半ば引きこもり状態で読書を続けていたとき，社会学という学問を知った。当時の私には，人間と社会の仕組みについて，とりわけ集団に所属することと自由な個人であることのジレンマについて考えたい，できることなら研究者として生きていきたいという漠然とした気持ちがあった。集団のもつ同化と抑圧の力学に反発を感じながら，一方で社会的な所属先がないこと

の寄る辺なさに引き裂かれていた。またこの時期は，9.11同時多発テロ以降，各国で極右政党が台頭し始めた頃でもあった。フランスでも国民戦線が大躍進し，移民出身者が多くいたサッカー自国代表への侮蔑の言葉が政治家によって公然と述べられるような状況になっていた。集団形成と排除，帰属と自由のジレンマの問題について考えたいと思ったのは，こうした社会的な背景の影響もあっただろう。いずれにせよ，社会学がもつテーマやアプローチの幅広さはとても魅力的に思えた。

　社会学を学ぶことのできるいくつかの大学を調べていく中で，中央大学のある先生の文章に出会った。後に博士課程修了までの指導教員になっていただいた恩師である。自身の生い立ち，修業時代，フィールドワークの体験を振り返りつつ，「自分の城から出て，未知のフィールドに出ていけ」というメッセージで結ばれた文章を読んで，魂が揺さぶられる思いがした。自分が漠然と考えはじめたことに取り組むためには，やりたいことをやって生きていくためには，最も苦手なこと，避けていたことに，挑まなければならないのだと感じた。私は自分を試さなければならないと思った。

　なぜ大久保でのフィールドワークの体験を振り返るにあたって，大学入学と指導教員との出会いから話を始めているかといえば，先生の研究会こそが私にとっての初めての「フィールド」だったからにほかならない。入学した年の夏休みに初めて大学院生以上の研究会に参加させてもらった際には，その場で何が話されているのか，参加者に何が求められているのか，どのように議論に参加すればよいのか何一つわからず，半ば「門前払い」となった。「なぜそんなに自分を守っているのか」「見込みはある，でもいまのままじゃだめだ」。私にできることは，話されたことを必死に記憶し，何が行われていたのか後から繰り返し振り返ることだけだった。

　研究会後は，先生が書かれたすべての著作を可能な限り入手し，読み込むことに時間を費やした。参考文献リストから別の文献が辿れること，論文が「学術雑誌」に収録されていること，大学図書館に所蔵されていない論文も取り寄せが可能なことなど，文献調査の基本的な動作はこの時に必死で身につけた。すべて読み通したら再び「門」を叩こうと決めていた。

　後から振り返って思うのは，何が起こっているのかわからない「未知の」状

況に入り込み，何が重要なのか判断がつかないためにあらゆる物事を記憶し，記録に残し，何度も振り返り，入手可能な資料を手当たり次第に読み込むことは，フィールドワークの基本動作であったということである。経験を積むことでこれらの動作はより洗練されたかたちでおこなうことができるようになるかもしれないが，「未知の」状況に直面した際に人ができることのパターンはそれほど多くはない。これが私にとってのフィールドワークの始まりだった。

(2)中央大学社会学研究室と奥田道大ゼミナール

　指導教員への「再入門」後，授業の課題として自身でテーマと対象を決めてインタビュー調査をおこなうことになった。できれば卒業論文までのフィールドを見つけたいと考えていたところ，大学入学前から抱いていた漠然とした問題関心が，記憶の片隅にあったある街の風景と結びついた。自分にとって，どこか心にひっかかりながら素朴な怖れを感じた場所，新宿・大久保である。

　日本の都市・地域社会学にとって大久保は特別な場所である。東京のインナーエリアに位置するこの場所は，都市化の歴史のなかで国内・国外からの人の移動の受け皿となり続けてきた。明治・大正期には早くも「郊外生活の地」として軍人やサラリーマン層が移り住み，戦後から高度成長期には都心周辺部の「木造賃貸アパートベルト地帯」となり，地方出身の若者たちの居住地となった。郊外化の時代を経て，低成長期にはこうした老朽化した木賃アパート群が東アジアからの留学生たちの受け皿となり，彼女／彼らを顧客としたエスニック・ビジネスの集積が進んでいくこととなった。現在の様に「観光地＝コリアンタウン」化が進んだのは2000年代以降，とりわけこの10年ほどのことである。

　街の風景は，漠然とその場所を訪れる人にとっては，のっぺりとした一枚絵のように映るものだ。あなたが「コリアンタウン」を訪れる観光客ならば，ほぼ100％の確率で山手線の新大久保駅に降り立ち，改札を出て右（東）へ曲がり，高架をくぐって大久保通りを歩き，全龍寺周辺の数本の路地にだけ立ち入り，ルーテル東京教会の辺りで引き返す。そしてあなたは「シンオオクボに行ってきた」と語るだろう。でもそのときに，少しだけ注意深く観察し，「いつも行く場所」以外に足を延ばしてみれば，どの街にもありそうな鶏肉屋や果物屋や化粧品店などの個人商店や，首都圏に顧客をもつ有名な楽器店や，中華系や

写真3-1　観光地＝コリアンタウンとしての大久保（左）
写真3-2　木造賃貸アパートのある大久保（右）
　インナーエリアとしての人の移動の歴史が象徴的に表れている　（筆者撮影）

ネパール系など多様なエスニック・ビジネスや，ビルの一室にあるモスク，ハラールフード店，きらびやかな台湾寺院，宗派の異なる複数のキリスト教会，戸建て住宅，木造賃貸アパート，くたびれたラブホテル，老人たちがたむろする銭湯跡，専門学校，日本語学校などが，モザイク状に立ち並んでいるのがわかるはずだ。都市・東京の形成史における人の移動の歴史が，どの路地にも刻み込まれている（**写真3-1，3-2**）。あなたはそれを読み解けるだろうか。

　1990年代初頭の地域状況の変化にいち早く着目し，集中的な調査をおこなったのが，都市社会学者，奥田道大の研究グループであった。奥田は同様に外国人が集住しつつあった池袋と並行して，立教大学社会学部の学生らと共同で「アジア系外国人」調査をおこなった。奥田グループの学生たちは質問紙を手にアパートを一軒一軒尋ねてインタビューをするという地道な調査を続けていった。この調査は奥田が中央大学文学部に移籍したのちも継続された（奥田・田嶋1993：奥田・鈴木 2001）。やがて奥田グループの学生たちのなかには，共同調査を通じて出会った人たちとの縁に導かれるかたちで，中華系食材店，韓国系教会，エスニック組織など，様々な組織・施設へのインタビュー調査や参与観察を展開していく者が現れていった（例えば白岩 1997）。

　中央大学社会学研究室には，彼女／彼らの残した膨大なモノグラフが，演習報告書，卒業論文，修士論文といったかたちで保管されている。指導教員にその存在を教えてもらった私は，研究室職員の助力を得ながらモノグラフ群の完

全な目録を作成し，次いで年度順にノートを取りながら読み進めることにした。目次をすべて書き写し，内容の要約とコメントを書き込んでいった。

　モノグラフの量もさることながら，その内容にも圧倒された。とくに修士論文は本格的な参与観察に基づいて書かれており，中華系食材店で従業員として働きながらエスニック・ネットワークを描き出したもの，ニューカマー韓国人一家の家庭教師をしつつ保育所で働きながらその生活世界を明らかにしたものなど，その厚みは数百ページに達していた。何より行間から読み取れる調査協力者との関係性の深さに恐れおののいた。社会学の参与観察の古典にはすでにふれてはいたが，それらはプロの仕事であり，自分とはかけ離れた存在だった。けれども目の前にある作品群はどうだろうか。自分とはそれほど年齢も変わらない，学生たちの仕事である。何より私を震撼させたのは，これらの修士論文を書き上げた学生たちが博士課程に進学することなく，フィールドで職を見つけて人生を切り開いていったことだった。もし研究者になるつもりならば，彼女／彼らの仕事を乗り越えなければならないと思った。

　当時の読書ノートを紐解いてみると，奥田ゼミの作品からフィールドワークの方法を何とか学びとろうとしているのがわかる。フィールドのなかで，とりわけ参与観察をおこなう際に，何を記録しているのか，それがどのような作品として編まれていくのかを読みとろうとした。これらが書籍や学術論文として出版された仕事でないということもよかった。試行錯誤の過程や分析しきれない事実の記述などが，きれいに編集されないかたちで残されていたからだ。直接顔を合わせたことはなかったけれど，私は彼女／彼らの背中から学んでいった。

③　フィールドで何と出会ったのか

(1)小心者のフィールドワーク

　授業の課題としてインタビュー先を見つける必要から，私が初めにおこなったことはインターネットの検索エンジンで「大久保」「市民活動」等のキーワード検索をかけることだった。当時の私には思いつかなかったのだが，この他にも，大学図書館のデータベース経由で新聞記事検索をかけて団体を探すこともできるし，現地の自治体広報誌やコミュニティペーパーなどから情報収集することも可能だ。もし繰り返し行くことのできる場所ならば，本格的な調査を始

める前にまずじっくりと歩いてみてほしい。公立図書館や集会施設などに行けば，様々な団体の広報誌やチラシなども並んでいるし，町内会や自治会が設置した掲示板には日々の活動の案内が掲載されている。注意深く観察しようとしさえすれば，フィールドワークの手がかりはあちこちにあるはずだ。

　最終的にインタビューを依頼することに決めたのは，「共住懇」という市民グループだった。「共住懇」は1992年に大久保を実質的な拠点として発足した市民グループで，発足当初の名称は「外国人とともに住む新宿区まちづくり懇談会」であった。当時すでに15年以上にわたって活動を継続しており，地域調査，シンポジウムや「祭」などの交流イベントの開催，地域情報誌の発行などをおこなっていた。

　「共住懇」のWebサイトにはメールアドレスが掲載されていたから連絡をとることは可能だったのだが，小心者の私はすぐには行動に移せず，Webサイトを熟読し，新聞記事検索を使って「共住懇」が登場する過去のすべての記事を収集した。並行して読み進めていた奥田ゼミの論文のなかにも「共住懇」についての記載があることを見つけ，過去に奥田ゼミ生が活動に参加していたことを知った。これらのインタビューの記録も読み込み，自分なりに「共住懇」の活動年表をつくり，活動の変遷のきっかけなどを考察したノートを作成した。

　調査倫理や調査の質の観点から，フィールドワーク，とりわけインタビューの前には綿密な事前調査が必要であると一般的には言われている。しかしこのときはこうした観点を意識していたわけではなく，ただ未知のフィールドに足を踏み入れることを恐れていただけだった。そうしてほとんど自分一人でできることがなくなった段階で初めて，心を決めて連絡をすることができた。これで駄目なら諦めがつくと思えた。メールでは自分が何者であるのか，大久保のこの十数年の地域状況の変化について伺いたいということを率直に伝えた。なぜ他でもない「共住懇」に伺いたいのか，これまで理解してきたことを元にできる限り丁寧に伝えた。あとから振り返ればやや過剰な分量のメールであったかもしれないが，こうして「共住懇」代表のYさんにインタビューを受けてもらうことができたのだった。

　初めてのインタビューは誰でも緊張するものだろうが，私は人並み以上に緊張しており，約束の時間のかなり前に到着し，ひたすら周りを歩いて時間をつ

ぶしてから，意を決して事務所のチャイムを鳴らした。扉を開けてくれたＹさんは白髪交じりのおさげの男性で，にこやかに事務所に迎え入れてくれた。開口一番「中央大学や奥田先生とはかなりつながりがありましてね……」と言われ，奥田ゼミのモノグラフを読み込んできてよかったと，一瞬冷や汗が出たのを覚えている。

　当時の記録を読み返すと，用意した質問項目に基づきながら，「共住懇」の発足のきっかけや活動の展開などについて網羅的に話を伺っているのがわかる。一方で，私のように大学の課題や卒業研究のために訪れる学生は毎年いて，マスコミの取材なども含めて，Ｙさんはインタビューを受けることに非常に慣れており，その語りはある程度「パッケージ化」されていたこともわかる。これはその後，参与観察者として活動に関わり，Ｙさんがインタビューを受けるのを「反対側」から見るようになって初めて理解したことである。

⑵併走者たち

　初めてのインタビューをきっかけにして，その後は定期的に開催される「共住懇」のイベントに参加を続けた。関係性が一段深くなったのは，フィールドワークを初めてちょうど１年が経過した頃，「共住懇」メンバーの一人であったＳさんが中心に企画していた「OKUBO アジアの祭」というイベントの手伝いを申し出たことがきっかけだった。これ以降，私は活動当日の参加者としてではなく，活動の準備段階から関わる参与観察者となっていった。

　月に２回ほどおこなわれる「祭」の運営会議では議事録担当として記録を取り，それ以外の時間も「共住懇」の通常の活動や，「祭」運営のための細々とした作業のために大久保に通う生活が始まった。フォーマルなインタビューや，イベントなどの「舞台の上」ではなく，会議の後の飲み会や，裏方の地道な事務作業の場でこそ本当に重要な事柄や，いまだ形にならないアイディアの欠片が話されていた。飲み会の場で急に重要な話が始まれば，卓上のペーパーナプキンなどにメモ書きしたこともあった。とにかく記録をとり続け，会議資料やチラシなどあらゆる文書を収集し，そして家に帰ってからフィールドノーツを清書する作業を繰り返した。収集した資料を項目ごとに整理する余裕はなくなっていたし不可能であるように思えたので，その日に収集した資料はすべて

一つのクリアホルダーに挟み，付箋をつけて日付と場所を記載することで，時系列に管理することにした（**写真 3-3**）。

活動のメンバーに声をかけられれば，準備不足でも寝不足でも，次の日に早朝からアル

写真 3-3　フィールドノーツ，（右手前）と収集した資料の一部（筆者撮影）

バイトがあっても，時間の許す限りどこにでも付いていった。引越しの手伝いもしたし，毎週の通院に付き添ったことも，ギターのライブに呼ばれて論文の朗読会をしたこともあった。活動にどっぷりと浸かっていくことで，フィールドワークの仕方も自然と変わっていった。事前の準備を尽して自分で調べられることがなくなった段階で恐るおそる他者とコミュニケーションするような時間的余裕は，当然のことながらなくなっていった。フィールドワークの方法は，様々な調査法のレパートリーの中から自由に選び取られるようなものではなく，余裕のない状況下で試行錯誤して編み出されるものだった。そしてこれは私がもっとも苦手とすることだった。

こうした困難な状況を支えてくれたのは，まず何よりも共に活動をした人たちだった。終電を逃して泊めてもらったことや，ある時期に事務局として交通費を補助してくれたこと，財布が空っぽで飲み会にいくことを躊躇した私にこっそりと1000円札を握らせてくれたことを忘れない。街を共に歩きながら，飲みに連れてもらいながら，活動を通じて理解したことを話し，意見をもらうこともあった。有形無形の厚意に支えられることで，フィールドワークを続けることができた。

もう一つの支えは，大学のゼミで私と同様にフィールドワークを続けていた仲間たちだった。海老名や代々木上原のモスク，多摩ニュータウンのコミュニティカフェ，横浜の商店街振興組合，福生の有機農業運動，ハンセン病の国立療養所など，様々な時期と場所に，各々にとって「未知の」フィールドにおず

おずと足を踏み入れた者たちがいた。自分と同じように挑戦している者たちがいることに励まされた。私たちはお互いのフィールドノーツを共有し、フィールドで出会った人たちや、見聞きした事柄を報告し合った。共通する理論的な枠組みとして、奥田道大の『都市コミュニティの理論』から『都市コミュニティの磁場』に至る一連の著作や、A・メルッチ『現在に生きる遊牧民』『プレイング・セルフ』などの読書会もおこなった。読書会を通じて私たちは、各々のフィールドに固有の現象は何なのか、各々のフィールドの差異を越えた共通性がどこにあるのかを話し合い、自身の理論的な視点を作り直していった。

(3)ものの見方が揺り動かされる

やがてフィールドにいる時には、自分のもっていた問題関心や、研究者としての自分を試すとか奥田ゼミの先達を乗り越えるといった自意識は、いったん忘れるようになっていった。どのような研究の問い（リサーチ・クエスチョン）が立てられるのか、どのような概念で分析できるのかといった思考がいったん保留されるくらい、忘れたくないこと、書き残しておきたい人や出来事に出会ったからだ。

大久保への「入口」となってくれた「共住懇」代表のYさんが、自身が生まれ育った西新宿の街を案内してくれたことがあった。大久保と同じように東京のインナーシティに位置する西新宿は、かつては都市の周辺部として淀橋浄水場が置かれ、戦後には住宅地が広がっていた。都心域の拡大と郊外化の進展と共に浄水場は東村山に移転され、その跡地を中心に高層ビル街が建設され、今日の「新都心」の風景へと変貌していった。「想像できますか、数百メートル四方が一気になくなるんですよ」とYさんは話す（写真3-4）。

> 「コミュニティの半分が削られたんですよ、60年代後半の開発です。6車線
> ×500メートルくらいの範囲がなくなったんですよ。それで出ていった人た
> ちがかなりいます。そこから80年代の地上げがあって、さらに人口流出が続
> きました。地上げは大金を積んでくる。1坪1000万円で売ってくれと言って
> くる。それを断ると、1週間後にまたやってきて、1坪1300万円でと言って
> くる。こうして地域単位で開発され、コミュニティが破壊される。（中略）

自分のまちが100メートル
単位で潰されたとき，町内
会は全く無力だった。だか
ら町内会に対しては個人的
な失望感がある」（フィール
ドノーツより）。

住民組織への失望感を語る
一方でYさんは，地元の「祭」
に精力的に関わり，開発前か
ら住み続ける「旧住民」たち
と，開発後にやってきた「新

写真3-4　西新宿某所の風景
住民が退去した低層住宅に高層ビル群が迫っている
（筆者撮影）

住民」たちとのつながりを模索していていた。「共通の過去をもつ人たちのつ
ながりはどうなっているのか，それからまったく新しく来た人たちとつながれ
るのかどうかっていうことを考えますよね。つなげていく仕掛けとしての『祭』
と考えています」。大久保で「共住懇」の発足に関わるようになったのも，同
様の問題関心と「心の風景」に導かれてのことだった。新都心に隣接するイン
ナーシティとして，大久保にも同様の危機があると考えているのだ。「もしエ
スニック要素がなくなったら，商店街だってそんなに残っていないだろう」と
Yさんは話す。

　「共住懇」の中心人物で「OKUBOアジアの祭」の仕掛け人である，大久保
で印刷屋を営んでいたSさんもまた，自身の「心の風景」に導かれて活動に
関わることになった。1960年代以降，社会運動や市民活動関係の印刷物を扱っ
ていたSさんは，95年の阪神淡路大震災直後の神戸へ印刷機を持って入り，
ボランティアたちの取材を通じて生活情報を集め，手書き原稿で日刊新聞を発
行した。活動が一区切りして大久保に帰ってきたSさんの目には，街の風景
が異なるかたちで見えてきたという。

　「大久保に帰ってきて，街の細い路地，外国人……神戸どころじゃないぞと
　思った。想像を絶する被害になる。たまたま入った韓国料理店で『共住懇』

のパンフレットを見つけて，これだ！と思った。その後のシンポジウムで『お祭りやりたい』と言った。『共住懇』との関わりがなければ，街とは関わらなかっただろう」（フィールドノーツより）。

　あるいはＳさん同様，途中から「共住懇」と「アジアの祭」に関わるようになった診療所経営者の男性は，テナント経営化が進む街の風景に対して「長くいるとさ，雑然としてても，ここが故郷になっちゃうんだ」と話しつつ，その「夢」を語った。

　「商店街だって，テナント貸ししているけれど，花屋は本当は花を売りたいんだ。魚屋は本当は魚を売りたいんだ。だからバザールをやりたい。工夫すれば何とかやっていけるんじゃないか。（中略）夢かもしれないけどさ……やっぱり自分が生きている間に見たいですよ。これだけのものをもってるんだから，いい街だよ。今日の最後の話にあったけど，色々資源はある，問題はそれをどう生かすかってこと。それが次の話になる。誰が，どうやるか。113ヶ国いるって言ったっけ。だから，この街でやれれば，世界どこでもできるんだ」（フィールドノーツより）。

　フィールドワークを始めたばかりの頃，集団はしっかりとした固まりのように存在していて，何かひとつの明確な目的に向かって活動を進めているのだろうと思っていた。仮に紆余曲折はあっても，発足から現在に至るまで，一本の道として描けるような歴史があるのだろうと思っていた。もしそうなら，ある団体の活動について知るためには，ホームページに掲載されている活動理念を読み，代表者にインタビューをして内容を確認すれば事足りることになる。けれども実際には，変化する社会と地域の状況に呼応するように，またメンバーが離脱したり参与したりする流れのなかで，各々の問題関心や，こだわりや，「心の風景」や，「夢」をもち寄りぶつけあうなかで，活動の形は絶えずつくり変えられていくものだった。

　集団の境界もまた，安定した実体のように存在していたわけではなかった。数年にわたって活動の運営にコミットする「中核」となるメンバーは確かに存

在していたが，毎回の会議に出席し活動を実質的に支える「中心的な担い手」たちは時期によって，また活動の内容によって流動的で，発言力や実行力などの力関係も移り変わっていくものだった。またイベント当日のボランティアとして関わる者，直接参加はできないけれども資金や資材を提供する者など，「周辺的な担い手」たちの存在も無視できなかった。彼女／彼らなしに活動は成り立たなかったし，ある時期に「お客」として参加していた者が，別の時期には「中心的な担い手」へと移り変わっていくこともあった。

　一人の人間もまた，複数の要素が流動的に絡み合って変化し続けている。自分について振り返ってみれば当たり前のはずなのだが，フィールドワークをしているとき，とくにインタビューする際には見落としがちだ。いつ，誰に，どのような状況で話をするかによって，語られる内容は変わってくる。初めてのインタビュー相手に対して話すとき，何度も同じようにされてきた質問に答えるとき，シンポジウムなどの多数の前で団体の代表として語るとき，活動のメンバーたちと企画を練り上げるために議論するとき，まとまらなかった会議の後に愚痴をこぼすとき，無事にイベントが終わって打ち上げの場で緊張がほぐれて話すとき，あなたはまったく同じ内容の話を同じようにするだろうか。

　ある個人がもつ複数の語りについて考えるとき，「共住懇」の活動で知り合ったある韓国人男性のことを思い出す。留学生として来日した彼は，語学学校を起業し，ニューカマーの韓国系団体で精力的に活動していた。彼は日本人の聴衆が多いシンポジウムでは「日本の社会は，人の受け入れの面からみて閉鎖的だと感じる。本当に『郷に入っては郷に従え』でよいのか。『世界のルール』をつくることができたらいいのではないか」と語り，韓国人の聴衆が多いシンポジウムでは「（団体の全国組織化をめざすまえに）地域住民とどのように関わるかを考えなければならない。商店街と話すと，まずは町内会や商店街に加入して，日本人との信頼関係を築くことだと言われる」と語った。聴衆の異なる二つの場において，意図的に，その場にいない，あるいは少数の立場の声を代弁しようとしていた。その場の大勢にとって耳あたりのよいことを言うのではなく，様々な集団と個人を橋渡しする役目を自ら負っていた。

　フィールドワークを進めていくなかで，集団のレベルでも，個人のレベルでも，現実は当初の私が思っていたよりもずっと複雑で，多様な側面をもち，揺

写真3-5　2009年の「アジアの祭」のクライマックス　（筆者撮影）

れ動き変化していく，切れ目のない複数の流れとしてしか把握できないように思えた。しかしそれを理解したのは，卒業論文提出期限の2日前の夜中だった。

(4)語る言葉が足りないこと

卒論提出期限の1カ月前に「アジアの祭」（**写真3-5**）の会計作業を終えて，年内のフィールドワークは一区切りとなった。時系列にクリアホルダーに収められた膨大な資料とフィールドノーツの束を読み返しながら，論文を書き進めていった。すでに理論的な分析枠組の部分は書きあがっており，ゼミの仲間たちと読書会をした奥田道大の都市コミュニティ論に依拠しながら，「異質性の認識」「共通の価値の発見」「コミュニティ形成」という筋立てで書き進めるつもりでいた。

しかしいざ出会った人や出来事をエピソードのかたちで書き出していくと，こうした枠組に回収できない部分がむしろ本筋であることがわかってきた。先に述べたように，「共住懇」や「アジアの祭」は明確な方向性をもった単一の流れではなく，多方向に分岐したり，行き詰ったり，向きを変えたりしながら進む複数の流れの束のように見えた。ある「集合的な出来事」——例えばシンポジウムや「祭」本番など——の時間と空間においては，確かに特定の理念が共有され，人びとの社会関係の網の目や，諸組織・集団の資源調達のネットワークが収斂し，整合的にかみ合っているように見えた。しかしそれは一時的な現象であり，出来事が終われば再び流動化していくものだった。だからといって，それはまったくの無秩序な流れや，それきり雲散霧消する儚い現象にも見えなかった。ある恒例のイベントが途絶えたり，集団が解散したりしても，残された社会関係や文化的資源をもとに，別の時間軸であらたな活動が立ち上がっていく姿を目にしてきたからだ。コミュニティ形成の「核」となるような「共有

された価値」そのものを探し求めていると見えないものが，確かにあった。

　ようやく本論部分を書き上げた提出期限の２日前の夜中，私はそれまで用意していた理論的な枠組（説明の図式）を手放すことに決めた。そしてなぜ奥田の都市コミュニティ論で説明しきれないのかを，結論としてまとめ直すことにした。こうして卒業論文は「未完の」モノグラフとなった。

　　副査の先生からコメントをいただく。「まずたいへんな力作です。資料もすごく充実しています。３年間の集大成で，思い入れがあることが伝わってきます。しかしこれには良い意味と当時に，悪い意味があります。『新たな共有された意味』が，共住懇の共有なのか，大久保地域における共有なのか。『共住懇』のＹさんとＳさんにとっての意味だけではないか。『共住懇』の活動が美化されすぎている」。

　「"意味"が『共住懇』にとってなのか地域にとってなのかということでしたが，そもそも論文では『共住懇』をひとつの閉じた実体としては考えていません。メルッチの集合行為論によって，そのような発想をいったん外しています。活動にはメンバーかメンバーじゃないか関係なく，地域の人がそのときだけやってきて関わったりします。ですから"共有された意味"というのは，あくまでその活動のときに，ということです」。

　「あれ，活動で"意味が生成された"って書いてなかったっけ？」

　「ここでいう"共有された意味"というのは，一度できあがって永続するものではなくて……」。

　「うん，それはわかるけど，だとするとさあ，『共住懇』の活動っていうのは，たとえば子ども会が集まってわーっとやって，"おばちゃん，楽しかった，次いつやるの？"というのと変わらないんじゃないかね」。

　「まさにその"楽しかった，次いつやるの"という"感触"こそが重要なんです。なにか宗教のように大きな統一された意味があってコミュニティがあってというふうには，もはや現在の都市コミュニティは考えられません。それでは大久保地域で起こっていることを捉えることはできません！」

　１分でと言われたのに，感情的になりずいぶんしゃべってしまった。「……捉えることはできません！」と言ったところで主査の先生が割り込んでコメ

ントしてくださった。「制度化されたものしか理解できない人に対してもわかるように説明しないといけません。"過程"に意味があるということですが，それをどうやって計量するのかという課題があります。メルッチは"トゥレーヌの弟子"としての部分だけが理解されてしまうことに困難さを感じていました。私も同じ様に困難さのなかでやっています。今回は往路でした。"過程に意味がある"ということに気づくことができた。今度はそれを説明できるようにしないといけない。ただ"意味がある"と言うだけじゃなくて」。

　「制度化されたものしか……」というところで，ようやく自分が相手にしているものが何なのかということを理解した。通常の社会学は「制度化されたもの」を対象にするのだ。きちんと順序立てて説明すればわかってくれるはずという自分の考えのほうがナイーヴだったのだ。しかしもう時間切れだった。（卒業論文口述試験の記録より）

④　フィールドワークの「終わり」

(1)「境界状況」のフィールドワーク

　そのまま大学院に進学した私は，さらにどっぷりと大久保での活動に浸っていった。運営の手伝いとして参与するというよりも，事務局として企画そのものの下支えをするようなかたちでの関わりへと移行していった。物理的に大久保にいないときも，メールで連絡を取り合ったり，会議の準備をしたりしていたため，やがてフィールドワークと日常生活とが混ざり合うようになっていった。フィールドにいるときに大学のことを考えることはあまりなかったが，家にいるとき，大学で授業を受けているとき，アルバイトをしているときなど，大久保での体験を繰り返し思い出したり，見聞きした事柄の意味を考えたりする状況が続いた。物理的な距離の近さによって繰り返し通うのが容易であるということと，物理的な距離を越えてコミュニケーションがおこなわれるということが，フィールドに「入る／帰る」という単純な図式を溶かしていった。

　修士課程の２年間は，もっともフィールドワークが充実していた時期だった。卒業論文を書き上げ，ものの見方がつくり変えられていったことによって，何を観察すべきなのか，誰にどのように話を聞くべきなのか，資料をどのように読み込むべきなのか，考えるまでもなく身体がうごくようになっていた。「未

知の」フィールドが「既知の」フィールドへと移り変わっていく，あるいは「新参者」が「身内」へと移り変わっていく「境界状況（リミナリティ）」（Turner 1969＝1996）の時空間でこそ，最も充実した観察が可能となった。

　一方で，フィールドワークの「中間報告」としての修士論文を提出した後は，完全に「共住懇」の活動の当事者となっていた。博士課程進学後は，地域情報誌の企画立案・取材・編集，会議の進行やシンポジウムの司会など，運営の「中核」を担うようになっていた。もはや観察者としての役割を果たすことは困難になり，収集した資料を日付順にファイリングすることだけは続けたが，従来のようにしっかりとしたフィールドノーツを書き溜めていくことができなくなった。こうして豊かな「境界状況」の時間は閉じ，実質的なフィールドワークは「終わり」を告げた。私にとってそれは物理的に「帰ってくる」という体験ではなかった。

　フィールドワークや質的調査，とりわけ対象との関わりが大きい参与観察は，質問紙法に代表される「客観性」を重視し対象と距離を取る社会調査と対比されるかたちで，対象を「内側から理解しようとする」ものであると語られることが多い。あるいは対象に参与する上での過度な同一化は，調査の「中立性」を揺るがせる「オーバーラポール」の問題として語られる。しかし少なくとも私の体験から言えるのは，「内か外か」「同一化は可能か」といった静態的な図式よりも，「外」から「内」へと移行していく過程，（実際には幻想に過ぎなかったとしても）差異ある者へと同一化していこうとする身体と心の動きこそが，フィールドワークの実質であったということである。

⑵往還するフィールドワーク

　「書くことも書かないことも暴力である」。「あなたはフィールドの人にはなれない。いつか裏切ることになる」。フィールドワーカーとして駆け出しの頃に，先達からもらった言葉をいまでも大切に覚えている。

　私にとってフィールドワークとは，温かで安全な「自分の城」から恐るおそる足を踏みだし，他者と出会い，少しずつ「見知らぬ」場所や状況を「見知った」ものへと変えていく試みにほかならなかった。素朴な問題関心や偏見がたっぷりと詰まった自分の理解の枠組をつくり変えていくためには，主観的には，

一度は自他の区別がつかないくらいに活動に浸かっていくしかなかった。

　しかしモノグラフを書き上げるという行為は，いったんは曖昧になった自分と他者との関係性を引き剥がし，対象化し，記述・分析する者とされる者として再配置することである。リサーチ・クエスチョンを立て，筋道を立てて論証していくという行為は，自分がどうしても手放せない「問い」のために，他にもあり得た説明の可能性を切り捨てるということにほかならない。

　博士課程の4年間は，そのための力を蓄え，技術を磨く時間となった。「共住懇」の活動に完全に同一化し，観察者としての自己を失っていった一方で，コミュニティ論の理論的な先行研究の系統的なレビューを進めた。これは本来，研究者としての基本動作であるが，このときまで自覚的に作業を積み上げたことがなかった。修士論文を提出した時点で，段ボール数箱分の文書資料と，1,000ページ以上のフィールドノーツの束が手元にあった。私がやるべきことは，卒業論文で垣間見た新たな理論的な分析枠組を磨き上げ，修士論文としてまとめられた「中間報告」の資料の束を，モノグラフとして書き直すことだった。これは2016年7月に，博士論文として中央大学大学院に提出された。

　フィールドから「帰ってくる」とはどのような行為なのだろうか。フィールドワークはどのようにして「終わる」のだろうか。居住地との物理的な距離の近さや距離を越えたコミュニケーション，日常生活とフィールドでの活動との並行といった状況によって，私のフィールドワークは，空間的な次元でも時間的な次元でも，明確な切れ目のない広がりをもつ体験となった。最終的に私は活動の当事者として同一化することでフィールドワークを「終えた」。しかしもし「帰ってきて」「終える」ことで，初めて体験を振り返ることができたとすれば，それは時間や空間の次元においてではなく，意識の次元における自他の切断としてあったのではないか。

　モノグラフの「書き手」としてのあなたが切断するのは，慣れ親しみ，愛着をもち，代替不可能な存在となった顔のある誰かであり，またその誰かとの関係性である。かつてのあなた自身をも切り離し，別の語り方もあり得たはずの出来事のうごめく生命を断つ。あなたは泣きながら書くだろう。

⑤　おわりに——再びフィールドへ

　調査の一環として行われるフィールドワークには「終わり」が来る。けれども出会った人たちとの関係性や，あなたが身につけた自覚的な観察と記録といった所作は，日常と切れ目なく続いていく。「フィールドワークの終わり」の後にやってくるだろう体験を，最後に書き記しておきたい。

　新しいフィールド（大学，バイト先，就職先，地域，あらゆる現場）に入ったとき，あなたが身につけた観察と記録の力は，きっとあなたを支えてくれる。その場でどのような活動がおこなわれているのか，どのような社会関係の網の目が存在しているのか，空間的な条件や制度的な制約は何か，何が変更可能で何が困難なのか，自分は何を為すべきなのか，あなたの「心の風景」として刻み込まれたフィールドワークの体験が，対話の相手になってくれるはずだ。

　一方で，これまでのフィールドワークのやり方が通用しない現実にも直面するだろう。私自身，大久保での活動は細々と続けている状態になっているし，2017年頃から関わり始めた立川での「砂川闘争」資料館づくりの活動は，はじめから当事者の一部となり，観察や記録が滞っている。学生時代とは異なり，フィールドワークに費やせる時間も限られてくるなかで，ひたすらに現場にコミットし続けるというあり方以外の方法を，模索しているところである。

　最後に，他者と関わるのが苦手で，「見知らぬ」場所へと足を踏み入れるのに人並み以上の勇気を必要とするあなたへ。初めからインタビューをしようなどと意気込まず，少しでも心に引っかかった場所があれば，ただ素朴に歩いてみるといい。学生時代には，本を読んでどうしても見てみたくなった秩父事件の蜂起ルートや，足尾銅山背後の松木村跡や，周防大島の白木山（第１章参照）などを友人と訪ね歩いた。夜の峠道の心細さと頂上から見下ろした市街（寺の鐘を鳴らしてなだれ込む），村跡に積まれた墓石（銅山の堆石場をにらんでいる），海の向こう側と島の反対側の集落まで見通せる山頂（高いところに上ってみよ）……書かれたものの背後にある，書かれていない風景を知ることも，フィールドワークの面白さである。そしてきっと，誰かに出会いたいと思うはずだ。

（阪口　毅）

注

(1)　筆者が学部生時代に唯一手に取った入門書は、佐藤郁哉（2006）の『フィールドワーク　増訂版』（新曜社）だった。実際には教科書通りには進まないとしても、私と同じような「小心者のフィールドワーカー」にとっては、フィールドに一歩踏み出すための「お守り」となるだろう。
(2)　奥田と同時期に「まち居住研究会」（1994）による調査もおこなわれた（一部は共同調査）。同研究会のメンバーで建築学者の稲葉佳子（2008）によっておこなわれた住居の間取調査とエスニック・ビジネスの分布調査は、インタビューにはない観察法（とりわけ非関与型観察）の魅力を教えてくれる。

参考文献

稲葉佳子，2008『オオクボ都市の力──多文化空間のダイナミズム』学芸出版社。

奥田道大，1983『都市コミュニティの理論』東京大学出版会。

奥田道大，2004『都市コミュニティの磁場』東京大学出版会。

奥田道大・鈴木久美子編，2001『エスノポリス・新宿／池袋──来日10年目のアジア系外国人調査記録』ハーベスト社。

奥田道大・田嶋淳子編著，1993『新宿のアジア系外国人』めこん。

阪口毅，2014「移動の歴史的地層──新宿大久保地区の空間の定義をめぐる差異とコンフリクト」新原道信編著『"境界領域"のフィールドワーク──"惑星社会の諸問題"に応答するために』中央大学出版部。

阪口毅，2022『流れゆく者たちのコミュニティ──新宿・大久保と『集合的な出来事』の都市モノグラフ』ナカニシヤ出版。

白岩砂紀，1997「エスニック・ビジネスの生成に関する事例的研究──広がるネットワークと起業家精神」奥田道大編著『都市エスニシティの社会学──民族／文化／共生の意味を問う』ミネルヴァ書房。

まち居住研究会，1994『外国人居住と変貌する街──まちづくりの新たな課題』学芸出版社。

Melucci, Alberto, 1989, *Nomads of the Present : Social Movements and Individual Needs in Contemporary Society*, Philadelphia : Temple University Press（＝1997，山之内靖・貴堂嘉之・宮崎かすみ訳『現在に生きる遊牧民──新しい公共空間の創出に向けて』岩波書店）.

Melucci, Alberto, 1996, *The Playing Self : Person and meaning in the planetary society*, Cambridge University Press（＝2008，新原道信・長谷川啓介・鈴木鉄忠訳『プレイング・セルフ──惑星社会における人間と意味』ハーベスト社）.

Turner, Victor W., 1969, *The Ritual Process : Structure and Anti-Structure*, Chicago : Aldine Publishing Company（＝1996，冨倉光雄訳『儀礼の過程〈新装版〉』新思索社）.

読者への問い

Q. あなたには，どうしてか心惹かれるけれど，飛び込むのに勇気のいる場所はあるだろうか？　それはなぜだろうか？

Q. フィールドでの出会いによって，自分のものの見方を組み替えていくために，具体的にどのような方法をとることができるだろうか？

Q. 本書の各章を読み比べて，筆者それぞれのフィールドワークの固有性を越えて見えてくる普遍的な体験があるだろうか？

推薦図書

グールド，スティーヴン・ジェイ，（浦本昌紀訳），1995『ダーウィン以来——進化論への招待』早川書房。

　古生物学者の著者が，「社会ダーウィニズム」等として「誤読」「誤用」されるダーウィンの進化論を丁寧に解説する。超大な時間の流れのなかで連鎖する偶発性の力に慄く——「今あるものが当たり前ではない」「唯一の可能性ではない」——と共に，席巻する生物学的決定論への解毒剤ともなるだろう。同著者の『人間の測り間違い』『ワンダフル・ライフ』も併せて読んでもらいたい。

中谷宇吉郎，1958『科学の方法』岩波書店。

　人工雪研究の第一人者であった著者が，測定可能性や再現性といった「科学」が力を発揮する条件＝「限界」を丁寧に説明する。案外と自覚的に学ばれていない科学の方法を知ることで，人間の知のパターンは一つではないこと，フィールドワークに何ができるのかを考えさせられる。偶発的な一回性の出来事の意味と，その背後にある力学を捉えることはいかに可能か。

新原道信，2007『境界領域への旅——岬からの社会学的探究』大月書店。

　生物進化のメタファー，人類と文明，都市と地域，過去と未来の破滅・崩壊，わずかな隙間から覗く社会変動の契機が，埋め込まれた数々のエピソードによって語られる。分類困難で不思議な書物だが，生きることに迷ったとき，新しいフィールドに勇気をもって飛び込もうとするとき，不条理な現実におずおずと立ち向かおうとするとき，あなたの背中をそっと押してくれるだろう。

鶴見良行，1988『辺境学ノート』めこん。

　東南アジアを歩き，膨大なモノグラフを残した著者が，「若い人たち」に向けて公刊したフィールドノーツ。どのように歩き，何を観察し，記録に残すのか，「そこを視る視線を読んで欲しい」というメッセージを受け止めたい。筆者は保存用と2冊持っていて，1冊はぼろぼろになるまで書き込んでいる。

第4章

マニラのボクシング・キャンプから

―〈関係史〉として社会をとらえる―

私が一年間を過ごしたボクシング・キャンプ内の部屋。（2009年3月28日）筆者撮影
二段ベッドで4人が寝ることができる。私は奥のベッドの一段目（この写真では上半
身肌のボクサーが座っている。ちなみに彼が本章の3（2）に登場するビトである）を
使用していた。

マニラ首都圏とその近郊市町村　（出所）©OpenStreetMap

　①住み込み生活をおこなっていたボクシング・キャンプ。マニラ首都圏南部パラニャーケ市にある（本章１～３節）。②スクオッター家族の再居住地。ここはマニラ首都圏ではなくリサール州になる。山奥で交通の便が非常に悪い（本章５節）。③ニノイ・アキノ国際空港。ボクシング・キャンプから渋滞がなければ乗合バスで30分ほど。渋滞にはまると２時間半。④マニラ湾。この付近の湾岸まで，ボクサーの友人たちと一緒に，よく日曜日の午後に夕日を眺めに来ていた。水平線に落ちる夕日は，この世のものとは思えないほど美しい。⑤アジア最大規模のスラムだったトンド地区。港湾労働とスラムの密接な関係。⑥19世紀末のスペインに対するフィリピン独立革命において，重要な舞台となったカビテ州の街であるイムス。歴史的建造物も多く，日曜日にはボクサーの友人たちと一緒に街歩きに行くこともあった。⑦1942年４月に「バターン死の行進」の出発点となった街マリベレス。日本の十五年戦争をめぐって，ボクシング・キャンプのマネージャーは，多くのことを私に語ってくれた。

サマリー

　フィールドワークとは，どこか遠くの世界の見聞を集めるだけではない。遠くの世界への没入を通じて，近くの日常が揺さぶられ，その揺さぶられた日常の視点から，もう一度遠くの世界を摑みなおす……こういった絶え間ない往復運動こそがフィールドワークの醍醐味だ。こうした対位法を，本章ではフィールドと私の〈関係史〉と名づけ，その発見的過程を開示していきたい。

キーワード　〈関係史〉　現実　身体

ボクシングジムとは，人びとを無—関心そして非—存在から救い出して
くれる機械，それも全速力で運転している機械だ。……何者かになるこ
と，つきつめればすべてはそのためなのだ！　たとえ数ラウンドの間だ
けであっても，無名な状態から，退屈から抜け出ること。

　　　ロイック・ヴァカン『ボディ＆ソウル』（Wacquant 2004＝2013：356）

1　なぜフィールドワークか

(1)〈関係史〉へ

　私は，フィリピン・マニラ首都圏にあるボクシング・キャンプで調査研究を
おこなってきた。そのキャンプは，大規模なスクオッター地区（空き地を庶民
が共同占有する地区）に隣接している。多くのボクサーたちが，マニラ首都圏で
はなく，フィリピン中南部の農山漁村の出身である。彼らは，村で中等教育を
修了もしくは中退した後に，マニラ首都圏に出郷して職探しを試みるが，定職
に辿り着くことが難しい。そうしたなかボクサーになることで住み込み生活を
送っている。彼らは夢だけを追いかけているのではない。食べていくためにボ
クシングをしている。住み込み生活で確保される食事，寝床，そして新たな仲
間たちとの関係こそが，彼らの一日一日において必要になるものだ。

　私は，2005年4月から1年間，このキャンプで私自身も住み込み生活をさせ
てもらいながら，ボクサーたちと一緒に練習をおこないつつ，フィールドワー
クをおこなった（石岡 2012）。高熱で寝込んだり，スパーリングの際に相手か
らうつされた重度の結膜炎（パンチをもらった際にグローブを介して私の両眼に伝
染した）に悩まされたりしながらも，私はマニラの貧困世界に生きるボクサー
たちのなかに徐々に受け入れていってもらった。練習が休みの日に外出して一
緒にご飯を食べると，当初は私が奢っていたが，後には，ボクサーたちが私に
奢ってくれるようになった。鶏の丸焼きを買って（豚の方が美味しいが高価で手
が出なかった），現地のローカル・ジンを回し飲みしながら，音楽をかけて踊っ
たり，誰かが演奏するギターに耳を傾けて過ごした。ボクシング関係者に海に
連れて行ってもらったときには，8人乗りのバンに15人ぐらいがすし詰めに
なって乗り，目的地に着くなり，短パン姿でそのまま海に飛び込んだ。夜は魚
市場で安く買ってきた魚をみんなで焼いて食べた。夜の浜辺で流木に座って，

将来の夢を語り合った。私は，この住み込み調査の後も，毎年，夏や冬の長期休暇にはフィリピンに戻って調査を継続している。

　私は，なぜフィールドワークをおこなっているのか。ひとつの答えは，マニラのボクサーたちの生き方が，私に反響したからである。そして，その反響を受け止めることで，私自身も変わりたいと思ったからである。私は，反響する自分を受け止めることから，自らがいまあるそれとは違った「他である可能性」を実現したくて，マニラに赴き，そこでの生活の記録を書く。

　よって私の書き物は，マニラの貧困世界についての客観的記述ではない。そこに現れるのは，マニラのボクサーたちの生き方に反響する私の姿であり，その私が彼らと築いた世界である。いうなれば，マニラの貧困世界と私の〈関係史〉だ。この〈関係史〉は，ある状況に置かれた人間とフィールドとの特定の関係を捉えるものであるが，しかしそれは同時に，その特定性を反省的に捉えることによって，きわめて普遍的な記述を可能にするだろう。

　本章で私は，自分から離れた社会評論をするのではなく，自分を構成してきたものを解きほぐすことが，同時に社会を発見することにつながるようなフィールドワークのあり方を探りたい。

(2)与えられたものを我がものにすること

　いま本書を手にとっている，あなたにとっては，「なぜマニラだったのか？」という疑問が生じているかもしれない。私としては，それがたまたまだったことを，まず正直に告白しておきたい。社会調査というと，綿密な計画があり，その計画を進めるうえで最適な事例を選んでから調査に取り掛かる，という手順が想定されるだろう。だがフィールドワークの手順は，そうではないことも多い。むしろ，すでに私たちが生きてしまっている，出会ってしまっている偶発的な現実を，きちんと「我がものにしていく」ことが重要だ。

　私は茨城県にある大学院で修士課程の学生をしていた際に，同じ県内の日立市に，フィリピンからの多くの「出稼ぎボクサー」が来ていることを知った。私はそのジムに電話をして，その後，ジムに伺った。会長は，日立市でタクシー運転手を生業としながら，夜はジムで指導にあたっていた。会長の補佐をフィリピン出身のトレーナーが担っていた。会長やトレーナーから話を聞いてわ

かったことは，このジムには多くのフィリピン人ボクサーが6カ月間（興行ビザの滞在期間と重なる）やってきて，日本で「かませ犬」として試合をしている事実だった。つまり，日本の若手のスター候補のボクサーが，実戦で自信をつけるために殴り倒される相手役として，フィリピン人ボクサーが存在していた。マッチメイクはミスマッチであることが多い。フィリピン人ボクサーよりも日本人ボクサーの方が，明らかに身長が高く，体重が重いという組み合わせだ。だが，フィリピン人ボクサーは日本で試合をすると，ファイトマネー（勝敗に関係なくリングに上がること自体に支払われる報酬）が跳ね上がる。フィリピンでの試合の数倍の金額を，日本では手にすることができる。彼らは「かませ犬」であることをわかったうえで，日本に出稼ぎに来るのであった。私は，このジムでぜひフィールドワークをおこないたいということを，会長の自宅で話し，それが受け入れられて，修士論文に結実する調査を開始した。

　この修士課程でのフィールドワークが，後に，博士課程に進んでからのマニラのフィールドワークへとつながった。その点において，この日立市でのフィールドワークは私の研究の出発点を成すものだったが，この調査自体が偶発的なものであった。まず，私の所属した大学から通える範囲にフィールドが立地していたこと。また，私は，「かませ犬」ボクサーたちの現実に，自らが反響する感覚をもった。私は「からだひとつ」で生き抜く彼らの姿を考えたいと思った。移民問題に関心があったわけでも，男性性（マスキュリティ）に関心があったわけでもない。

　なぜ，「からだひとつ」で生きる姿に反響したのか。それはひとえに，私の父が，祖父が，祖母が，おじが，みなそうやって生きてきたからである。私は修士課程の院生時代より，自分では明確に意識することなしに，フィールド「について」分析するのではなく，フィールド「から」考える方法を模索していた。「からだひとつ」で食べていくことは困難である。からだを壊したら困窮へと一直線だ。そして貧しさは，他者に馬鹿にされる引き金にもなるだろう。貧困は，経済的問題であると同時に存在をめぐる問題である。けれども，そこにはまた，他者に身体を委ねないという自由の感覚もある。

② 事実はまだ現実ではない

(1)対象の構成

　フィールドワークとは,〈関係史〉を捉える営みである。これが本章の一貫した立場だ。誰が調査をおこなっても結果の変わらない実証的な記録を目指すのではない。私とフィールドとの唯一無二の関係において表し出すものを捉えることが,本章で論じるフィールドワークのあり方である。

　それはすなわち,同じ対象であっても,誰が調査をするかによって,書き物の内容が異なることを認める立場である。この点は私自身の調査経験とも合致するものだ。マニラのボクシング・キャンプで住み込み生活をしていた際に,同年代の別の日本の大学院生も同じ場所で調査を実施したことがある。彼は,ボクシング・キャンプの近くの民宿に泊まって,ボクシング関係者に聞き取りをし,現地の文書資料を蒐集していた。彼は,その後,フィリピンと日本の戦後国際交流をめぐるすばらしい歴史書を刊行したが (乗松 2016),同じ対象を調査しても,調査者の問題関心によって対象の切り取られ方が変化することを,私はこのとき学んだ。私は貧困や身体といった主題からボクシング・キャンプの日常生活に迫ろうしたが,彼は同じ対象を植民地主義や国際関係といった主題から論じようとしていた。

　対象は所与のものではなく,調査者の思考枠組みとの関係において構成される (Bourdieu & Wacquant 1992＝2007)。私は仔細な日常的出来事に注目していた。早起きのボクサーは誰か,夕飯時にボクサーたちはどの席に着席するのか,洗濯はいかにしておこなうのか。私は「現在の日常生活」に焦点を当てていた。だが彼は,そのボクシング・ジムがいつ建造されたのか,ボクシングや芸能を通してどのようにフィリピンと日本では国際交流が展開されたのかを丁寧に調べていた。彼は「戦後国際交流史」に焦点を当てていた。

　また,そもそも,対象を何と呼ぶかという点においても,私と彼とでは異なっていた。私がボクシング・キャンプ(ボクシング・ジムではなく)と呼ぶのは,そこではボクサーが住み込み生活をしている点を強調するためである。練習時間だけでなく生活時間においても,ボクサーたちは同じ場所で同じ時を過ごす。そこでは,生活時間もまた,広義の練習時間になる仕掛けがある。一緒に洗濯をしながらおこなう何気ない会話で,新参者はベテランボクサーから心得を学

ぶことも多い。精神的に傷ついたボクサーがいれば，生活時間のなかで互いにいたわり合う。これらは住み込み生活だから可能になるものだ。

　一方で，日本やアメリカでは，こうした住み込み制のボクシング・キャンプはほとんど存在しない。練習だけをおこなう場としてのボクシング・ジムのみがある。同じボクサーであっても，フィリピンと日本では，育成法も生活形態も異なっている。フィリピンにおけるその特徴を明示するために，私はボクシング・キャンプという呼び方をしている。だが，この呼び方は，「現在の日常生活」に焦点を当てるという私の問題関心と不可分である。「戦後国際交流史」をボクシングの事例から描くという彼の問題意識においては，住み込み制という特徴はさほど重要な論点ではない。よって，彼はマニラにおいても，ボクシング・ジムという一般的な呼び方をしている。

　調査の対象は「ある」ものではなく，問題意識によって「構成される」ものだ。また，問題意識が対象を切り取ることを可能にすると同時に，対象によって問題意識が鍛え直されていく。いずれにしてもここで強調しておきたいのは，フィールドと私との〈関係史〉が重要になるという点である。

⑵現実について

　この〈関係史〉という視座を深めるために，ここでひとつのフレーズを引用しておきたい。ナチズムの研究者である池田浩士は，『抵抗者たち』という名高い著作において，ヘーゲルを引用しながら「事実はまだ現実ではない」（池田 2018：338）と書き付けた。池田はこの本で，敗北を運命づけられながらそれでも開始されたナチズムに対する少数者の抵抗を記した。そしてこの記録を書き進めるうえで，池田によって重要な意味を担わされたのが「現実」という概念であった。

　　私たちが日常を生きる中で現実としてとらえていない現実を，虚構作品が描き出すこともあり得る，ということです。……人間は，物質の集積と組み合わせとに過ぎない脳髄の働きによって，いま眼前にある物質的事実ではない光景を思い描くことができます。この人間の想像力こそが，もう一つの現実を思い描きそれの実現に向かって歩むための，少なくとも決定的に重要な源

泉なのだと，私は思います。（池田 2018：340）

　池田は，反ナチス運動の記録を，歴史的事実に加えて，詩や小説からの考察を組み合わせることで書き上げている。もちろん池田は，歴史的事実，すなわち「統計的な数字や用語の点で精確を期す」（同：313）作業をおこなっているが，それに加えて，文学作品を織り混ぜているのである。そして，詩や小説を素材とすることが実際の出来事をねじ曲げるのではないかという予想された反論に対して，池田が先取りして書いたのが，上記の引用文だ。

　「事実はまだ現実ではない」点をめぐる上記の引用で重要なのは，次の二点である。一つは，統計的な数字や用語といった事実を徹底的に積み重ねながら，しかし，それらの積み重ねだけでは，その出来事を生きた人間の現実には到達できないことを自覚する必要性である。あらゆる事実を集積したとしても，それはまだ現実ではない。なぜなら，事実の集積から全体像を作り出すのは，人間の想像力だからである。事実と事実のあいだに関係を見出し，その関係の束から全体像を描き出す方法は，事実そのものからは与えられない。それらを綜合して把握する想像力を必要とする。この想像力のことを念頭に置くならば，事実を集積することに加えて，それに対峙した人間の視線を踏まえたアプローチが必要になる。

　私は以前，質的社会調査の目的が，「人びと」について知るのではなく，「人びとが対峙する世界」を知ることである，と主張したことがある（石岡 2016）。「人びと」について知るのであれば，年齢や学歴や家族構成などの事実を集積すればわかるかもしれない。しかし私が探りたいのは，人びとの属性ではなく，人びとがいかなる世界に直面しているのかを追体験できるような理解の可能性である。たとえば，ボクシング・キャンプのベッドの脇の壁に書かれたサインのことを取り上げよう。そのサインは，立った状態では目に入らない，随分と低い位置に書かれたものだった。そのベッドは，まだ新参者の10代の見習いボクサーが使っていた。彼は，夜，眠る前に，ベッドに寝転んだ状態で，そのサインの落書きを壁にしたのだろう。「WBC Champion」と書かれた後に，その見習いボクサーの名前が記されたサインである。私はたまたま彼のベッドに寝っ転がった際に，その落書きサインを目撃したのである。

　それを見て，私は若者がボクシングに身を投じることの意味を考えなおすようになった。ボクシングは彼らにとって生きていくための実践である。日本のボクサーのように，夢を追っているだけではない。だが，それでもボクシングには，その他の仕事——大工やタクシー運転手——とは異なった，特別な意味を与えられていることを実感した。夜中に眠りにつく前に，誰の目につくこともないような位置に書かれたサイン。私は彼らについて知りたいだけではなく，彼らの見ている世界を，同じ日常を過ごすことによって，垣間見たいのである。

　「事実はまだ現実ではない」点に関してふたつ目に重要なのは，現実は，対象と人間の関係において現れることである。事実（Realität）と現実（Wirklichkeit）は，この点で異なる。異国で開催されたボクシングの試合の後に，脳挫傷で亡くなったボクサーがいる。これは事実であるが，まだ現実ではない。しかし，そのボクサーの死を自分との関係において背負おうとしたとき，それは事実を超えた現実のものとして登場するだろう。事実は私と切り離された状態においても存在しうる。だが，現実は私との関係において現れる。

③ 現れる勇気

(1)調査者も動かなければならない

　マニラのボクシング・キャンプにはいくつかの戒律があるが，そのうちの一つは，月曜日から土曜日まで，午後1時には世界ランカーから入門まもない見習い者まで，必ず全員が揃って練習をおこなうことである。集合時間を守ることは，絶対的な指令である。

　私はボクシングについてはまったくの初心者であった。だが，筑波大学の体育専門学群で学び，学部生時代は体育会卓球部の副主将として，インカレや関東学生リーグでチームを牽引したことがあり，ボクシングについても，試合出場はできなくとも，練習に取り組むことならばできるだろうと考えた。また，アスリートの調査をするためには，自らその競技のトレーニングに加わってみるという姿勢が，アスリート側からの無言の要請であることを私は知っていた。痛みについて聞くのではなく，痛みを体験せよ，という要請である。こうして，私自身も練習に参加しながら調査を進めるという手法が生まれた。

　ボクシング・キャンプの練習は，3分→30秒→3分という時間で，ベル音が

写真4-1　ボクシングキャンプでの練習風景
　　　　（筆者撮影）

繰り返し鳴りながら進む。3分はタイムインで，その時間は練習場内の全員が動き続ける。3分という時間を身体に刻み込むのである。各自が取り組んでいるメニュー——縄跳び，サンドバッグ，パンチミット，スピードボールなど——は別々だが，全員が身体の動きを止めてはならない。そしてベルが鳴ると30秒のタイムアウトとなる。ボクシングの試合では，ラウンド間のインターバルは1分だが，練習では負荷を高めるために30秒に設定されている。

　よって，ボクシング・キャンプの練習では〈一斉に動き，一斉に止まる〉という集合的リズムができあがる。一斉に動いているはずの3分間に，止まることはできない。痛かろうが，辛かろうが，呼吸困難だろうが，とにかく動き続けなければならない。この集合的リズムは，個人の技能を引き上げる。**写真4-1**を見てみよう。この写真は，ベテランボクサー（写真左，オーソドックス）とキャリアの浅いボクサー（写真右，サウスポー）の二人が，壁に設置されたバッグを打っている練習風景である。

　この二人は，それぞれ3分間バッグを打ち続けるのであり，互いに何かを伝え合うことはしない。だが，このように二組セットで配置されることで，隣で練習に取り組むボクサーの息づかいや動作が自然と他方のボクサーにも感覚される。このバッグ打ちは，個人練習であると同時に協同練習にもなっている。ボクサーは他のボクサーと協同で練習し，その息づかいやリズムを我がものとすることで，初めて強いボクサーに育つことができる。個人練習を繰り返すだけでは良いボクサーにはなれない。

　こうした集合的リズムは，ボクシングの練習の核心を成すものである。そして，このリズムの存在は，調査者も一緒にうごくことによって，感知される。当初，私は練習には加わらず，それを観察しようとしたことがあった。フィールドノートを手に，練習場の片隅で，「午後1時4分：練習開始。ボクサーA

とボクサーＢがアップを始める」といった記録を，延々とノートに書き連ね
たのである。しかし，そうした記録は，使い物にならなかった。「『そこにいる
こと』は，『そこにいる者』と同じ経験を共有していることの担保とはならな
い」（中田 2013：290）のである。

　空間だけでなく，時間を共にすること。具体的には同じリズムの中に身を置
くことが，いかに調査において重要かが身に染みてわかったのである。そして
そのためには，調査者もまた，その時間のなかでうごかなければならない。

(2)ハングリー・アート

　３分と30秒のセットで繰り返されるベル音は，ボクサー同士のリズムの共振
を可能にする条件だ。同時にこの時間は，別の使われ方もする。

　（練習中，ラウンド終了のベルが鳴り終わって）トレーナーのサニーが，ボクサー
　であるビトのミット打ちを止めさせない。他のボクサーが30秒のインターバ
　ルに入っている中，サニーは「イサ・パ（もういっちょ）！」と叫んで，ミッ
　トを持ち続ける。ビトは必死にコンビネーションを続ける。サニーがさらに
　叫ぶ。「イサ・パ！　おまえ，オルモックでまたうろつきてえのか」。ビトは
　パンチをまだ打ち込む。（2007年９月20日のフィールドノートより）

トレーナーのサニーは，〈一斉に止まる〉30秒のインターバル時間に，あえて
例外的にミット打ちを継続させることで，ボクサーのビトを鼓舞しているので
ある。ビトは，ひとり，タイムインの時間のなかに取り残される。

　ここでのサニーの声かけは重要だ。サニーが「オルモックでまたうろつきて
えのか」と叫ぶのは，ビトがかつてレイト島オルモック市のストリートで鳴か
ず飛ばずの暮らしをしていた点と関係している。ボクサーの練習を極限まで厳
しいものにするために，当該ボクサーのかつての姿を想起させているのである。
そして，それとの対比で，現在の練習を乗り越えさせようとする。

　「オルモックでまたうろつきてえのか」という呼びかけは，トレーナーの声
である。にもかかわらず，この他者に端を発する声をビトが我がこととして生
き直すのは，その呼びかけが自らの貧困体験を呼び覚ますからである。トレー

ナーに呼びかけられることで，自らの貧困体験がジムの練習に現前する。そして，呼び起された貧困体験との対比のなかで，そうした体験とは異なった未来を希求する実践として，ボクシングが措定される。呼び起こされた貧困体験を動員することで，強度に満ちたジムの身体訓練の日常が構成されるのである。

　この呼び起こされた貧困は，ボクシング・キャンプが生み出す夢と表裏一体の関係にある。自家用車を所有する暮らしが羨望されれば，その反転として，灼熱の道路を破れた草履で歩いた過去が想起される。三度の飯を食いたいという未来が羨望されれば，その反転として，空腹に苛まれた幼少時代，あるいは水で薄められた「透明なミルク」を飲まされる赤子の妹の姿が想起される。

　ボクシングは，貧困を否定しつつも，貧困を活用する競技である。満たされた者は，存在の改造を自らに課す必要性をもたない。満たされざる者を競技者に仕立て上げるのが，フィリピンのボクシングである。呼び起こされた貧困の動員は，3分のタイムイン／30秒のタイムアウトという規則性に対するその例外的使用という状況において，強調される。このときビトは，みんなが立ち去った時間に，自分だけが，たったひとり残されていることを自覚している。このひとりの時空で，彼は呼び起こされた貧困体験と対峙する。

(3)さらされる身体：スパーリング

　〈一斉に動き，一斉に止まる〉ことのもう一つの例外は，スパーリングである。スパーリングは，私の調査したボクシング・キャンプの場合，週に3日，月・水・金曜日におこなわれる。スパーリングには体力を要するため，スパーリング前のボクサーは，練習には参加せず，自分の番の前のスパーリングを見る（写真4-2）。

　スパーリングの場を構成する不可欠なものとして，リング外からそれを眺めるボクサーやトレーナーなどの「観戦者」の存在がある。スパーリング中のボクサーは，目の前のボクサーと対峙しつつ，この「観戦者」たちとも象徴的に戦わなければならない。「観戦者」たちは，スパーリング中のボクサーが見せるコミカルなリング上の動きやそこでの心の動揺を見ることを楽しむ。入門まもないボクサーは，スパーリングをすると，動きが別物になる。そしてそれらは，「観戦者」の野次や笑いにさらされることで，より一層萎縮する。

写真4-2　スパーリング（筆者撮影）

　ここで重要なことは，一見素人を嘲笑うものであるかのようなこうした「観戦者」たちのふるまいが，実はボクサー世界に入門者が馴染むうえでの重要な意味をもっていることである。ボクサーは，スパーリングパートナーとリングの周りを囲む「観戦者」たちを前に，自らの勇気をアピールしなければならない。そして，この勇気が示された場合には，先ほどまで野次を飛ばしていた「観戦者」たちが，その入門まもないボクサーを賛辞する行為に出る。ここで勇気と呼んだものは，リング上で怖気づかないという狭義の意味だけでなく，人前で自らの身体をさらして「現れる」ことを引き受けるという，より広い意味で，私は使っている。

　　自分の私的な隠れ場所を去って，自分が誰であるかを示し，自分自身を暴露し，身を曝す。勇気は，いや大胆ささえ，このような行為の中にすでに現れているのである。（Arendt 1958＝1994：303）

　そこで醜態をさらすならば「観戦者」に嘲笑われ，傷つき，夜に眠れなくなるだろう。だが，それもまた，ほぼ全員のボクサーたちが辿ってきた道である。傷ついたボクサーに対しては，夜に誰からとなく声がかけられ，それが誰もが経験するものであることが話される。こうした場と時間を積み重ねるなかで，一人前のボクサーになっていくのである。

　ボクシングを調査するフィールドワーカーもまた，自らの身体をリング上でさらさなければならない。私も嘲笑されながら，スパーリングを実践してきた。

10代の若者にリング下から「もしもし」（日本語話者が電話で「もしもし」と言う慣習が，フィリピンの人びとには面白いらしい）と野次られた際には，私はヘッドギア越しにリング上から「しばくぞ」と日本語で言い返した。

　人前で身体をさらすことは，勇気を必要とする。しかしそうして人前に現れることによって，ようやくボクサーたちは固有名を獲得する。リング上では，そこに立っている自分の名前を呼んでもらうことができる。無名ではなく，名を呼ばれるという点で，有名になるのだ。この有名性は，貧困下を砂粒のように生きてきた若者にとって，喜びを伴うものだ。

　自らも身体をさらし出すことを通じて，調査者は人と人のあいだに現れることの勇気と，それを通じて獲得される自己承認の機会の重要性について知ることができる。翻って，そこから，貧困世界の若者たちを覆う無名性の世界も浮かび上がるだろう。ボクシング・キャンプの後背地のスクオッター地区では，自警団に殺された若者が，「固有名をもつ存在」としてではなく「一個の死体」として処理されるほど，無名性が罷り通っている。

④　生活史へ

　〈関係史〉の一方がマニラの貧困世界であるとするなら，他方にある私の生活史を記しておきたい。これについては，フィールドノートがあるわけではないため，どうしても回想——その渦中で期待していたことではなく，現在から振り返ったもの——にならざるをえない。そのことを前提に書き進めよう。

　修士論文の提出期限が間近だった2003年の年明け，岡山市に暮らす87歳の祖父が亡くなった。1月3日のことである。当時の私は，年越し蕎麦を，研究室で院生仲間と一緒に作って食べ，そのまま研究室で眠って，初日の出を研究室の窓から見るほど，切羽詰まっていた。元日の夜も，研究室にある椅子を三つ横並びにして，1時間だけ仮眠を取るような状況で，修論を書き上げようとしていた。当時住んでいた家賃1万7,000円の風呂トイレ共同の木造アパートには，シャワーを浴びるためだけに戻った。そうしたなか，1月3日に，岡山市の実家に住む6歳年上の姉から電話があり，祖父が亡くなったことを告げられた。私の両親は共働きだったため，このとき亡くなった祖父は，私を小さい頃から育ててくれた人である。

　私は，修論のことが一瞬頭をよぎったが，すぐに岡山に帰ることにした。帰る前に，指導教員の自宅に電話した。祖父が亡くなったこと，通夜と葬儀に出るためにいまから岡山に帰りたいと考えていること，修士論文は必ず書き上げること。これらの点をおそらく伝えたように思う。受話器の向こうの指導教員は，一言，わかったと言ってくれた。

　祖父は，現在の広島県福山市で生まれ育ったが，何らかの事情があって，岡山市に引っ越してきて，そこに定住して生涯を過ごした。私が生まれ育ったのは，この祖父が土地を購入して自分で建てた（祖父は大工だった）家である。その一帯は荒くれ者が多く，一癖も二癖もある人びとが住んでいた。私の通った小学校の校区では，発砲事件もよく起こっていた。遊郭のあったエリアもあって，その遊郭跡の家で育った仲良しの鴨井くん（仮名）と小さい頃，よく野球をやった。鴨井くんの家に遊びに行くと，アダルトビデオが山のようにあったが，そのことを私は友だち以外には誰にも言わなかった。鴨井くんの家には，「東京おばさん」と私たちが呼んでいた面倒見の良いおばさんがいつもいて，その「東京おばさん」がお菓子を出してくれた。鴨井くんのお父さんとお母さんは「仕事が忙しい」ため，私たちは一度も彼の両親を見たことがなかった。「東京おばさん」は，かすれ声だったが，私たちはその声を聞くと安心した。鴨井くんの家で遊んでからの自転車での帰り道，軽自動車の助手席で，ビニール袋でシンナーを吸っている見知らぬ女の子の目を見て，あのようにはなりたくないと思った。

　私が中学生になると，幼稚園や小学校時代からの幼なじみが，ひとり，またひとりと，学校からいなくなった。教師たちはそのことに何も言及しなかった。いなくなった幼なじみたちの机はいつか消えて，ロッカーもなくなった。しかしながら，卒業アルバムには，いなくなった幼なじみたちの写真が，クラスの集合写真の左上に別枠で写っていた。幼なじみたちは「施設」に入っていた。

　中学校はとにかく荒れていて，授業中に教師がトラブルの対処でいなくなることが当たり前だった。暴力も剥き出しだった。あるとき，体育の授業でサッカーをおこなった。「不良」だった幼なじみが，ボンタン制服のまま加戦し，フォワードとして思い切りシュートした。そのボールは大きくゴールから外れた。外れたことにむしゃくしゃして，そのままゴールキーパーをしていた同級

生の顔面を蹴り上げた。ゴールキーパーをしていた「元不良」は，鼻血を吹き出し，顔面を腫らしていた。しばらく経って，教師がそのゴールキーパーのもとにやってきて，大丈夫か，どうしたのかと尋ねた。ゴールキーパーをしていた彼は，ボールが当たって鼻血が出た，と答えていた。すべてが無茶苦茶だった。

　教師も警察も役に立たない。そうした連中に話をしたり電話をしたところで，連中が駆けつけたときには，すでに事は決しているのだから。困ったら警察に電話するというのは，暴力の予感の外にいる人間の考える発想だ。困ったときには，自分で機転を効かせてやり過ごすしかなかった。

　私の父は，中学を卒業したのちに，自動車修理工として働き続けた。家にお金はなかったため，父は何でも自作した。自転車は，ごみ捨て場からまだ使えそうなものを拾ってきて，それを父がメンテナンスして色を塗り直して乗るのが，我が家の決まりだった。食器棚もごみ捨て場から拾ってきたものにニスを塗り直して使用した。決して口に出さなかったが，私はセカンドハンドのものに必ずまとわりつく「におい」が大嫌いだった。もらいもの，拾いものには，必ずにおいがある。いくら安っぽくてもいい。私は新品で，においの染みついていないものを使いたかった。のちに大きくなってから，大学院で勉強をしていたとき，百円ショップや量販店での買い物をバカにする共通態度にふれたことがある。「フォーディズム」はものの豊かさを奪うということも学んだ。だが，私からすれば，中古品に染みついたにおいがない分，百円ショップのプラスチックの新品は，十分な価値を備えているように思えた。

　祖父の葬儀では，岡山だけでなく，大阪や九州からも親戚が駆けつけた。祖父の弟は，福岡県の飯塚の炭鉱で働き，麻生太郎のことを「おぼっちゃま」と敬意を込めて呼んでいた。彼の息子は，工場で働いていたときの事故で下半身不随になり，車椅子で葬儀に参列した。また，母方の伯父は，仕事中に指を機械に巻き込んでしまい，親指の一関節を失っていた。私の父は「かたわになる*」という言葉をよく使った（＊語りのニュアンスを残すために，ここでは父親の表現をそのまま記載している。「生活の言葉」にはそれ自体に歴史性がある）。私の父も，親戚も，「からだには気をつけろ」という言葉を私によくかけたが，それは，文字通り，からだを損失しないで生きることを意味する言葉であった。

その葬儀に参列した者のなかで，大学に進学したことのある者は，私ひとりだった。しかも私は大学院という，かれらにとっては未知の場に在籍していた。働きもしないで，よくわからないことをしている。そういうふうに私は見られていた。私は祖父の葬儀で必死に動いた。お茶を入れて，ビールを注いで回って，食事はみんなと同じところではなく陰で食べて，何か必要なものがあった人にはすぐに駆けつけて対応した。車椅子を押し，老女のトイレまでの移動に付き添い，箸を使えない人のためにスプーンを手配し，お坊さんを見送り，遠方からの参列者を岡山駅まで送る運転手をこなした。

葬儀にいたみんなは，身を粉にして働いてきた。自分はどうか。文字を綴ったところで，親戚の損傷した手足が回復するわけではない。現実にある苦しみや侮辱，それに「におい」は，物質によって引き起こされる。しかしそれを認めてもなお，そうした生活を書くことに，私は賭けたいと思った。自分自身が構成された環境とマニラの貧困世界を「重ねる」ことで，私はそれ以後の調査研究を進めようとしてきた。

5 二重写しで見る

(1)フィールドに宿泊すること

マニラは，一年中暑く，湿度も高い。ボクサーが体重を落とすには理想的な気候である。だが，フィールドワーカーにとっては，すし詰め状態の乗合バスで移動するだけで，汗と脂にまみれて，ぐったりとした疲労感に苛まれる地である。マニラの貧困世界に生きるとは，このすし詰め状態の交通手段で毎日，通勤し，人に会い，モノを運ぶことだ。

私は，まず，当該社会を「からだに入れる」ことをフィールドワークの基本にしている。同じものを食べ，同じように洗濯し（小椅子に座って，たらいで手洗いをしていると，背中が痛くなってくる。だが，ボクサーたちは慣れているので，何時間でも洗濯ができる），同じ練習に参加し，同じ部屋で眠る。「まるごと」その世界に浸る。そうすることで，その世界の日常感覚がわかってくる。その日常感覚を外さないで，エスノグラフィーを描こうとする。フィールドワークとは，からだを変えることだ。

だが，他の仕事や，あるいは家事や子育てや介護のために，十分な滞在時間

写真4-3　スクオッター住人の再居住地（筆者撮影）

を取ることができないことも，フィールドワークにおいて多々生じる。これは「からだに入れる」という調査手法にとって大きな問題だ。私なりの対応策は，次のものであった。

　それは，滞在の日数が少なくとも，フィールドで宿泊することである。そうすることで昼だけでなく，夜の時間を知ることができる。私は2014年から，住まいを強制撤去されたスクオッター住人の「その後」について調査を開始した。マニラの経済発展の過程で，首都圏に居住する多くのスクオッター住人が，国家の準備した山奥の再居住地に強制移住をさせられる事態が急増した。私は，彼らが「送られた」（「送られた」というのは追放された住人たち自身の言葉である）再居住地を訪ねて，そこでの生活がいかなる困難を伴うものであるのかを記録してきた（写真4-3）。その際に，私は，調査の過程で知り合ったノエルさん――彼も強制撤去の被害住人である――という1953年生まれの男性とその家族に懇意にしてもらい，彼の家に宿泊させてもらいながら，調査をおこなっている。

　宿泊すると，一日の流れがよくわかる。夜中に，ノエルさんの娘がピザを持って，マニラから帰宅する。子どもたちがそのお土産を心待ちにしていて，ピザにかぶりつく。「トモ（筆者のこと），お前も一枚食べろ」とノエルさんに言われて，申し訳なく思いながら，私も一枚食べる。早朝5時には，近所から声が聞こえだし，ノエルさんが朝の水浴びをしている音が聞こえてくる。私も水浴びをさせてもらい（私はリュックに，ノート，ペン，音声レコーダー，カメラ，着替え，タオル，石鹸を持って調査に向かうのが恒例だ），朝食の準備のためにノエルさんと市場まで一緒に歩いていく。市場ではノエルさんの友だちと頻繁にすれ違う。食材を買い終えたら，ベンダーからコーヒーを二杯買う。そうした日常を垣間見ながら，この「送られた」再居住地での生活にふれる。

　あるとき私は，ノエルさんの家で，夜の豪雨に見舞われたことがある。再居住地の家屋は，トタン屋根だ。そのトタン屋根に豪雨の音が響く。そうすると，

室内の会話は聞こえなくなる。雨音が強くなると，自然と，ノエルさんと私は会話を止めた。彼の妻であるアイリーンさんも，話すことを止めた。そして，雨音だけがすべてである世界に，私たちは身を置いた。雨が少し弱まってから，ノエルさんが言う。

　　すごい雨音だろ，トモ。何も聞こえなくなる。サンロケ（以前のマニラでの居
　　住地：引用者）でも雨になるとトタン屋根の雨音はすごかった。だけど，サ
　　ンロケには光があった。密集してみんなが住んでいたからね。トモ，外を見
　　てごらん。ここではみんなマニラに戻ってしまっていて，外には灯りもない。
　　ここに居るのは限られた人びとだ。ここは，人がいない場所，活動のない場
　　所。ここで，夜に，トタン屋根の雨音を聞いていると，俺は本当にさみしく
　　なる。さみしさに耐えられなくなる。

　マニラの都心のスクオッターから山奥の再居住地に送られることは，まずもって「さみしさ」を生み出すのである。再居住地に送られた人びとのなかには，そこには仕事がないため，マニラに舞い戻る人びとも多い。再居住地の長屋では，夜になると，明かりの灯らない家が，一軒，また一軒と増えていく。そうして近所に暗がりの家が増えていくなかで，トタン屋根に打ち付ける雨音を聞くことは，ノエルさんにとって，さみしさに苛まれることなのである。このさみしさを捉えなければ，強制撤去の暴力には迫れない。再居住地のこうした生活の機微は，昼の活動だけでなく，夜の省察を知ることで把握可能になるものだ。

(2)体験へと回帰する

　ベネディクト・アンダーソンは，フィールドワークとは「何かが違う（difference）／あるべきものがない（absence）」という二重性の中で進むことを力説している（アンダーソン 2009）。以前の調査地ではおこなわれていた儀礼が，別の調査地では消滅している。「何かが違う」あるいは「あるべきものがない」という比較において，私たちはフィールドワークをおこなっている。

　アンダーソンにとって，フィールドワークは「接眼レンズと対物レンズをひっ

くりかえして望遠鏡を見る」（Anderson 1998＝2005：2）ような行為である。アンダーソンにとって，インドネシアで直面した現実は，彼自身のヨーロッパを別アングルから眺めさせる経験をもたらした。彼は，もはや，以前のやり方でヨーロッパを考えることが難しくなった。かといって，インドネシアからの視角に同一化するわけでもない。彼は，ヨーロッパからも東南アジアからもあぶれた視角から「二重写し」で物事を捉えるようになる。

　それはまた，ピエール・ブルデューが，故郷のベアルン農村を調査した経験とも重なるものだろう。ブルデューがおこなった社会調査を整理するならば「体験へと回帰する」営みと言える。故郷の農村からパリに出て，アルジェリアを経由したうえで，故郷の村に戻って調査をする。自らを構成する故郷世界を，現在の地点からたどりなおす。彼は，自らの体験に回帰することから，社会学的認識を形成しようとした。

　注意が必要なのは，それは「体験を根拠にする」ことではないことだ。ブルデューにとって，体験は抑圧されている。自分の体験と思っているものは，幾重もの抑圧のフィルターがかかっている。私たちは，何かを問題化するとき，同時に何かを不問化している。この絶えざる不問化の教え込みこそが，人の社会化において遂行されている。「なんで」と問うと，「そんなことは聞かないでいい」と言われる。何が考えて良いことで，何が考えてはならないことなのかは，そこではあらかじめ区分されている。だとすれば，何が学ばれているのかではなく，何が学ぶことから排除されているのかを，私たちは考える必要がある。そして，この排除された領域は，当人自身からも忘却の彼方へと追いやられていく。そうして，いつのまにか，ものわかりのよい少年に仕立て上げられていく。

　そうであるならば，ものわかりのよい少年の視線に沿って，体験を根拠にして物事を述べることは，彼方へと忘却された次元を，体験の「外部」へとさらに封じ込めることに加担する行為になる。私が「体験へと回帰する」という言い方をするのは，この抑圧された領域に立ち返りながら，体験を別角度から捉えることで「文化的盲目」（Bourdieu 2002＝2007：149）を照らし出すためである。体験への回帰と対象の把握が同時に進むという，内と外への絶えまぬ拡散運動がフィールドワークの肝である。すなわち，〈関係史〉としての社会認識だ。

6 たどること

　フィールドワークについて述べるためには，フィールドワークの実際の進行とは反対の道をたどる必要がある。フィールドワークをおこない，ノートに記録し，図表を作成し，論文や著書を執筆する。そうした一連の事が終わってから，すなわち，それらが出揃ったところで始まるのが，フィールドワークについての考察であるだろう。

　本章で私は，自らのフィールドワークにおいて生まれた出来事を，現在の時点から想起しながら，〈関係史〉を描こうと試みてきた。私は今後もフィールドワークをおこないながら，自己形成と対象把握が同時に進むようなプロセスを探究しつづけるだろう。そして「貧困」と「身体」が，依然として探究のテーマであるだろう。

　それでは，いまの時点で，私が本章を執筆することにいかなる意味があったのだろうか。私はまだ43歳で，研究者人生の折り返し地点にすら至っていない。振り返るには早すぎるのではないか。そんな気持ちでここまで書いてきた。

　ユーノウ，トモ（筆者のこと），良いボクサーになるには，ペースが大切なんだ。前ばかりむいてちゃダメなんだ。いつか落とし穴がくる。技術を身につけることが重要なんじゃなくて，そうした技術をどういったペースで身につけるかが重要なんだよ。早くできあがったボクサーは早く壊れる。飲み込みが早いばかりが能じゃない，もっと一つひとつを丁寧にたどることが大切なんだ。10ラウンダーの試合を組める実績だからといって，10ラウンドの試合を組んじゃいけない。8ラウンド，いや6ラウンドの，もっと別の対戦相手と試合をさせて，経験を積ませる必要がある。一度，登った道を，もう一度，違ったふうに登ることで，道はようやく固まるんだ。きちんとしたボクサーを育てるには，できるようになるかどうかじゃなくて，どんなペースでできるようになるか，が重要だ。（トレーナーのサニーの話）

　「たどる」という行為の重要性は，ボクシングのみならず，私たちの社会生活にも当てはまるだろう。登った道を，いま一度「たどる」ことで，当初登ったときには見過ごしていたものを捉えることができる。そして来た道を「たど

る」ことは，まだ見ぬ，新たな道を登る際に必要な運動図式の形成へと接続されるだろう。「たどる」ことは「拓く」ことの始まりである。その意味において，実際の進行とは反対の道をたどる手法で書かれた本章は，何より，私自身が次の一歩を踏み出すための点検作業でもあった。

（石岡丈昇）

参考文献

アンダーソン，B，2009『ヤシガラ椀の外へ』NTT出版。

池田浩士，2018『増補新版　抵抗者たち——反ナチス運動の記録』共和国。

石岡丈昇，2012『ローカルボクサーと貧困世界——マニラのボクシングジムにみる身体文化』世界思想社。

石岡丈昇，2016「参与観察」岸政彦・石岡丈昇・丸山里美『質的社会調査の方法——他者の合理性の理解社会学』有斐閣。

中田英樹，2013『トウモロコシの先住民とコーヒーの国民——人類学が書きえなかった「未開」社会』有志舎。

乗松優，2016『ボクシングと大東亜——東洋選手権と戦後アジア外交』忘羊社。

Anderson, Benedict, 1998, *The Spectre of Comparisons : Nationalism, Southeast Asia, and the World*, New York : Verso（＝2005，糠谷啓介・高地薫他訳『比較の亡霊——ナショナリズム・東南アジア・世界』作品社）.

Arendt, Hannah, 1958, *The Human Conditions*, Chicago : University of Chicago Press（＝1994，志水速雄訳『人間の条件』ちくま学芸文庫）.

Bourdieu, Pierre, 2002, *Le Bal des célibataires : La crise de la société paysanne en Béarn*, Éditions du Seuil（＝2007，丸山茂・小島宏・須田文明訳『結婚戦略——家族と階級の再生産』藤原書店）.

Bourdieu, Pierre & Wacquant, Loïc, 1992, *An Invitation to Reflexive Sociology*, Chicago : University of Chicago Press（＝2007，水島和則訳『リフレクシヴ・ソシオロジーへの招待——ブルデュー，社会学を語る』藤原書店）.

Wacquant, Loïc, 2004, *Body and Soul : Notebook of an Apprentice Boxer*, New York : Oxford University Press（＝2013，田中研之輔・倉島哲・石岡丈昇訳『ボディ＆ソウル——ある社会学者のボクシング・エスノグラフィー』新曜社）.

読者への問い

Q. なぜフィールドワークをおこなう必要があるのでしょうか？　スマートフォンがあれば膨大な情報を手にすることができます。にもかかわらず，生身のからだをさらして，フィールドに赴くことにどんな意味があるのでしょうか？

Q.「貧困」を考えることと「貧困を生きること」を考えることはどう違うのでしょ

うか？　私は後者から，貧困の社会学を探究しています。

Q. あなたにとって，それを解明しないと，そのことが気になり続けて，ご飯も全然
　美味しくない。そんな問いとは何でしょうか？　解けても解けなくても，ご飯の美
　味しさが変わらないような問いであれば，それは本当の問いではない。かつて私は，
　ある教員から，そう言われました。

推薦図書

アンダーソン，ベネディクト，2009『ヤシガラ椀の外へ』NTT 出版。
　著者は『想像の共同体』という，ナショナリズム研究の古典的著作を書いた人です。
　その著者が，インドネシアやフィリピンでのフィールドワークの経験を自伝的に記
　したのが本書です。著者とともに，ヤシガラ椀の外へ，出てみましょう。

松田素二，1996『都市を飼い慣らす』河出書房新社。
　私にとって決定的な一冊です。20代前半にこの本を読んで，私はフィールドワーク
　をもとに世界を探究することの魅力に取り憑かれました。絶版本ですが，全国の136
　の大学図書館に収められています。ぜひ取り寄せて読んでみてください。

森崎和江，1984『慶州は母の呼び声——わが原郷』新潮社。
　植民地朝鮮で教師をしていた父のもとで慶州で育った著者は，後に引揚者となり，
　福岡で生活を始めます。自己の体験をいま一度，掘り下げつつ，そこから植民地朝
　鮮を把握しなおすために書いたのが本書です。私は著者の自宅を訪ねたことがあり，
　その後に手紙もやりとりしましたが，それらの手紙は宝物で，机の横にファイリン
　グして置いています。

第5章

中国の国境地域を生きるムスリムから

―意味世界のなかにあって観察し記述する―

人びとはうごきの場に時空を携えて参入する。うごきそのもののなかにあって，一次
観察（自分）からは，うごきが盲点となって見えないことがある。あるいは見えてな
いことに気づかない。フィールドワークで記述が可能になるのは，居合わせた人びと
の観察を観察する二次観察を通じてであろう（筆者左）。

中国雲南省保山市　（出所）筆者作成

サマリー

　自分の考えを"遺す"意味とは何か。世界は意味を過剰に有しており，私たちに選択することを要求する。一方，私たちは，観察や記述から意味を選択し，意味世界を構成する。再帰的かつ自己準拠的な実践（ブルデュー）や作動（ルーマン）から私たちは逃れられない。だからこそ私たちは，再帰的に自己言及し，記述をおこなう可能性に開かれてもいる。私たちは，意味世界への応答として，日誌やモノグラフといった文字による記述を選ぶこともできる。フィールドワークとは，世界構成のうごきの場に，現時点において，それぞれの主観（時空）を携えて居合わせることである。私たちは常にうごきのなかにあり，そのうごきそのものは盲点となって観察できない。フィールドワークで観察や記述が可能になるのは，居合わせた場のうごきのなかで，自身を含む人びとの観察を観察する二次観察のときである。

キーワード

自己準拠性　二次観察　時空　意味　主観　中国ムスリム　P・ブルデュー　N・ルーマン

1 うごきの原動力となったフィールドワークでの〈こだわり〉は何か？

　フィールドワークでの〈こだわり〉とは何か。中国雲南回族ムスリムのフィールドワークを振り返りながら考えてみたい。

　地図で見ると，確かに保山は中国国土の端っこにあるわけだが，実際，現地を歩いていて，周辺だとか辺境だとかそういったことを感じたことは一度もなかった。むしろ，南伝，北伝の仏教や，海路，陸路のイスラームが交わるところであり，伝統的にミャンマーやタイ，シーサンパンナ，チベットなどと馬帮による遠隔地交易も盛んだった。まさしく文明の結節点にいることをよく感じたものである。この山を越えれば，あの河を渡れば，次はどんな世界が現れるのだろう。雲南の複雑な地形や多様な習俗と相まって，まだ見ぬ世界への好奇心に掻き立てられたのだった。

　わたしのそれまでのフィールドは，主として中国東北地方の村落であった。2007年から初めて，中国西南地方の雲南でフィールドワークを始めた。土地勘も予備知識もまったくない丸腰での調査だった。当初は，大理洱海湖畔の白族集落を調査しようかとも考えたが，東北地方で実施したような生活の深いレベルにまで分け入ってのインタビュー調査ができるか不安で，なかなか着手できずにいた。そうこうしているうちに２年近くが経ち，一向に成果のあがらない調査に焦りを感じ始めていた。2008年12月27日，ほとんどやることなく時間を潰すために大理博物館に立ち寄ったところ，思いがけず，清朝末期，ムスリムの杜文秀起義に所縁のある，保山（永昌）金鶏村の展示写真に目が釘付けとなった。学生の頃から始めて，香港新界，河北省，遼寧省などで村のフィールドワークをしてきたこともあり，金鶏村のパネルからは，イスラームという世界史的な流れのなかで村のフィールドワークが体験できるのではないかと直感して知的興奮に駆られたのである。

　2010年２月６日，春節前に初めて金鶏村を訪れた。隣のBD自然村には清真寺（モスク）があることに気づいて入ってみた。ちょうど礼拝を終えた人びとが，当時，経堂教育教室の２階にあった礼拝室から出てくるところだった。そのとき出会ったのが，本書で登場するBD村回族のキーパーソン，清真料理レストラン「永昌火瓢」を雲南各地で経営するXZ氏だった。わたし

たちは挨拶を交わした後，招かれてXZ氏宅を訪問した。(略)。

　わたしは運が良かったのかもしれない。後から知ったのだが，XZ氏の実妹はインフォーマントD氏夫人の弟（永平清真寺教長）の夫人であった。2011年2月，BD村再訪の折には，やはり礼拝を終えた人びとが礼拝室から下りてきたところで，わたしはXZ氏からD氏をご紹介いただいた（写真5-1）。初対面のD氏からは「あなたは先賢馬注についてご存じですか」と尋ねられたのを覚えている。わたしは本当に不勉強で馬注の名前を知らなかったのだが（どうぞお許しください！），わたしが日本より来たことを告げると，D氏

写真5-1　雲南省保山市金鶏鎮BD清真寺にて保山回族の地域リーダーで実業家のXZ氏からD氏を紹介される。後列左筆者（2011年2月11日撮影）。

写真5-2　雲南省保山市馬家庄にある明清四大イスラーム漢文訳著家のひとり馬注（1640-1711）の墳墓（2011年2月11日撮影）。

と，一緒にいた友人ふたり（おふたりは保山の大学および小学校の先生だった）はたいへん喜び，「馬注の高徳は日本にまで伝わっているのですね。わたしの住んでいる村（Y村）は馬注の子孫が住む村ですし，隣村には馬注のお墓もありますので，ご招待しましょう」とおっしゃってくださった（写真5-2）。こうしてわたしの馬注の研究が始まったのである。機縁とは，偶然の必然以外の何ものでもない。馬注との出会いは，これまでのわたし自身の中国研究を見直すきっかけとなっただけでなく，人生や学問についての新たな境地に導いてくれた。(「おわりに」『中国のムスリムからみる中国』より)

　世界のなかでわたしたちは，常に意味の過剰（無限の可能性）に

対峙している。したがって原理的には，決定（選択）がなければ，新たな出来事は生じない。上の引用は，雲南でのフィールドワークがどのようにして始まったかを描写したものだが，そこでの決定（選択）とは，合理的だとか意図的だとか，一般に社会学がイメージするような決定ではなくて，もっと広義の意味での決定である。それは，何気ないしぐさや反射的な相槌，あるいは〈これ〉でなくて〈それ〉であったり，〈ここ〉ではなくて〈そこ〉にいたり，〈これから〉ではなくて〈これまで〉であったりなど，何か次の出来事の〈きっかけ〉となる〈こと〉である。わたしたちは通常，こうした決定＝きっかけを契機にして，これまでの出来事とこれからの出来事を接続している。わたしたちは，出来事の連鎖（コミュニケーション）という意味での社会や意識に参加している。

　フィールドワークは，わたしたちが世界＝意味，すなわち意味世界に生きていることを思い出させてくれる。だから，フィールドワークでの〈こだわり〉とは，この世界にあって，〈あるき・みて・きいて・しらべ・考え・かく〉といった決定が，わたしたちにとって，決して逃れることのできない出来事であることを思い出させてくれることへの信念だと言える。フィールドワークの方法を学ぶ前から，わたしたちは，世界が示すことに対して，決定を繰り返している。そうした力や感覚を，わたしたちはみな備えていて，社会（コミュニケーション）や意識に参加している。フィールドワークとは〈別の世界〉の出来事などではない。むしろ，この世界のなかで，決定を通じて，日常とフィールドワークは連続している。

　すこし難しいかもしれないが，P・ブルデューやN・ルーマンが言ったことは，これと大差はない。つまり，ブルデューは「実践」を通じて，ルーマンは社会や意識の「作動」を通じて，「逃れる道は存在しないという基本図式のまわりをめぐって」思考を巡らした（Nassehi & Nollmann 2004＝2006：18）。ブルデューの社会理論は，逃れることのできない「区別の技術」や「排除の技術」への批判精神＝実践によって貫かれ（Bourdieu 1979），一方，ルーマンの社会理論では，観察と同時に区別は生起しており，区別のないところに観察はない，その区別自体は「固有の可能性の条件」（盲点）を不可避的に伴い，それゆえ社会の観察が可能になる。こうしたパラドックスとその回避という事実から，理論は逃れるべきでないことを一貫して自覚する（Luhmann 1997）。

　ルーマンとブルデューの理論では，「両者がともに独特の自己反省的位置を占め」，「自分自身がしていることを含んでいる」ことに特徴がある（Nassehi & Nollmann 2004＝2006：11）。つまり，世界のなかにわたしたちは居合わせており，だれもこの世界の〈外〉に立って，客体的な対象としてこの世界を眺めることなどできない。そのような特権的地位を，この世界は，だれにも与えていないのである——しかし，わたしたちは錯誤しがちであるが。

　世界が解き放つこのリアリティから，わたしたちは逃れることはできない。だからこそ世界は，わたしたちすべてに対して，自己準拠的に観察し記述する可能性を，いつでも開いている。それは，世界のだれもが〈あるき・みて・きいて・しらべ・考え・かく〉ことができることの所以でもある。

② 誰の，何と，どのように出会ったのか？

(1)誰の？——雲南保山回族

　中国でイスラームを信仰する民族は10あり，その人口は約2,300万人である（2010年人口統計）。そのうち回族は1,058万人の人口を擁する。回族祖先は，長い歴史のなかで「母語」（アラビア語やペルシア語）を失い，中国語を話すようになり，中国を新たな「故郷」とした。中華人民共和国成立後，その特殊な信仰と生活習慣ゆえに民族として認定され，現在では，宗教信仰の有無を問わず，血縁的に両親の一方が回族であれば，回族として認められている。

　ムスリムの中国への大規模入植は唐（618-907）と元（1271-1368）の時代にあった。

　唐の時代，西アジアや中央アジアから，天山山脈の麓を通るシルクロードや，インド洋から広州へ至る海路を伝って，多くのイスラーム教徒が中国へやってきた。皇帝は，外国人に対して国籍，身分，職業にかかわらず，信仰，結婚，永住，財産所有，相続，経済活動の自由を付与した。長安（現西安）は，世界の文化と商業の中心として隆盛を極め，無数の文物を吸収しながら，新しい中国文化を創り上げた。

　13世紀，遊牧民モンゴルは，チンギス・ハーン（1162？-1227）の号令の下，西アジアや中央アジア各地を大侵攻，多くのイスラーム教徒を，技術者，職人，商人，官吏，奴隷，兵士として中国まで連行した。中国全土の省州県に赴任し

たモンゴル長官は，イスラーム教徒から政治，財政，技術，軍事の援助を得て，統治をおこなった。

　雲南では，モンゴル軍は，西域イスラーム教徒からなる親軍10万人を率いて大理国（938-1253）を征服した。ウズベキスタン出身の賽典赤・贍思丁（サイード・アジャル・シャムス・アル＝ディーン）（1211-1279）は，雲南行省平章政事に就任し，抵抗する土着勢力に対して武力を行使せず，教育の振興，水上交通の整備，雲南・貴州・四川・広西を結ぶ道路の整備，年貢軽減などを実施した。賽典赤を慕ってムスリムが大挙して入植し，雲南は甘粛，新疆と並び，ムスリム三大集中地域として発展した。賽典赤の善政以降，雲南は中国の「固有の領土」となり，今日に至る。

　ミャンマーとの国境沿い，雲南省保山市は，明清四大イスラーム漢文訳著家のひとり，馬注（1640-1711）の故郷である。この10年ほど，馬注の墳墓や族譜の整理が進められ，馬注思想の発揚を通じて，保山回族は漢族との共生とまちづくりに取り組んできた。馬注は，イスラームを儒学との対照を通じて漢語で注釈し，両者の社会上の機能を同一とみなした。さらに，宗教とは時と場所に応じて旧来の制度，慣習，方法を自ら革新するものだとして，宗教の変化の内容と方向を思索した。その結果，「聖俗並存的信仰体系」のなかでのアッラーと皇帝への「二元忠貞」，現在の「愛国愛教」の礎ともいうべき思想を築いた。

　馬注は保山生まれ，16歳で科挙受験有資格者（秀才）となり，18歳に明朝亡命政権（南明）の官吏についた。明の皇統が途絶えると官職を辞して野に下り，儒・仏・道への造詣を深めた。30歳で北京に入り，ムスリム師友との交流を経て35歳でイスラームに覚醒，主著『清真指南』の執筆を始めた。その後，山東，江蘇，浙江，安徽，西安などのムスリム学者を歴訪し，中国に底流するイスラームを辿り，教えを乞うなかで，生涯に渡って主著の校訂を重ねた。48歳で保山に戻り，地域指導者として教学に尽くし，71歳で帰真（逝去）した。

　時代は下り，アヘン戦争，太平天国の乱から清末期にかけて，雲南の漢族とムスリムは土地や鉱山の所有権をめぐって対立した。清朝の離間の策も相まって，虐殺と逃亡の憂き目にあい，人口はその1割に激減した。また中華人民共和国建国後も，反右派闘争，大躍進，文化大革命のなかで回族の信仰や習慣は激しく揺さぶられた。幾重にも積み重ねられた凄惨な歴史を，いまでも回族は

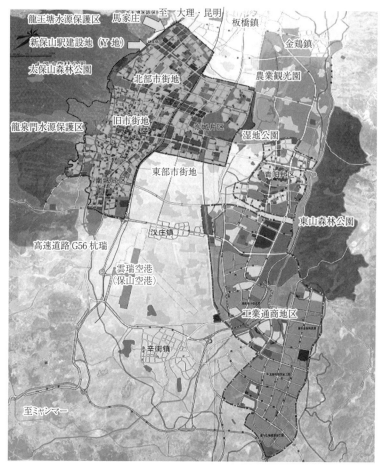

図表5-1 保山市都市農村総合開発計画（2015-2030年）都市中心部規画図
（出所）2017年8月16日Y村の政府広報掲示板にて筆者が撮影したものをもとに作成。

記憶している。したがって今日，保山の回族が実践する共生の作法とは，ネガティブな記憶を反転させてポジティブな未来を紡ぎ出そうとする逆説的な営みとして理解できる。その拠り所となる精神が，「以儒詮回」を通じて中国イスラーム思想を体系化し，「回儒」として中国のなかにイスラームを根付かせようとした馬注の思想である。[1]

(2)何と？——場所〈place〉・場〈field〉・空間〈space〉

こうした時空を生きる回族の人びとと，フィールドワークを通じて，わたしは出会った。

フィールドワークでは，場〈field〉に居合わせてうごく〈work〉出来事に出会う。場所〈place〉，空間〈space〉，場については，古来より哲学，物理学，数学，地理学など様々な視点を通じて議論がなされてきた。

場所は〈a place〉〈a spot〉〈a locality〉〈a lot〉〈a scene〉〈a position〉〈a location〉〈a seat〉〈a site〉など，多様かつ具体的な言葉で言い表されるように，何ものかが実存することを前提に，ある存在の質として把握される。フィールドワークの現場からみれば，場所は目に見えるものである。

一方，空間〈space〉は，物質界を成り立たせる器として〈大きさ〉をもつが，必ずしも質的な実体を伴わずとも知覚されるものでもあり，学習や反省，推論などから認知されるもの，志向性をもって観念的に構成されたものとして把握することもできる。フィールドワークの現場からすれば，空間は目に見えないものであるが，デュルケーム流にいえば，社会的事実として観察し，構成していくことができるものでもある。

場所は，その成立には必ず空間を必要とし，同時に場所は，空間から自らを区別するための質的特徴を構成する。一方，空間は，場所を構成するための「要素の組み合わせ」を有しており，場所に居場所〈topos〉を提供したり（アリストテレス流の空間論），存在する場所の関係や布置を秩序づけたりする（ライプニッツ流の空間論）。

このような場所と空間に対して，場〈a field〉は，どのように説明できるだろうか。例えば物理学のイメージからも想起されるように，場は，重力の場〈a gravitational field〉，力の場〈the field of force〉，磁場〈a magnetic field〉など，存在の質をもつものや，そうでないなにものかが相互に影響し合う状態にある空間のことを示している。場のうごきを通して，場所は空間のなかで生滅を繰り返す。空間からみれば，空間が場所に対して，それを構成する要素を提供したり，居場所を提供したり，場所の相互の関係を秩序づけたりすることはみな，場が媒介的に空間に働きかけることで成り立っているものとして観察できる。

このように場所や空間とは，なにものかとしてあること〈being〉であり，場とはそのようにあることを可能にする作動〈operation〉であり，うごき〈work〉〈doing〉である。

わたしは，回族の人びとの，うごきの場に出会ったのである。

(3)どのように出会ったのか？──場所・場・空間への参入から

フィールドワークとは，空間や場所に参入すること〈entry〉であり，また空間と場所を媒介して作動する場に参入することでもある。さらにフィールドワーカーそのものが，自らも存在の質とうごきをともなう場の構成要素であり，空間や場所の生滅にかかわっている。その意味で，フィールドワーク（場）においてうごく〈work〉ということは，わたしはうごく〈I work〉という意味に加えて，他に働きかけてうごかすという意味や，わたしをしてうごかしめる何か〈It works me〉を示したりするなど，融通無碍なうごきを表している。

　意味の事象次元からみると，現在の保山回族は，中国を観察（構成）することを通じて，馬注に関連した具体的な「場所」（place）を，その外に広がる「空間」（space）と区別していることに気づかされる。

　すなわち，清真寺があって馬注の子孫が住み，馬注文化園の建設予定地にもなったY村や，馬注の墳墓が造成された馬家庄など，馬注に所縁のある「場所」は，「外」の抽象的な「空間」から区別されている。馬注の子孫を中心に回族が集住するY村は，その清真寺をもって回族共同の「家園」（精神的な拠り所）とされたり，「安居楽業」（落ち着いて生活し愉快に働く拠り所）とされたりしている。また，馬家庄が「花園」として格別に風光明媚な場所であったことを追慕するとともに，ここで馬注が晩年に『清真指南』の改訂をおこなったことを繰り返し記述している。回族にとってY村や馬家庄という「場所」は意識（精神）の拠り所となる「内」であり，馬家庄を取り巻く保山や雲南といった「外」の「空間」は，むしろ回族が蒙ってきた苦難と切り離せない，受難の歴史を指し示す環境であることを際立たせている。（略）。

　こうして，事象次元での区別を通じて「外」に対する「内」を有することは，かつて馬注によって具現化された真主と皇帝に対する「二元忠貞」の論

理的絶対矛盾を，回族の人びとが日常的に回避しながら統一していくことを承認し支持している。生存する空間に再参入して，事象次元で「場所」と「空間」に区別することで，宗教的コミュニケーションによる承認と支持を自らに提供しつつ，他方では，環境に対する対立や紛争の回避の方法を宗教的コミュニケーションによって示している。現実の生活のなかで保山回族は「二元忠貞」の論理的矛盾を回避できるゆえに，中国において信仰を表明し証明する矜持を保つことができるのである。(「意味の事象次元からみた保山回族」『中国のムスリムからみる中国』188-189頁)

　空間や場所を媒介する場に注意を向けることで，わたしたちのフィールドワークは，既存の社会学と一線を画すことになる。すなわち，これまでの社会学は，ミクロ／マクロ，部分／全体，質的／量的，内的／外的，個別的／一般的，主観的／客観的などの区別に基づき，世界を説明してきた。いみじくもブルデューが『実践感覚』で喝破したように，理論や方法などは，「非現実的で中性的な存在様式で存在させられるならば，その意味と有効性を失うおそれがある」(Bourdieu 1980：7＝1988：2) にもかかわらず，社会学の制度化によって，これら区別の形式は一途に守られてきた。既存の区別の形式を自明化する場合，いかなる理論も調査法も，その有意味性や有効性を失う危険性があるにもかかわらず，この問題は不問に付されてきたのである。

　これに対して，わたしたちが考えるフィールドワークでは，ミクロ／マクロ，質的／量的などの一連の区別は，ひとつの参照枠に過ぎないものとなる。むしろフィールドワークでは，フィールドワーカーの区別と観察が，あるいは場に居合わせた人びとがいかなる区別に基づいて観察し決定しているかを二次観察することが，決定的に重要になる。

　雲南保山回族のフィールドワークでは，馬注文化園計画建設委員会や馬注研究会で世話役を務めたD氏から，数多のことを学んだ。D氏の観察，記述，決定，すなわち〈あるき・みて・きいて・しらべ・考え・かく〉ことを，わたしが観察し記述することで，初めてモノグラフは可能になった。

　D氏は地元中学校の国語教師で，保山市隆陽区H鎮B行政村Y自然村の住民であった。2015年，政府の城鎮化政策による農地と屋敷地の収用によりY

村のD氏宅は取り壊された。D氏は建設が進むニュータウンで低層マンションを購入し、転居した。新しい住処はY村から徒歩30分ほどのところにある。

わたしは、D氏の一日に密着し、行動を共にしながら話を伺った。信仰、死生観、埋葬や葬礼のこと、保山の学齢期未成年の心身の発達や就職のこと、馬注文化園建設計画や馬注研究会のこと、馬注の子孫が住むY村や馬注の墳墓がある馬家庄のこと、雲南や保山のイスラームの歴史、D氏自身のライフヒストリーや普段の生活のことなど、D氏とわたしの話題は、出来事の接続を繰り返すなか、うごきに合わせて多岐に渡った。

D氏の紹介で、回族、漢族を問わず、政府関係者や、図書館長、大学教員といった文教関係者から話を聞くことができたのも大きい。この機会を通じて、回族と漢族の双方が、言葉と話題を慎重に選びながら会話する姿を観察できた。

D氏の家族親戚や友人、Y村清真寺の阿訇（アホン）や信者の人びと、Y村の村長や会計など村幹部にも話を聞くことができた。また、H鎮に隣接する板橋鎮および金鶏郷の清真寺阿訇や信者の人びと、保山市北東の大理白族自治州永平県の清真寺阿訇や信者の人びとにも、D氏の紹介でインタビューすることができた。D氏と行動を共にしたことで、回族の人びとはわたしの訪問の意味を理解しやすかっただろう。また、随時、わたしの伝えたいことや知りたいことをD氏が言葉を換えたり補ったりして相手に伝えてくれたことが、わたしの保山回族の観察に大きな意味をもった。D氏がわたしを観察して"翻訳"することを、わたしがまた観察するという二次観察の機会に恵まれたのである。

食事は、主に保山市内のハラール・レストランでD氏と共にしたが、そこでも、回族やウイグル族のレストラン経営者、従業員たちと交流の機会を得た。ハラール・レストランは、回族にとって生産、流通、消費の場であるが、同時に、信仰にかかわる活動や行事の資金源になっていること、中学や高校を出た若者たちに就業の機会を提供していること、冠婚葬祭の支援や、就職、結婚、子育て、老親扶養にかかわる情報を提供していることなど、信仰に裏づけられたセーフティネットとして機能していることを観察した（首藤 2020：140-141）。

D氏は青年期まで、回族に生まれたことに思い悩んできた。漢族が圧倒的多数を占めるなかで、学校の同級生や職場の同僚などとの人間関係は、絶えず傷心と焦心を掻き立て、内省を迫ったのであろう。

　職場の同僚と研修やハイキングなどで山間部の彝族の村を訪れることも
あった。彝族は昼からお酒を飲み，絵を描き，刺繍を縫い，歌って踊る。感
情表現が豊かで，家族親戚みな仲睦まじく幸せそうに暮らしている。見たと
ころ生活は満ち足りていて何も悪いことはない。一方，わたしは信仰のため，
煙草も酒もやらないし，歌ったり踊ったりすることもない。職場の同僚との
付き合いも限られたものになる。食事の習慣の違いもあって，お互いに壁が
あり，残念に思うことも多くあった。いまは違う。同じような境遇にあって，
同様の悩みを抱えてきた回族の仲間たちは多い。年齢を経るにつれ，保山だ
けでなく，雲南各地の同胞との交流やイスラームの勉強会を通じて，自らを
見つめ直してきた。いまでは身近に，お互いわかり合える同胞が多くいる。
もちろん日々5度の礼拝は欠かさない。礼拝の度に，神を感じ，身も心も澄
み渡って静粛な気持ちになる。ムスリムであることをとても幸せに感じてい
る。礼拝の所作は健康にも良い。節制を怠ると，繰り返し伏せたり立ち上がっ
たりすることもかなわない。だから食事にも細心の注意を払っている。イス
ラームはその始まりから，科学的見地に基づいて，健康に留意することを教
えてきた。いま，こうして村の周囲に新しく建てられたマンションでは，夕
食後，たくさんの人が広場に出て，歌ったり踊ったり，音楽を奏でたり，ゲー
ムに興じたりしている。一見，幸せそうに見えるが，信仰をもたずに老いる
と，仕事も家族も変わるなかで，争いや迷いが多くなり，人生の空虚さに耐
えられなくなる。欲に固執すれば，地獄に堕ちる。この広場にいる人たちの
なかにも，地獄に堕ちる人がたくさんいるだろう。反対に，もし信仰があれ
ば，何も恐れることはない。（2017年8月20日インタビュー）（「回族インフォーマ
ントによる観察——回族／漢族の区別の形式」『中国のムスリムからみる中国』143-
145頁）

　D氏の観察を観察すると，回族と漢族を区別する上で，やはり信仰の有無が
大きい。たとえば埋葬や葬礼の相違は，回族と漢族の区別として安定しており，
筆者のような外からやって来た門外漢に対しても説明しやすい。

　　時代，宗教，民族により死生観は異なり，埋葬と葬礼もそれぞれ異なる。

死は人生においてもっとも厳粛でもっとも大きな問題だ。何人もいずれ必ず死を迎えるが，現代人は明らかに生を重視しており，一方の死については粗略に扱う。死に対する無理解，心配，焦慮，恐怖などは現代人の一般的な心理だろう。けれども回族ムスリムは，自らの信仰に基づく死生観を通じて，こうした恐怖や焦慮をゆっくりと解いていく。そして，死に対して，平然と恐れることなく臨むことができるようになる。臨終では，回族ムスリムは飾り気のない自然な品性によって満たされる。(2017年8月22日インタビュー)(「回族インフォーマントによる観察——回族／漢族の区別の形式」『中国のムスリムからみる中国』145-149頁)

　D氏は，青少年問題についても語っている。今世紀になって，出稼ぎによる親不在の「留守児童」家庭が増加し，また最近は「新型城鎮化」(農村の都市化政策)により，都市農村結節部で人口，経済，コミュニティの変化が激しい。こうした背景の下，学齢期未成年の飲酒や喫煙，薬物乱用が深刻化し，また卒業生や中退学者の就職でも大きな課題を抱えているという。しかし，回族ムスリムの子弟に限っていえば，イスラームの教えや家庭の教育によって，飲酒，喫煙，薬物摂取をおこなう未成年者はほとんどおらず，また就職でも，昆明や保山のハラール・レストランに回族ムスリム・ネットワークが張り巡らされ，低学歴の未成年者でも路頭に迷うことはない。雇用先では親戚や知人の目が光っていて，未成年者が非行に走ることもまずないという(2017年8月20日インタビュー)(首藤 2020：149-150)。

　D氏の観察では，回族／漢族の区別は明らかであり，また，場所／空間の事象次元の区別が，回族／漢族の社会的次元の区別に重なり合っていることを，観察できるのである。

　わたしは，どのように保山回族の人びとに出会ったのか。それは，保山回族の人びとの区別の形式と，それに基づく観察，記述，決定の様子を，わたしが観察すること（同時にわたしが観察されること）を通じて，出会ったのである。

③ いかなる〈智〉を伝えたいか

　——時間的持続と社会的合意に向けたうごきが構成する場

⑴時間的〈持続〉と社会的〈合意〉

　わたしは，フィールドワークを通じて，いかなる〈智〉を伝えようとしているのか。

　場所と空間を媒介する場のうごきとして，一つには，持続に向けたうごき，すなわち「過去／未来」（意味の時間次元）の差異を越えて両者を接続していこうとするうごきがある。回族は，現時点（いま・ここ）において，絶えず過去を想起するとともに，望ましい未来を惹起しようと試みている。

　現時点（いま・ここ）とは，時間の不可逆性という物理学的あるいは熱力学的な客観性からは説明できない。現時点を指し示すことは物理的に不可能だからである。むしろ現時点とは，人間が主観的，自己準拠的に，また社会（コミュニケーション）が自己準拠的に構成するものであり，過去と未来という非同時的なものがいまに同時化する場として構成される。加えて，現時点という場は，現前した出来事とともに，実現せず潜勢化した可能性も含む。さらには，現時点における過去（現在的過去）にもまた現時点を含む。すなわち，現在的過去における現時点でも過去と未来を含み，また，現前した出来事とともに，実現せず潜勢化した可能性も含む。一方，現時点における未来も同様である。すなわち，現在的未来にもまた現時点が含まれ，その時点での過去と未来および現前と潜勢が含まれる。

　このように，現時点（いま・ここ）といううごきの場は，過去と未来の非同時的なものを同時化するとともに，現前と潜勢（必然と偶然，顕現態と可能態）を含み込む，人間にとって主観的かつ自己準拠的な，また社会にとって自己準拠的な場である。換言すれば，現時点という場は，時間（時空といったほうが正確だろう）が人間や社会に対してどのように現れるのか，逆にいえば，人間や社会がどのように時空を構成するのかを示している。現時点といううごきの場は，主観的，自己準拠的であるがゆえに，入れ子構造をもつとともに，併存，輻輳する多元的な時空を構成している。

　こうして時間の持続に向けたうごきとは，過去と未来を同時化し，現前と潜勢が併存する現時点（いま・ここ）に，また新たな現時点が，綿々と接続して

いくうごきとして観察できる。

　これとは異なる，もう一つの場のうごきとして，合意に向けたうごき，すなわち回族でいえば，「自己（回族）／他者（漢族）」といった意味の社会的次元の差異を越えて両者を接続し，共生を図っていこうとするうごきがある。歴史的にも現在的にも，社会的次元の差異は，多くの対立や困難をともなってきたが，共有可能な価値や思想，利益などを掲げて，合意の先取りを抗事実的に試みるなかで，回族は，漢族やその背後にある国家などとの共生を模索してきた。

　これら，時間次元と社会的次元の場のうごきが交叉することで，なお一層複雑に場がうごいていく。回族が現時点にて構成する「過去／未来」は，それが起点となって次の「過去／未来」へと接続していく。しかも，現時点で予測する現在的未来と，現時点での決定を契機に未来において現前化する未来的現在とが，まったく同じであることはありえない。同様のことは漢族のなかでも生起する。それゆえ，回族と漢族が交叉するとき，それぞれの時間次元の持続のなかで現前化する出来事は，社会的次元の差異に呼応して，一層異なるものとなる。このような状況で，両者が合意をみる場面があったとすれば，それは非蓋然的でなかなかありえないものが，にもかかわらず現実に生じたものとして観察できる。ここに，うごきの場がもつ深奥を見るのである[2]。

(2)〈持続〉へのうごきが構成する場——過去と現在（意味の時間次元の差異）の接続

　わたしは，時間次元の持続へのうごきが構成する場に居合わせて，保山回族やD氏の観察を観察して，以下のように記述した[3]。

　現在，この馬家庄に回族の馬姓は住んでいない。ただし，古くからの伝承として，この村はかつて馬氏一族の荘園だったという。計画経済時代には，生産隊施設の傍らに，花木が生い茂り渓水を湛える広々とした空き地があり，村人からは"馬氏花園"と呼ばれていた。1997年，ある村民が住居を建て替えたところ，石で作られた扁額が出土した。額の上面には「馬家粧田」の四文字が刻まれていた。このことからも，解放前，馬家庄の住戸と糧田は馬氏一族が所有するものだったことが推測される。当時の住戸は馬氏の佃戸（地主の土地を耕作して地代を納める小作農）であり，田地もまた馬氏のものだった。

すなわち村は，馬氏一族の所有する田地とそれを耕す佃戸の家屋によって形成された「庄房」だったわけである。歴史上の戦乱や兵災により，近年に至るまでには，既に墓は破壊され廃墟と化していた。にもかかわらずＹ村の一部村民は，毎年，馬家庄へ馬氏祖先の墓参りを欠かさなかった。ただし，数多くの墓が居並ぶなかに馬注の墓も含まれていたことは，最近になってわかったようである。

　Ｄ氏の数年来の調査によれば，Ｙ村の馬氏祖先は大理巍山の人とされる。歴史上，巍山は滇西（雲南西部）のシルクロード沿線の交易で栄えた古鎮である。元代初期，雲南の治世のために平章政事（行省の長官）として赴任した中央アジア・ボハラ（現ウズベキスタン共和国）出身の賽典赤・瞻思丁（馬注は賽典赤・瞻思丁の第一五代目子孫を称している）は，各地との連携を強めて交易のさらなる発展を図るために，古道沿線に多くの宿場を設置した。この宿場の経営はその多くがイスラーム教徒によるものだった。Ｄ氏は，巍山の馬氏祖先は，この時期に昆明から巍山へ移り住んだと推測する。なぜなら，当時の「夷方」（怒江以西からミャンマー，インド一帯を指す）は，土地が肥沃で物産に富み，財富を求める中原の人びとにとっては夢幻の地としてイメージされていたからである。それゆえ，商人たちが滇西の古道沿いへ商機を求めて移動するのはごく自然なことであった。

　明代になると，巍山馬氏の馬文明は大理四牌坊に移り住み，間もなくその二男馬徳齢は「夷方」により近く，かつ重要な宿場町の一つであった永昌城（保山）の城外板橋鎮へ移住した。大理から板橋鎮へ移り住んだ馬氏祖先は，賽典赤・瞻思丁の第八代目子孫に数えられる。当時の馬氏は永昌城北でもっとも裕福な一族で，板橋鎮より南西に数kmにあるＹ村一帯の土地も購入した。馬家庄に伝わる伝承では当地はもともと荒地であり，馬氏一族が大量の農民を雇用して開拓し田畑を開いた結果，肥沃で美しい田園になったという。

　保山平野部の村落形成の歴史をみると，大部分の村落は，遠征に参加した軍官が，戦後，朝廷から姓ごとに封じられた土地に住み着いたことに始まる。それは，後の単姓村を形成する素地となった。また，明清期には大量の移民が南遷したが，その際も単姓の一族ごとに村落が形成された。一方，複数の

姓が雑居する村落は，佃戸や雇工が聚居して形成された村落であり，馬家庄もこのタイプの雑姓村であった。現在も村の田地の名称では，「馬家大田」「馬家地」「馬家墳地」「馬家花園」など，馬姓にちなんだものが残っている。Y村に定着した馬氏一族は，板橋鎮の馬氏一族の支系であり，農地の拡張とともに鎮の南西へ移動した人びとの子孫と考えられる。

　D氏によれば，Y村馬氏は馬注の曽祖父の代に板橋鎮から移り住んだという。Y村という名称は，その音が似ていることから「易 首（イーショウ）」「易 寿（イーショウ）」「易 疇（イーチョウ）」と表記の仕方に変遷があったが，もともとは「乙 丑（イーチョウ）」であったとD氏は考証する。「乙丑」と記す目的は "時間" を記憶に留めて忘れないようにするためだという。すなわち，Y村の馬氏一族が代々語り継いできた伝承によれば，板橋鎮からY村へ馬氏祖先が移り住んできたのが乙丑の年だった。乙丑の年は，1445（正統10）年と推測される。この年に屯田による開発を始めたのだろう。D氏祖先もまた，このとき，Y村に移ってきたものと考えられるという。永昌古城に近い当地は，それゆえ "屯糧" としても栄えていく。その後，馬注の曽祖父がY村に定居したのは1505（弘治18）年前後，すなわち明朝中後期の弘治年間（1488-1505）から正徳年間（1506-1521）の頃と推測される。永昌城の北に位置した板橋鎮は，渓水湧き出る清流と柳緑映える風光明媚な地で「北津煙柳」と謳われ，永昌城外の「外八景」の一つとして名を馳せた。また，商人が雲集して交易が繁盛し，滇西シルクロードの経済活動において重要な位置を占める宿場町であった。

　馬注『清真指南』に収められた「自序」や「郁速馥伝」（D氏もまた，これを馬注の自伝と捉えている）には，往年の馬氏一族の生活について記述がある。すなわち，生業では機織と農業を主とし，他方，商売についてはふれられていない。ここから，馬注が生存した頃のY村馬氏一族の生活は，板橋鎮の馬氏が商売に従事していたのとは異なり，農業を主としていたものと推測される。当時の保山平野部では，田地を大量に購入する「大戸」（裕福な家）は決して珍しくなく，「庄房」の出現は一般的に見られた現象であった。「庄房」の境界を定めて他の「庄房」と区別するとき，多くの佃戸は好んで大戸の姓氏を用いた。すなわち，趙氏田地の所在地であれば「趙家庄房」あるいは「趙家庄」と呼んで境界を設定し，馬氏田地の所在地であれば「馬家庄房」ある

いは「馬家庄」と呼んで他の「庄房」と区別した。後世それらが村の名称に
もなったわけである。かつてB鎮の馬氏一族が大量の田地と山地を購入し
た馬家庄は、山を背にして南に川を臨む、「風水」に恵まれた土地だったと
される。(略)。

　現在、D氏や、Y村に住む馬氏子孫は、馬家庄こそが、馬注が幼少年期
を過ごし、また晩年には『清真指南』の改訂を繰り返した地だと考えている。
「郁速馥伝」にもそう解釈できる表現が散見されるという。たとえば「居龍
潜豹隠」という表現だが、これは当時の馬家庄では、樹木の繁茂する大山を
背景にして野原が広がり、野獣がよく出たと読めるという。また、「居龍」
とは、この大山の岩下の泉と関係があるとされている。この泉は当地の人び
とから「龍泔」と呼ばれている（Y村が接する山のほとりは「龍王塘」という地
名である）。さらに「花香鳥啼」という表現は、村にある花園を描写したもの
と解釈されている。そもそも毎年、Y村の馬氏子孫が馬家庄の墓参りを欠か
さないことは、祖先が埋葬されている地であることに加えて、馬注が偉業を
成し遂げた地を、今日に至るまで追憶してきたこととも関係していると、Y
村の人びとは考えている。(「回族による観察——馬注の墳墓がある「花園」とし
ての馬家庄」『中国のムスリムからみる中国』161-165頁)。

(3)〈合意〉へのうごきが構成する場——回族／漢族（意味の社会的次元の差異）
　　の接続

　他方、社会的次元での合意に向けたうごきが構成する場に、保山回族やD
氏が居合わせていることは、次の観察からも明らかである。

　今世紀に入って、ミャンマーへつながる高速鉄道の建設が本格化し、馬注の
故郷Y村一帯では、駅舎建設と駅周辺の都市建設が始まった。城鎮化による
土地収用がおこなわれるまで、Y村には200人近くの回族が住んでいた。先祖
代々、毎年ラマダンが終わると、Y村に隣接する馬家庄の馬注の墓へ参り、先
賢の遺徳を偲んできたという。2009年7月、鉄道敷設に備えて、馬注の墓は山
麓から山腹へと移転された。回族はこの墳墓移転に際して、代替地や費用の支
援を保山市政府から得ただけでなく、馬注思想に対する非ムスリムからの関心
も獲得した。同年8月には、政協隆陽区委員会の主催により、「雲南保山隆陽

馬注文化検討会」が立ち上げられ，学術研究を通じた定期的な交流が本格化した。また，新駅舎前の広場建設予定地には，回族文化の発揚と観光客誘致のために，約20ヘクタールほどの敷地に，文化・商業総合施設「馬注文化園」を建設することが決まった（首藤 2020：151-152）。

ただし，異なる民族間，あるいは回族自身のあいだの合意に向けた努力が，実際に実を結ぶかどうかは，また別の問題である。現在，この馬注文化園の建設は，関係者のあいだで十分な協力体制が整わず，資金繰りでも苦労している。時間次元の接続（持続）に比して，社会的次元の接続（合意）は，思うに任せないことが多い。

(4)フィールドワークから見出した〈智〉が示す展望

雲南回族のフィールドワークを通じて，わたしが読者に伝えたいと思う〈智〉とは何だろうか。それは，現代社会の構造的特徴とも言える，自己言及的な時間的持続が深化しているということ，その一方で，自己他者間の合意形成は，ますます非蓋然的で困難になりつつあるということである。そして両者の相反する知見は，「個人化＝親密な関係の深化」（個人的なことがらへの関心，それへの社会的な承認，その組織的な支持）（Luhmann 1982：14-18＝2005：13-16）によって，辛うじてつなぎとめられているという〈智〉である。

これは，フィールドワークから得られるものとしては，いささか辛辣な〈智〉かもしれないが，このことを見据えることで，問題の根源的理解や，問題解決に向けた数多の展望が得られるものと考える。もちろん誤謬は常に含まれ，再考は永遠に続くのではあるが。

（首藤明和）

注
(1) 　中国や雲南の回族の歴史については，張承志（1993），馬維良（1995），高発元（2009）など，馬注の生涯や思想については高明潔（2006），余振貴（元中国イスラーム教協会副協会長），佐藤実（2009），堀池信夫（2012），許淑傑（2013）などを参照した。
(2) 　ルーマンのリスク社会論（Luhmann 1991）は，人びとのあいだで矛盾や対立が先鋭化する場を，意味の時間次元と社会的次元の交叉から説明できることを示して

いる。すなわち，以前の出来事と以後の出来事の時間次元における接続は，以前の
出来事が条件となり次に接続する作動の可能性を限定することで可能になる。この
出来事レベルでの時間次元における持続（不可逆性）の内容に関して，社会的次元
の自己と他者の間で，必ずしも合意がみられる（意見が一致する）わけではない。
現時点（いま・ここ）において，過去と未来の非同時的なものが自己準拠的に同時
化することは，同時に，社会的次元での緊張関係が高じる契機にもなるわけである
（小松 2003：47-52）。たとえば東アジアの歴史認識問題などがその典型例として挙
げられよう。
(3)　回族 D 氏の馬注ゆかりの村々に対する観察と記述は，新聞記者の蘇家祥（2009）
によっても記録されている。

参考文献

高明潔，2006，「一神教土着化の合理性」愛知大学国際中国学研究センター編『現代
　中国学方法論とその文化的視角［方法論・文化篇］』シンポジウム報告書，pp. 207-
　223（『愛知大学国際問題研究所紀要』（128），pp. 21-48に再録）。

高発元主編，2009，『当代雲南回族簡史』雲南人民出版社。

小松丈晃，2003，『リスク論のルーマン』勁草書房。

佐藤実，2009，「イスラームと儒教の距離」『アジア遊学129中国のイスラーム思想と
　文化』勉誠出版，pp. 31-44。

首藤明和，2020，『中国のムスリムからみる中国——N. ルーマンの社会システム理論
　から』明石書店。

許淑傑，2013，『馬注思想研究』人民出版社。

蘇家祥，2009，〈馬家庄：一個与著名学者有関的村庄〉政協隆陽区委員会編《委員心
　声》2009年第 4 期，pp. 73-75。

張承志，1993，『回教から見た中国』中公新書。

堀池信夫，2012，『中国イスラーム哲学の形成—王岱輿研究』人文書院。

馬維良，1995，『雲南回族歴史与文化研究』雲南大学出版社。

Bourdieu, Pierre, 1979, *La Distinction*, Éditions de Minuit.（＝2020, 石井洋二郎訳『ディ
　スタンクシオンⅠ・Ⅱ［普及版］』藤原書店）。

Bourdieu, Pierre, 1980, *Le Sens pratique*, Éditions de Minuit.（＝1988，今村仁司・港
　道隆訳『実践感覚Ⅰ』みすず書房）。

Luhmann, Niklas, 1982, *Liebe als Passion*. Suhrkamp.（＝2005，佐藤勉・村中知子訳
　『情熱としての愛』木鐸社）。

Luhmann, Niklas, 1991 (2003), *Soziologie des Riskos*. Walter de Gruyter（＝2014，小
　松丈晃訳『リスクの社会学』新泉社）。

Luhmann, Niklas, 1997, *Die Gesellschaft der Gesellschaft*. Suhrkamp（＝2009，馬場靖
　雄・赤堀三郎・菅原謙・高橋徹訳『社会の社会1・2』法政大学出版局）。

Luhmann, Niklas, 2002, *Einführung in die Systemtheorie*, Carl-Auer-Systeme Verlag

（＝2007，土方透監訳『システム理論入門──ニクラス・ルーマン講義録［1］』新泉社）.

Nassehi, Armin & Nollmann, Gerd, 2004, *Bourdieu und Luhmann*, Suhrkamp Verlag（＝2006，森川剛光訳『ブルデューとルーマン』新泉社）.

読者への問い

Q. B・パスカルやE・フッサール，柳田國男や宮本常一，P・ブルデューやN・ルーマンなどが示しているのは，社会の外から社会を観察することはできず，社会の内から社会を観察するということである。フィールドワークにとって，これはどういう意味をもつのだろうか。

Q. 人びとや社会は自ら決定する。「他ノモノニヨッテ考エラレナイモノハ，ソレ自身ニヨッテカンガエラレネバナラナイ」（B・スピノザ『エチカ』第一巻公理二）。この〈自己決定〉は，現代社会で人口に膾炙した自己決定とは，意味がずいぶん異なる。フィールドワークにおける〈自己決定〉とは，再帰的な自己準拠性と関連させてどのように説明できるだろうか。

Q. 場のうごきや，主観的に構成される現時点（いま・ここ）という時空を観察することで，フィールドワークではどのようなことが発見できたり，説明できたりするだろうか。

推薦図書

宮本常一，1984『忘れられた日本人』岩波文庫。
乾武俊，1995『民俗文化の深層』解放出版社。
沖浦和光，1998『瀬戸内の民俗誌』岩波新書。
　　民俗学から。うごきの場に参入してフィールドワークをおこなうには，なにものかに衝きうごかされるような心のうごきを自身で感じることが大切なのだと思う。わたし自身，学生時代に，民俗誌から大きな感動と，フィールドワークに出る心構えを得た。

P・ブルデュー（加藤晴久訳），2009『パスカル的省察』藤原書店。
N・ルーマン（馬場靖訳），2020『社会システム』（上・下）勁草書房。
　　社会学から。フィールドワークが，単なる知の再生産ではなく，知の再帰的な生産の場になること，知は誤謬をともなうゆえに，オープンエンドに観察と記述を繰り返すこと，このことに，わたしたちを絶えず接続してくれる理論書を，いつも手元に置いておきたい。

宮崎賢太郎，2018『潜伏キリシタンは何を信じていたのか』角川書店。
　　歴史学から。〈過去と未来〉と〈自己と他者〉の交叉は，持続すれども合意せずの，現代社会の様相を浮き彫りにしている。それぞれの主観が構成した現時点の時空を

携えて，うごきの場に居合わせる人びとは，自分自身がうごきのなかにあるゆえに，絶えず一次観察できない盲点を抱え込む。このことに二次観察から気がつくと，場のうごきは，なお一層うごき出すことになる。見えなかったものが見えるようになる経験である。

第**6**章

イタリア国境地域の人びとの故郷喪失体験から
―失敗と隣り合わせのフィールドノーツを書き留める―

何の変哲もない野原にみえるが，イタリア・スロヴェニアの国境線が走る現場である。ここにはかつて「鉄のカーテン」が引かれたが，EU の政策で2007年12月に国境検問が撤廃された。本章で登場するイストリア文化会は，国境跡地を公園にする事業を進めている。左側の男性はイストリア文化会のドリーゴ代表，中央の男性は国境に分断された土地の所有者，右側は筆者である。(2008年3月，撮影)

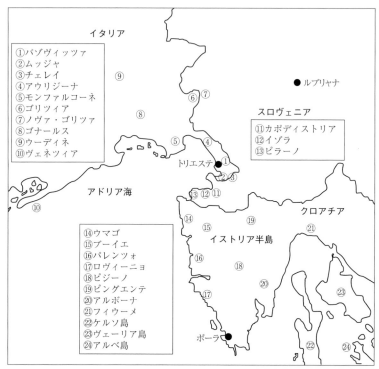

イタリア

① バゾヴィッツァ
② ムッジャ
③ チェレイ
④ アウリジーナ
⑤ モンファルコーネ
⑥ ゴリツィア
⑦ ノヴァ・ゴリツァ
⑧ ゴナールス
⑨ ウーディネ
⑩ ヴェネツィア

⑨

ルブリャナ ●

⑦
⑥

スロヴェニア

⑪ カポディストリア
⑫ イゾラ
⑬ ピラーノ

⑧

⑤

④

トリエステ ● ①

② ③

アドリア海

⑬ ⑫ ⑪

⑩

⑭

⑮

クロアチア

⑲

㉑

イストリア半島

⑭ ウマゴ
⑮ ブーイエ
⑯ パレンツォ
⑰ ロヴィーニョ
⑱ ピジーノ
⑲ ピングエンテ
⑳ アルボーナ
㉑ フィウーメ
㉒ ケルソ島
㉓ ヴェーリア島
㉔ アルベ島

⑯

⑱

⑳

㉓

⑰

ポーラ ●

㉒

㉔

本章で登場するイストリア文化会の活動場所の一部が記されている。地名は，調査した
フィールドのイタリア系の人々が日常的に用いるイタリア語名で表記した（筆者作成）。

サマリー

　「多様性のなかの統合」を掲げて国境検問の撤廃を進めるヨーロッパ。しかし戦後60
年のイタリア国境地域で目撃したのは，過去にもがき苦しむヨーロッパの素顔だった。
２度の大戦の激戦地となったトリエステに暮らす「普通の人々」は，「終わらない過去」
とどう向き合うのか。好奇心から現地調査を始めた著者が，どのような「壁」に直面し，
どのように人びとと知り合い，関係を築いたか。「数量」ではなく「生身の人間」を理
解し，そこから社会を構想するフィールドワークの尽きない魅力を伝えたい。

キーワード

よそ者　フィールドノーツ　信頼関係（ラポール）　契約　不可量部分

① 素人のフィールドワーク

　大学で私が学んでいたのは，フィールドワークとは真逆の分野であり，理論経済学や数理社会学という「数量」が最重要視される学問だった。数理モデル作りと命題証明に明け暮れるなかで，ささやかなたのしみだったのが他専攻の授業だった。なかでも「地域社会学」はいまでも忘れられない授業だった。ポルトガルの大航海時代に始まり，マレーシアのマングローブ，筑豊の炭鉱，水俣，神奈川県の多国籍団地の現実が，映像と補足資料で提示される。一見すると時代も国もばらばらに見える。だが実際に現場を歩き，人に会ってきたという先生の話から，そのときの様子が生き生きと再現される。するとひとつの現場が，時代や国境を越えて現在につながっていることに気づかされる。「地域って面白いなあ」「フィールドワークってすごいなあ」と感激し，いつしか「自分もやってみたい」と思うようになっていた。

　多くの教科書に書かれているように，初めてのフィールド体験は忘れられないものである。大学4年生の秋，先輩に誘われて外国ルーツの人びとが多く暮らす神奈川県公営団地に行ったのが私のフィールドワーク初体験であり，日本語教室のボランティア兼調査に参加した。そのときは数理研究からフィールドワークに180度転身するなど夢にも思っていなかったが，このときの体験が本章で述べるイタリア国境地域でのフィールドワークの原点になった。

　本章ではイタリア最北東部に位置する国境都市トリエステ，そして東欧のスロヴェニアとクロアチアにまたがるイストリア半島の調査経験から，以下の問いを取り上げたい。フィールドワークの始まりはどのようなものだったか（2節）。どのような「壁」に直面し，どう乗り越えたのか（3節）。フィールドの重要人物にどうしたら出会えるか（4節）。フィールドの人びととどのように信頼関係を築いたらよいのか（5節）。

② フィールドワークの始まりはどのようなものだったか

(1)過去にもがき苦しむイタリアの国境地域

　フィールドワークは科学的調査である。明確な問題意識の下に，調査計画書と仮説の策定で始まると思われるかもしれない。そうした進め方は仮説検証型と呼ばれ，当初は私もそう思っていた。だが調査の過程で調査計画書と仮説を

写真6-1　トリエステの街並み
　須賀敦子の珠玉のエッセイ『トリエステの坂道』で知られる街
並みには，オーストリア・ハプスブルク帝国時代に造られた新古
典派様式の建築物が数多く残っている。重厚な市庁舎が建つイタ
リア統一広場は，アドリア海を一望できる開放感に満ちた広場と
して知られる（2006年3月，筆者撮影）

何度も変更していくようなやり方もあることを知った。私はこの仮説生成型・
探求型の社会調査だった。とくに「非科学的」とされる要素がフィールドワー
クとテーマ選定に大きく影響した。

　大学院生だった2005年3月，先述の「地域社会学」の先生の立ち上げた共同
調査を通じて，初めて海外でフィールドワークするチャンスを得た。イタリア
西端のサルデーニャ島と東端トリエステ，さらにイストリア半島を10日ほどで
めぐる調査だった。ローマやミラノといった主要都市ではなく，島嶼地域や国
家の周辺地域から見ると，ヨーロッパ社会の深層に迫れるのではないか。その
ような問題意識が研究チームにはあった。ただし私にはそのような明確な意図
や展望は皆無で，「イタリアに行ける！　辺境や国境を見てみたい！」という
単純な好奇心で参加させてもらった（**写真6-1**）。

　2005年のヨーロッパは，第二次世界大戦の終結から60周年の節目の年だった。
当時，日本から見たヨーロッパは，輝かしい存在に見えた。「鉄のカーテン」「ベ
ルリンの壁」の分断を乗り越え，EU統合・拡大は順調に進み，「多様性の中
の統合」を着々と進めているように見えたからである。だがトリエステで目撃
したのは，別の素顔だった。フィールドワークにはカルチャーショックがつき
ものだが，いまなお過去の戦争の傷跡に苦しむヨーロッパがあった。

　トリエステとその周辺地域は，
２度のヨーロッパ大戦の激戦地
だった。街なかの観光案内所や書
店には，大戦をテーマにした書物，
小冊子，イベント案内が山積みに
されていた。とくに第二次大戦の
本のタイトルは，「忘れられた歴
史」「否定された歴史」「悲劇」「分
断」といった語ばかりが目に付い
た。

写真6-2　トリエステのナチスドイツ収容所跡
　イタリア唯一のナチスドイツの収容所であり，焼
却炉を備えたものとしては西ヨーロッパで唯一とさ
れる。1943年から1945年まで稼働し，5,000人が殺
害，2万人がアウシュヴィッツに移送された。現在
は博物館として公開されている。（2006年3月，筆
者撮影）

　戦禍の現場が現在でも多数存在
することがわかってきた。なかで
もトリエステはイタリア唯一のナ
チスドイツ収容所があった（写真6-2）。悲劇の現場はそれだけではなかった。
トリエステからバスで北へ30分，スロヴェニア国境に近い集落の外れには，大
戦末期に多数のイタリア人がカルスト台地の穴でユーゴスラヴィア軍に殺害さ
れたといわれる現場があった。トリエステで目にした戦争の爪痕は，見たこと
も聞いたこともない事実ばかりだった。輝かしいヨーロッパよりも，悲しい過
去にもがくヨーロッパに個人的に親近感を抱いた。

(2)調査研究と問題意識

　当時研究の方向性に行き詰っていた私は，「トリエステの戦禍」というテー
マに文字通り「飛びついた」。大学院で社会運動・集合行為の数理社会学を研究
しつつも，フィールドワークに大きな魅力を感じていた。「数量」よりも「生身
の人間」の方に関心があり，方針転換はいましかないのではないか，と悩んで
いた。社会運動研究で世界的に有名なイタリアの社会学者アルベルト・メルッ
チに関心をもち，細々とイタリア語の勉強を始めていた。落ち着いた街並みと
夕陽がとてもきれいなトリエステに生活してみたいという気持ちも強くなった。
　方針転換のもう一つの理由は，戦争に関する問題意識だった。大学のゼミで，
当時はまだ日本で「翻訳ラッシュ」が始まる前のジグムント・バウマンの『社

会学の考え方』を輪読したのだが、「ナチス・ドイツによるユダヤ人の大量虐殺は近代化の帰結であり、私たちの社会はまだその総決算ができていない」という記述に衝撃を受けた（Bauman et al. 2001＝2016：158）。それ以来、「この社会はどこへ向かうのか」という困惑と疑問が消えなかった。とりわけヒトラーのような「少数の怪物」より、アイヒマンのような「平凡な人間」によってユダヤ人大虐殺がなされた事実に衝撃を受けた。私が高校生だった1995年当時、オウム真理教による地下鉄サリン事件の実行者がアイヒマンのように「命令に従っただけ」と供述したことも、問題意識に大きく影響した。

　イタリアから帰国後、日本でトリエステの戦禍に関する先行研究がないことを知った私は「イタリアのアウシュヴィッツ――トリエステの『普通の人々』が体験した戦争と国境変動」をテーマ化した。背景理解、イタリア語学力、調査方法論のいずれもほぼ白紙の状態から研究を始めた。

　こうした無謀なテーマ変更をいま振り返ると、個人的な出自と無関係ではないと思う。「団塊の世代」にあたる会社員の父と小学校教員の母、姉という核家族の下、神奈川県郊外の新興住宅地で不自由や不正義をとくに感じることなく生まれ育った。「真面目にがんばる」「素早く模範解答を探す」が「優秀さ」の証しであり、それが「よい人生」を送る処方箋だという価値観を自然と習得していた。だが「普通の人々」によるユダヤ人虐殺は、「真面目に指示に従うこと」が場合によっては破滅的事態を招くことを意味する。美徳だと思っていた新中産階級の価値観、それを体現していると思って尊敬していた両親の存在を否定されたようで、ショックを受けた。

　通常は深い問題意識を研究に直結させることはあまりないかもしれない。対象との「客観的な距離」を取ることが難しくなるからだ。だが、自身の実存をかけない調査研究にどのような意味と意義があるのか。私の参加した研究グループでは、自らの出自と研究を串刺しにするような学問を目指す人が多かった。私自身もそれに共感していた。最後まで自信はなかったが、メンバーの叱咤激励に背中を押してもらい、博士課程3年目で休学届けを出し、単身でトリエステに赴いた。

③ どのような「壁」に直面し，どう乗り越えたのか

(1)トリエステのよそ者

　フィールドに初めて足を踏み入れるときは，不安
と緊張と興奮の入り混じった心理状態になる。
フィールドワークの創始者のマリノフスキでさえも，
フィールドでよそ者になる心細さを吐露している
(Malinowski 1920＝2010：33)。ただし近年では，日本
人が留学するとき，すでにある海外とのコネクショ
ンを活用する場合が多いようだ。大学間で交換留学
の協定があればスムーズに進むし，研究室やゼミの
先生同士が知り合いであれば話は早い。だが私が留
学したいと考えたトリエステ大学は，日本のどの大
学ともつながりがないようだった。共同研究チーム
の先生はイタリアの社会学者とつながりがあったが，
トリエステ大学の歴史家とは交流がなかった。また

写真6-3　歴史研究所の学術
　　　　雑誌
　ハンナ・アーレントの『エ
ルサレムのアイヒマン』のイ
タリア語版が表紙に用いられ
ている。(2005年3月，筆者撮
影)

ローマやヴェネツィアには日本人コミュニティがあったが，トリエステにはな
いようだった。そのため現地で知り合いをつくることが最初の「壁」となった。
　ではどうしたか。トリエステ初来訪時に立ち寄った書店で，「フリウーリ・
ヴェネツィア・ジューリア解放運動史州立研究所」(以下，歴史研究所)が学術
雑誌を刊行していることを知った。1953年設立の由緒ある研究機関であり，書
店で発見した雑誌の最新号の表紙がハンナ・アーレントの『エルサレムのアイ
ヒマン』(写真6-3)だった。国境地域の「普通の人々」の戦争体験を知りた
いと思っていた私は，運命のめぐりあわせだと勝手に解釈した。
　歴史研究所の会員であり，トリエステ大学でイタリア現代史を専門とする歴
史学者ラウル・プポ先生に，思い切って電子メールを出してみた。「イタリア
人はメールなどほとんど見ないし，返信なんてこないよ」とイタリアをよく知
る人から言われた。だが驚いたことに数日後にプポ先生から返信が届き，面談
を快諾して下さったのだ。
　面談の当日，トリエステの有名なカフェ・トンマゼーオに，スーツ姿に金縁
眼鏡チェーンを首にかけた長身細身の白髪の紳士が現れた。資料のぎっしり詰

図表 6-1　1920年から1945年の民族関係

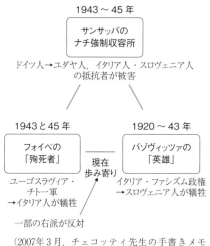

1943～45年

| サンサッバの
ナチ強制収容所 |

ドイツ人→ユダヤ人, イタリア人・スロヴェニア人
の抵抗者が被害

1943と45年

| フォイベの
「殉死者」 |

ユーゴスラヴィア・
チトー軍
→イタリア人が犠牲

現在
歩み寄り

1920～43年

| バゾヴィッツァの
「英雄」 |

イタリア・ファシズム政権
→スロヴェニア人が犠牲

一部の右派が反対

（2007年3月, チェコッティ先生の手書きメモ
をもとに筆者作成）

まった革製のトランクケースを手に持ったプポ先生の姿を見て, 一気に緊張が走った。というのも1年前にプポ先生の本を購入はしたが, イタリア語力と背景知識と努力が足らず, 一番薄い文庫本でさえ理解できていない状態で初対面を迎えたからだった。即座にすべてを見抜いたプポ先生は「君は“完璧な準備”ではるばる会いに来たんだね！」と, 呆れて笑うしかないという表情で言った。私は顔から火が出るほどの恥ずかしさを感じ, すべてが終わったと観念した。しかし「君のような“よそ者”の視点で, 現地の人が見過ごしていることを発見できるように」と助言を下さった。

　もう一人, 同日に面談の時間を割いて下さったのは, 歴史研究所所長のフランコ・チェコッティ先生だった。プポ先生と同じように, 私のメールに親切な返信で応じ, 面談を快諾して下さった。待ち合わせのトリエステ中央駅に自家用車で現れたチェコッティ先生は, 「とにかく現地を見たほうがよいでしょう」とおっしゃり, 私を助手席に乗せて, ナチスドイツの収容所跡, イタリア人が犠牲になったバゾヴィッツァの虐殺現場, さらに地元の人もほとんど知らないスロヴェニア人犠牲者の慰霊碑まで案内して下さった。そして歴史研究所が発行する非売品の地図をいくつも譲って下さった。とくに強い印象を受けたのは, 1918年から1954年の国境変動が記された地図だった。イストリア半島は逆三角形の輪郭で人間の「顔」のように見えるのだが, そこに引かれた何本もの国境線は, まるでイストリア人の顔から「血」と「涙」が流れているようだった。

　チェコッティ先生は別れ際に, 図解して説明しながら静かにこうおっしゃった（図表6-1）。「イタリア人, スロヴェニア人は, それぞれの立場によって犠牲者と加害者が入れ替わり, 問題は複雑なのです。少しずつ双方が歩み寄って

きている。それは本当にゆっくりとした歩みなのだけれど……」。

　「スロヴェニア人の歴史家にも話を聞いた方がよい」との助言をチェコッティ先生からいただき，トリエステ出身のスロヴェニア人の歴史学者を紹介していただいた。イタリア語で応じて下さったミラン・パホール先生は，ゴナールスやアルベ島といった初めて聞く地名を出し，「ファシスト政権がスラヴ人にどのようなことをしたかも知っておいて欲しい」と語った。

(2)いくつもの「壁」に突き当たる

　フィールドワークの達人ゴッフマンは，「一つの世界をわがものにするには(中略)自分を骨まで切り詰めることができなければなりません」と語ったらしい（Goffman 1989＝2000：20）。私は図らずもそうした状況を自らつくり出していた。現地で3人の歴史家にお話を聞いた後，非常に難しいテーマに手を出したと後悔し，自信がなくなった。すでに高い「壁」が立ちはだかっていた。

　まずは学術研究の「壁」だ。イタリアとスロヴェニアのどちらの立場で考えるかによって，見えてくる歴史がまったく違った。そのため国境変動の複雑な経緯を頭に入れたうえで，複眼的に検討する必要があった。トリエステを知るには，イタリアだけでなく，中欧史，南東欧史，EU統合・拡大の理解も必要だと気づいた。

　次に文献収集の「壁」である。トリエステの戦禍は，「忘れられた歴史」とされていた。日本には文献や資料はほぼないに等しかったので，現地にもあまりないだろうと予想した。だが甘かった。トリエステで資料収集を始めると，書店，古書店，図書館からおびただしい数の文献や資料が出てきた。重要そうな本を見つけるたびに購入したりコピーしたりしていたら，すぐに1カ月の生活資金が底をついた。集めたものは，学術書からプロパガンダまがいのものまで玉石混交で，積み上げると本当の「壁」のような高さになった。

　3つは言語上の「壁」だった。イタリアはいわゆる標準語だけでなく，地方の方言が豊かである。トリエステの若い世代や学者は「標準」イタリア語を話すが，年配の世代になると，ヴェネト方言をよく話し，単語や言い回し，リズムが独特だった。またトリエステには人口1割ほどのスロヴェニア人が生活している。都市部のスロヴェニア人はほぼ例外なくイタリア語とスロヴェニア語

のバイリンガルで方言も理解し，英語が堪能な人も多かった。ただイタリアとスロヴェニアの国境集落に行くと，濃厚なスロヴェニア文化圏があった。それゆえ方言やスロヴェニア語も理解する必要があった（方言はある程度理解できるようになったが，スロヴェニア語はいまでも習得できていない）。なお英語を使用する機会はほとんどなかった。調査は基本的に「標準」イタリア語で始まり，さらに方言が理解できると喜ばれた。

　4つは，政治的な「壁」だった。第二次大戦のトリエステの事件は，日本の靖国問題と相通ずるところがあり，イタリア政治で主要な論争になっていた。とくにトリエステでは，ファシスト政権の流れをくむ極右政党が活発に活動していた。この話題を口にするとき，地域の人びとは声を潜めた。私も人前で話すときは，常に発言に注意する必要があった。

　5つは，よそ者にとっての「壁」だった。日本人がトリエステの戦争体験を研究するというのは，イタリア人が満州や沖縄戦の研究をおこなうのと同じで，当たり前のことではなかった。イタリア人にとって扱いが難しいテーマに対して，日本から来たよそ者が研究する意味と意義がどこにあるのか。さらに戦争体験のテーマは個人の生と死に直結する出来事であり，地域にはまだ当事者や家族が多くいたので，倫理的に繊細さを要するテーマでもあった。

　八方塞がりの状況のなかで，諦めて帰国するという選択肢も頭をよぎった。だがこのまま日本に帰るのはあまりにも不甲斐ないと思い，半年間の滞在ビザが切れるまで，とにかくもがきながら考えることにした。

(3) 2つの日課──フィールド日誌と地元紙

　どのようにもがいたか。いくつかの日課を試みた。結果的には，次の2つのルーティンが「壁」を乗り越えるきっかけを与えてくれた。

　一つは，フィールド日誌をできる限り毎日書くことだった。フィールドノーツは調査研究テーマに関する記録である。そのため調査と無関係の出来事は省かれる。他方でフィールド日誌は調査には直接関係しないような日常生活の小さな気づきや疑問を記録してもかまわない。ときには個人的な心情の吐露も含めたフィールド日記になることもあった。教科書的には，フィールドノーツ，日誌，日記は区別されるが，とにかくトリエステでの日々の見聞を失敗と隣り

合わせのフィールドノーツとして書き残すことにした。

　記録に残すという日課は，日本での最初のフィールドワークで身につけたものだった。神奈川県の公営団地でフィールドワークをしていた先輩や先生は，当然のように毎回の記録を残す作業をやっていた。書き方の具体的な助言をされた記憶はないのだが，一言でいえば「全体を書け，全部書け」という方針だった（中里 2016：296）。無謀なやり方だと思ったが，いきなりフィールドで学び始めた私にとって，これ以外に試す方法はなかった。そしてトリエステでもこの作業を続けるしかなかった。やがて時間と体力の限界に達するのだが，そのときに「本当に知りたいことは何か？」を自問自答することで，徐々に調査対象が絞られた。また日誌を書くことは，不安をやわらげ，精神のバランスを保つ効能があることを大いに実感した。

　もう一つの日課は，地元の新聞を毎朝読むことだった。イタリアは日本以上に地方新聞がよく読まれている。トリエステでは『イル・ピッコロ』という地方新聞が発刊されていた。全国紙と異なり，スロヴェニアやクロアチアに関するニュースが詳しく報じられる。国境沿いの小さな町や村，地域の名望家やよく登場する組織や団体など，白紙状態だった地域の動向が少しずつ想像できるようになってきた。地域の人からは「『イル・ピッコロ』は保守的な新聞だ。あまり真に受けない方がいいよ」という声をよく聞かされたが，手軽に安価に入手できる地域ニュースの媒体は地方新聞しかなかった。報道の偏りを念頭に置きつつ，気になる記事をスクラップしていった。辞書を片手に地方紙を読む習慣は，地域学習とイタリア語学習の一石二鳥だった。

　正解がわからないまま日課を続けて1カ月半が経った頃，チャンスが訪れた。イストリアで戦争を体験した当事者団体が追悼の旅を企画するという特集記事を地方紙で見つけたのだ。行先は，イストリア半島南端に位置するクロアチアのプーラと呼ばれる港町だった（以下では，イタリア語名のポーラに統一する）。

④ フィールドの重要人物にどうしたら会えるか[1]

(1)「海の道」と「陸の道」のポーラ

　追悼の旅へむかう前に，少し長い脱線になるが，ポーラがどのような都市なのかを見晴らしておきたい。地中海史の泰斗フェルナン・ブローデルは「都市

はすべて，所与の場所で成長し，その場所と結婚して，そこから離れることが
な」く，都市立地の「最初の利点と不都合はいつまでもついてまわる」と述べ
た（ブローデル 1985：238-239）。ポーラも例外ではなく，イストリア半島南端部
の恵まれた湾という「場所との結婚」を果たして都市が築かれた。

　ポーラが歴史に登場するのは，古代ローマ時代である。イストリア半島の先
住部族と海賊の征伐で範域を拡げたローマ軍は，紀元前1世紀頃，ポーラに植
民都市を建設した。アドリア海と東地中海の防衛の要衝として，「海の道」と
「陸の道」を通じた交通と交易の一拠点になった（写真6-4）。紀元1世紀には
3万5,000人を擁し，帝政ローマのなかでも「もっとも裕福な都市の一つ」と
称された（写真6-5）。

　ローマ帝国の崩壊以降，ポーラは何度も存亡の危機に見舞われた。「陸の道」
から進入した東方異民族による略奪と破壊，その後に自治都市として存続する
も，14世紀初めには「アドリア海の女王」として「海の道」を独占したヴェネ
ツィア共和国の統治下に組み入れられた。度重なる戦争，ペストやマラリアの
流行により，一時は500人余りにまで都市人口は激減した。その度にヴェネツィ
アは植民政策で人口を補充したが，ローマ時代の最盛期の1割にも満たない人
口規模しか維持できなかった。

　転機はヴェネツィア崩壊後に訪れた。北アドリア海全域を手中にしたオース
トリア・ハプスブルク帝国は1856年，ポーラを帝国唯一の海軍港と造船所に指
定した。近代日本で横浜と横須賀が帝都・東京の商港と軍港になったように，
近代化に舵を切ったオーストリア帝国ではトリエステとポーラが帝都ウィーン
の唯一の商港と軍港に抜擢された。1850年頃には僅か1,000人足らずだったが，
第一次世界大戦前には6万人を超える都市にまで発展した。近代的な中心市街
地では，軍港や造船所で働く労働者や軍人，中産階層の人びとの話す様々な言
語や方言が飛び交い，「多民族帝国のバベルの塔」さながらの活気があった。

　だが第一次大戦の結末は，街の運命を大きく変えた。ポーラを獲得したイタ
リア王国は，この港町の造船所の大幅縮小と機能移転を決定した。1920年から
1922年にはファシスト行動隊による南スラヴ人への暴力事件が横行した。戦前
に3分の1を占めていたセルボ・クロアチア人の多くが立ち退いた。代わりに
ヴェネト地方や南イタリアから国内移民が流入し，3人に1人だった戦前ポー

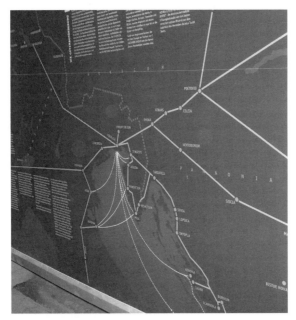

写真6-4　古代ローマ時代のポーラ──「海の道」と「陸の道」
　ポーラ円形劇場の地下博物館の解説パネル。ポーラは街道と「海の道」である海路によって古代ローマ帝国内外の諸都市と接続していたことがわかる。（2008年3月，筆者撮影）

写真6-5　古代ローマ時代に造られたポーラの円形劇場
　紀元1世紀に古代ローマによって建造された2万人以上の観客を収容できる円形劇場。現在も音楽祭などで活用されている。（2006年3月，筆者撮影）

ラのイタリア系の比率は，ファシズム政権下で３人に２人と急増した。

　1943年９月のファシズム政権崩壊後，ポーラはナチスドイツに占領され，英米連合軍の空爆を幾度も受けた。そして1945年５月初旬，ユーゴスラヴィア軍により「解放」され，そのまま「占領」された。ここからさらに混迷を極める。同年６月の休戦協定により，北アドリア海一帯は英米連合軍とユーゴ軍統治の分割統治となった。イストリアの中でポーラだけは例外的に「飛び地」として連合軍の統治地区に組み入れられた（**図表6-2**）。だがこの決定に不満をもったユーゴスラヴィアは，ポーラでユーゴ併合を支持する宣伝と世論形成を組織した。ポーラでは次第に親イタリア派と親ユーゴ派の対立が深刻化した。

　こうした状況の下，ポーラは1946年８月18日を迎えた。次に述べる追悼の会

図表6-2　1945年から1947年の占領期

　第二次世界大戦後の占領期に引かれたモルガン・ラインは，ゾーンAを英米連合軍，ゾーンBをユーゴスラヴィア軍の統治とした。ポーラだけ例外的に飛び地のゾーンAに組み入れられた。（歴史研究所作成の地図から転載）

は，この日の事件の60周年にあたるものだった。

(2)戦争体験当事者との出会い

2006年8月17日早朝，いつもの日課で『イル・ピッコロ』を買いに行った私は第1面に目がくぎづけになった。見出しは「ヴェルガローラ海岸での虐殺，こうしてポーラは屈した」とあり，執筆者はあのプポ先生だった。「虐殺」とはどういうことだろうか。さっそく紙面をめくると，次のように書かれていた。

1946年8月18日14時のポーラ。この日は太陽がさんさんと降り注ぎ，ヴェルガローラの海岸は多くの人びとで賑わっていた。アドリア海沿岸のすべての街がそうであるように，ポーラの人びともまた，この休日を海で過ごそうと集まっていた。またこの日曜日には，ピエタス・ユーリア航海協会が大々的に宣伝を出して水泳大会を企画していた。それは単なるスポーツ・イベントではなく，親イタリア派の愛国イベントでもあった。このときポーラは連合軍の管理下に置かれていた。この行事は街の市民生活がとりわけ激動の瞬間のなかでおこなわれたものであった。

プポ先生の解説はさらに続く。1946年の当時のポーラは英米連合軍の占領下にあった。この地域の領土処理をめぐって，イタリア残留かユーゴスラヴィア編入かがパリ講和会議で議論されていた。そのためイタリア支持層とユーゴスラヴィア支持層は緊張関係にあった。ヴェルガローラ海岸の水泳大会は，イタリア残留を国際社会に訴える親イタリア派の好機となるはずだった。

14時10分，この日曜日は突如として悪夢に変わった。浜辺に一隻の大型貨物船が到着しようとしたとき，突然機関銃が発射された。（中略）浜辺にいた海水浴客60名が死亡，100名以上が負傷した。ポーラの街はすぐには立ち直れないほどの悲しみに包まれた。（中略）

この虐殺の責任は60年経ってもまだ明らかにされていない。（中略）しかし虐殺の影響はあまりにもはっきりしている。すでにフォイベ事件によって恐怖を抱き，ユーゴスラヴィア支持層によって，街に生じた断絶を熟知して

いたイタリア人たちは，ヴェルガローラの悲劇のなかに，運命の予兆だけでなく，政治的な意図をも正確に読み取っていた。生き残るためならここにとどまることはできない，もし出発しなければ，その他の可能性は存在しない，ということであった。

　事件の真相は現在も闇のなかだが，近年の研究では，親イタリア派に対するユーゴスラヴィアの諜報機関の計画的テロの可能性が高いとされる。この事件を境にポーラのイタリア系は身の危険を感じ，大部分が街を立ち退くことになった。

　紙面にはイストロ＝ヴェネト・イストリア文化会（以下，イストリア文化会）というグループがポーラへの追悼の旅を企画していると書かれてあった。この旅への参加は，「普通の人々」の戦争体験を知るチャンスだと私は思った。調べてみると，イストリア文化会は，第二次大戦後にイストリア半島から立ち退いたイタリア系を中心に1982年トリエステで結成された文化団体だった。現在100名余りの会員がおり，イストリアに残ったイタリア人との分断された関係を修復すると同時に，スロヴェニア人やクロアチア人との協力関係を築き，イタリア人というより自らを「イストリア人」と称して，多言語・多文化のヨーロッパ地域を「下から」つくりあげることを目標に据えていた。イストリアへの旅，本作り，国境を越えた地域づくりが活動の柱であり，現代表は元獣医，事務局長は元船乗りのように，メンバーはいわゆる「普通の人々」だった。私にとって，まさに「出会いたかった人々」だった。

　しかし追悼の旅に突然参加してもよいものか，この団体が政治的に「急進的な」場合はどうするのか，断られたらどうしようなどと思い悩んだ。散々逡巡した挙句，「ここで連絡をしないならトリエステにきた意味はない」と自分に言い聞かせ，代表者に電話をかけた。夕方にようやく本人に連絡がつながった。あらかじめ伝えるべきことを書いたメモを手元に置いて，拙いイタリア語で追悼の旅にぜひ参加したいことを伝える。じっと聞いていた受話器越しの高齢の男性は，私の話がまだ終わらないうちに，「いいですよ」と答えた。翌日の早朝に私は指定された集合場所に向かった。

　この体験から学んだのは，たとえ準備不足でもフィールドに飛び込むべきと

きがある，ということだった。プポ先生との初対面のときにまったくの準備不足で失敗した体験から，フィールドワークの開始には周到な準備が欠かせないと，現在でもそう考えている。ただし，ときには自らの不十分さと，それでもなお参加したい意向を率直に伝え，あとはフィールドの人の判断を待つ，という選択もあるのかもしれない。

⑶追悼の旅に参加する

　朝日がようやく夏の空に昇り始めた頃，トリエステのオーベルダン広場に大型バスが到着した。チェック柄の半袖シャツを着た60歳後半の白髪の男性が名簿表を片手にバスから出てきた。案内されるままに私を含めた5名ほどがバスに乗りこんだ。あとでその方がファビオ・スクロペッタ事務局長だとわかった。バスにはすでに10名ほどが乗っていた。高齢の夫婦が多かったが，壮年の夫婦や親子連れも座っていた。旅の参加者から見れば，追悼の旅になぜ日本人の学生がいるのか不思議がられるだろうと思っていたが，意外にも好意的な反応だった。大型バスはトリエステ港に近いカンポ・マルツィオ広場で数名を乗せた。そのなかの一人に，白い綿のジャケットとパンツ，水色のポロシャツを着た，小麦色に焼けた肌に白い髭を蓄えた70歳代の壮健な男性がいた。男性は私を見つけて，「ついにこの集まりもインターナショナルになったな。ワッハッハ」と周囲に冗談を言いながら迎えてくださった。この方がイストリア文化会の代表で，昨日に電話でお話ししたリヴィオ・ドリーゴ氏だった。私は自己紹介と参加のお礼を伝えた。

　その後，イストリア半島の入り口でイタリア最北東部の町ムッジャで数十名を乗せると，50名ほど収容できる大型バスはほぼ満員になった。トリエステからイストリア半島を100kmほど南下し，途中でスロヴェニアとクロアチアの国境検問を通過する約3時間の行程だ。この日は雲一つない真夏日であり，外の気温はぐんぐん上がっていた。

　私は同乗した人たちをある憶測をもって見ていた。参加者のほとんどは，かつてポーラに住んでいた「イタリア人」であり，60年前の忘れ去られた虐殺事件への深い恨みと，すでに失われた故郷への切ない哀愁をたずさえて，悲しい旅に向かっている，と。ドリーゴ代表もポーラ出身のイタリア系だった。

写真6-6　ポーラ・ヴェルガローラ追悼碑
　ポーラの教会堂の広場に設置された石碑。追悼会の献花が飾られている。右側では当事者に対するテレビ局のインタビュー取材がおこなわれている（2006年8月，筆者撮影）

　バスは予定通り9時頃にポーラに到着，快晴の下，私たちはドゥオーモ教会前の聖トマス広場に移動した。広場前にはすでに現地の人びとが私たちの到着を待っていた。きれいに刈られた芝生の中央には，ヴェルガローラ事件の犠牲者を弔う小さな慰霊碑があった（写真6-6）。

　まもなくして追悼式が始まった。主催団体のポーラの同郷会，イストリア文化会，クロアチアのイタリア系団体の各代表が石碑に集まった。テレビ局のカメラマン数名が撮影を始め，献花の瞬間は一斉にフラッシュがたかれた。私も首にぶら下げていたカメラで慌てて撮影を始めた。

　献花の後，最初にドリーゴ代表が周囲によく通る声で短く弔辞を述べた。

　ここヴェルガローラに来ると大きな感情が湧き上ってきます。私たちイストリア文化会，ポーラの同郷会，ポーラのイタリア系マイノリティ団体が花を手向けたこの石碑に，一言申し上げたいと思います……この町ピエタス・ユーリアの哀れみの感情は，この地名の由来のとおり，美しい響きをもっています。この深い哀れみの感情から，殉難の和解が生まれ，高められ，平和の象徴となる。私はいま避難民として，平和を伝える人として，何らかの帰属や偏見なしに，世界すべての完全なる平和を訴えます。なぜなら，私たちの痛苦であったものは，この瞬間にあるべき平和への感情を通じて，平和を再びつくりなおすという友愛のなかに，そしていくつもの新しいヨーロッパをつくっていくという試みのなかに包まれているからです……

　次にポーラの同郷会代表が涙をこらえ声を振り絞るようにして悼辞を述べた。

……60年前，ヴェルガローラで悲劇が起こりました。ここにご出席者のみなさまはどのような悲劇が起こったのか，ご存知だと確信しています。私はこの追悼式に協会の代表として参加し，毎年，物事が成し遂げられていくのを見ています。昨日は自治体の職員の方々がこの一画を整頓して下さっているのを見てうれしく思いました。

　ここ数カ月，過去の和解について実にたくさんのことが語られております。トリエステはこの話題に敏感です。制度上の和解，これはシンボリックなおこないであり，より一層政治的で経済的な話であります。しかし私たちの集いは，こころの和解であること，イストリアに残った人びとと再会しようという私たちの意志によって行われるものであることを，心から確信しております。この慰霊碑が和解の一例です。ここを去った者たち，ここに留まった者たちは，この石碑を望みました。それによって私たちは力を合わせた和解を始めたのです……

　追悼の言葉が述べられている数分間，あたりは不思議な静寂に包まれた。ドリーゴ氏たちのすぐ近くにいた老婦人は，こぼれ落ちる涙をぬぐわずに追悼の言葉に耳を傾けていた。このとき事件に対する非難や責任者への恨みの言葉は一言も発せられなかった。事件を政治的に利用しようとする発言もなかった。団体旗の掲揚や国歌斉唱の儀礼もなかった。あったのは当日配られた小さなバッジと質素な慰霊碑だけだった。

　追悼会の後には，海岸への献花，ミサ，講演会と昼食会が催された。その後はポーラ市内ツアーとして古代ローマの史跡を学芸員の解説で辿った。歩きながら旅の参加者に話しかけると，参加の経緯，動機，世代は実に様々だった。ドリーゴ代表をはじめポーラやイストリアの他の場所を立ち去った体験をもつひとがいれば，この地に残った人びとも参加していた。イストリア以外の土地の出身者も少なからずいた。私のように今回が初参加のひともいた。

　この地域のことを学びに来たと私が言うと，驚いたことにたいていの人が「実はイタリア人の私たちもよく知らない」「長い間，公の場で話すことなどできなかった」「学校では一切習わなかった」と答えた。イストリアのことを知らないという欠落感と，「大文字の歴史」ではなくこの地域で何が起こったのか

写真6-7　イストリア文化会との食事
　イストリア文化会がイストリア半島の旧炭鉱の町アルボーナでおこなったイベント後の食事の風景。フィールドの人々と食卓を囲む時間は，調査のうえでも，信頼関係を構築するうえでも，また単純に楽しみとしても貴重な機会である。（2009年2月，筆者のカメラで店主が撮影）

を知ろうという熱意が，様々な背景でここに集った人びとを結びつけているようだった。

　世代や出自の違う参加者たちが一挙に打ち解けるのが食事の時間であった。午後過ぎにポーラを出た私たちは，夕方に内陸の小さな街ヴァッレで夕食を取った。追悼会の静寂と対照的に，大勢が一堂に食卓を囲む時間はたいへん賑やかだった。チーズにはちみつをかけた前菜，地域や家庭ごとに特色があるヨータというシチュー，冬は薪をくべて暖をとったことなど，イストリアの食事や日常生活が話題に上った。方言や歌が飛び交い，不思議な解放感があった。私の隣にいた人たちは方言の会話を「翻訳」して解説してくれた（写真6-7）。トリエステに戻ったときには深夜を過ぎていた（なおポーラの追悼会は，2021年現在もおこなわれており，イストリア文化会も毎年参加している）。

　追悼の旅への参加をきっかけに，イストリア文化会の活動に参加させてもらうようになった。ただしすぐに受け入れられたわけではなかった。ポーラの追悼会の後，地元紙でイストリア文化会に関する記事を見つけると，欠かさず参加した。公開会合や発表会を参与観察しながら，イベント前後の合間にあいさつにいき，チャンスがあれば話しかけて，知り合いを増やしていった。「またあの日本人がいるぞ」「こんな辺鄙なところにも来たのか」と，徐々に顔を覚えてもらった。そのうちに「この後に食事をするけど，いっしょに来るかい？」「これは新聞記事に載せていないイベントだけど，いっしょに来るかい？」と誘ってもらえるようになった。そのようにして2年半ほどの間に，西はイタリアのヴェネツィアから東はクロアチアのケルソ島まで，イストリア文化会のメンバーの後をついていきながら，20世紀の国境分断で破断された人間関係と地域を草の根で作り直そうとする活動を参与観察する機会を得た（章扉の地図に

記された地名は，イストリア文化会
の活動した主な場所を示している）
（写真6−8）。

写真6−8　ケルソ島への旅
　イストリア文化会の企画したケルソ島（現クロア
チア）への旅。ドリーゴ代表が雨も気にせずイスト
リアの石垣についてうんちくを傾けると，「またド
リーゴの"大演説"が始まったよ」と参加者たちは
笑っている（2009年5月，筆者撮影）

⑤ どのように信頼関係を築いた らよいのか

⑴信頼関係と契約

　フィールドワーク成功のカギは，
地域をよく知る人物（インフォー
マント）と知り合い，信頼関係（ラ
ポール）を築けるかどうかにか
かっている。その通りなのだが，
実際には，調査される当事者はこ
ちらのことを試したり，値踏みしたりして，信頼に足るかどうかを吟味してい
る。イストリア文化会との関わりのなかで，信頼関係とは別の関係もあるので
はないかと，思うようになった。

　「リフレクシヴな調査研究」を提示したメルッチは，「信頼関係」というより
「契約」という表現を用いた。むろん契約書を交わすわけではなく，調査者と
当事者が「お互いの距離を確認し適切な間隔を設定」するという意味である。
それによって，フィールドで人間関係がつくられる（ときには壊れる）偶然性と
必然性に富んだ"遊び"のあるプロセスに着目した。ここには少なくとも3つ
の課題があるという。第一に，調査者の使命は「新たな認識を生産すること」
であり，その実現のために尽力できるかどうか。第二に，当事者の役割として，
調査者にはない有意な情報をもたらすかどうか。第三に，調査を通じて獲得し
た新たな認識をいかに当事者にフィードバックするか。それに当事者はどう応
じるか。そのなかで双方の直接的なコミュニケーションが生み出されるかどう
か，である（メルッチ 2014：99）。

　調査者の使命，当事者の役割，フィードバックという課題は，調査前，調査
中，調査後の時期に分けられるものではなく，フィールドワークの最中に直面
する課題であり，何らかの応答を迫られるものだった。逆にいえば，調査が終

わる前であっても，フィードバックは可能ということになる。「新たな認識を
生産すること」が漠然としていた私のような場合，折にふれて旅の感想や考え
ていることや疑問に思ったことを伝えた。こうした小さなフィードバックは，
私が何をどこまで理解しており，どこまで情報を提供すべきか，どこまで信頼
するかを，フィールドの当事者が判断する材料になっていた。

　「お互いの距離を確認し適切な間隔を設定する」好機が，調査の途中経過を
フィールドの人びとの前で発表することだった。「"よそ者"からみたトリエス
テとイストリアという企画をやるのだけど話してみる？」と声をかけてもらう
機会が2度あった。1度目はポーラの追悼会から数カ月後のことで，フィール
ドワークが軌道に乗り始めた頃だった。2度目は，2年半の調査を終えて日本
に帰国する前々日だった。2度目の発表は，口頭で調査の知見を伝える最後の
機会であり，メルッチのいう3つの課題に答える場となった。当日の様子を取
材してくれた新聞記者が以下のような記事を地元紙『イル・ピッコロ』に寄せ
てくれた。

(2)国境とは何かを理解するためにイストリアへやってきた日本人[2]

　2006年に横浜からこの国境の土地の特異性を勉強するために一人の日本人が
トリエステにやってきたとき，地域の人びとはすぐ手きびしい言葉を返した。
「もしこの地域の現実を理解したいなら，歴史を勉強するだけではだめだ。君
はまた蜂蜜の作り方も知らなければいけない」。どういう意味だろうか？　つ
まりこの地域を深く知るためには，私たちのなかに入りこまなければならない
ということだ。日本人学生はひるむどころか，この挑戦に応じたのだった。

　国境を越えるフィールドワークや埃まみれの図書館のなかで2年半以上を過
ごした後，調査研究を締め括り，博士論文を書くべく日本へ帰った。イストリ
ア文化会の案内を通じて，イストリア半島のトライアングルを縦横無尽に辿り，
フリウーリ地方のワインや郷土料理を味わい，ズラータペル，トミッツァ，アー
ピを読み，トリエステについての考えを何度も変えた。彼の研究はイタリア語
で出版される予定だ。

　「日本から到着したとき，私はトリエステが将来を見据えた町だと考えてい
ました」。イストリア文化会が企画した満員の講演会のなかで，彼は自らの経

験の総決算を語った。「しかし実際ここに来てみて，トリエステではまだ過去が過ぎ去っていないことを理解しました。最初に私が訪れるよう勧められた場所は，ナチスドイツ収容所，バゾヴィッツァのフォイバ虐殺現場，パドゥリチャーノ避難民収容所でした。また私はトリエステが開かれた町だと信じていました。スロヴェニアのEU加盟後，国境はなくなったのですから。しかし実際は“迷宮”でした。つまり，フロンティアは開いたけれども，脱出口がない。というのも，過去をめぐる対立がいまなお存在するからです。また私は国境とはラインであると考えていましたが，実際には広がりのあるゾーンだということを発見しました」。

　日本人にとって理解しがたいのは，国境とは「人為的なもの」であり，それは画定され，変更され，撤去されるものだということである。彼はこう説明する。「日本は海洋の上に引かれた自然の国境線をもつのみです。日本人は他と比較して同質的な国民であるとされます。私の祖先もすべて日本を出自としています。ところがトリエステでは，民族と言語が混じり合った家族が実に多い。この多様性という特徴こそ，活かされる必要があるものと考えます」。

　スロヴェニア文化団体やイストリア文化会のメンバーとよいかたちで知り合い，いまでは正会員になった。彼は言う。「国境を表象するやり方には3つあります。矛盾したナショナル・ブロックに分裂したものとして表象するか，もしくは，国際政治の制度レベルで協力関係を構築していくものとしてイメージするかです。しかしこれはまだ不安定な関係です。イストリアの「普通の人々」から私が学んだ第三の道は，イストリアの作家トミッツァが『マイノリティの国境をこえた鎖』と呼んだように，〈私たちとあなたたちは不可分である，私たちはイタリア人であるが，それと同時にスロヴェニア人でありクロアチア人である〉という考え方を出発点にしています。この循環する関係は，地域の知識人たちによって宿望され，ごく普通の人びとによって生命を吹き込まれた考え方です。そう，まさにイストリア文化会が実践しているように」。

6 おわりに──フィールドワークはいつ終わるか

　「ただ一つのケース・スタディだけで，普遍的な結論を導くことができるのだろうか。私はこのことが可能だということを示そうとした」（奥田 2002：188）。

1930年代シカゴの都市コミュニティのフィールドワークを余すところなく作品にしたW・F・ホワイトはこう述べている。たった一つの現場調査からどこまで普遍的な結論に到達できるのか。その答えになるのが，報告書（モノグラフやエスノグラフィー）だと言える。

　私は帰国後にいくつかの論文で調査結果を発表した（鈴木 2009, 2014）。だがその後の生活設計や私自身の怠惰のせいで，トリエステの調査をいまだひとつの作品にまとめきれていない。イストリアの戦争体験当事者から私が学んだのは，20世紀の暴力で（物理的であれ精神的であれ）ホームを失った者の底知れぬ哀しみと，それを21世紀の世代にもちこさないという意志だった。フィールドワークは「普遍的な結論」につながる「新たな認識の生産」をもって契約満了であることを，自戒を込めて強調しておきたい。

（鈴木鉄忠）

注

(1)　本節の内容は（鈴木 2009）の一部を大幅に加筆・修正した。

(2)　『イル・ピッコロ』2010年10月1日に掲載されたジュリア・バッソの記事を筆者が翻訳した。内容がわかりやすいように部分的に加筆・修正を施した。

参考文献

奥田道大，2002『ホワイト『ストリートコーナーソサエティ』を読む』ハーベスト社。

鈴木鉄忠，2009「国境を踏み固める小道──『短い20世紀』以後のイタリア東部国境地域変容に伴うローカルの「再審」試論」『中央大学社会科学研究所年報』(14)，pp. 155-172。

鈴木鉄忠，2014「国境の越え方──イタリア・スロヴェニア・クロアチア間国境地域『北アドリア海』を事例に」新原道信編著『"境界領域"のフィールドワーク──惑星社会の諸問題に応答するために』中央大学出版部。

中里佳苗，2016「生きた『吹き溜まり』──『湘南団地日本語教室』の創造まで」新原道信編著『うごきの場に居合わせる──公営団地におけるリフレクシヴな調査研究』中央大学出版部。

ブローデル，フェルナン，村上光彦訳，1985『日常生活の構造2　物質文明・経済・資本主義Ⅰ-2』みすず書房。

メルッチ，アルベルト，新原道信訳，2014「リフレクシヴな調査研究にむけて」新原道信編著『"境界領域"のフィールドワーク──"惑星社会の諸問題"に応答するために』中央大学出版部。

Bauman, Zygmunt., Tim May, 2001, *Thinking Sociologically*, John Wiley & Sons Ltd.
（＝2016, 奥井智之訳『社会学の考え方　第2版』ちくま学芸文庫）.

Goffman, Erving, 1989, "On Fieldwork", *Journal of Contemporary Ethnography*, Vol.
18 (2), pp. 123-132（＝2000, 串田秀也訳「フィールドワークについて」好井裕明・
桜井厚編『フィールドワークの経験』せりか書房）.

Malinowski, Bronislaw, 1920, *Argonauts of the Western Pacific*, Routledge & Kegan
Paul（＝2010, 増田義郎訳『西太平洋の遠洋航海者——メラネシアのニュー・ギニ
ア諸島における住民たちの事業と冒険の報告』講談社学術文庫）.

読者への問い

Q. 現在，小中高校の「総合的学習」や「探究授業」でフィールドワークをおこなう
学校が増えている。果たして「現場に行った」＝「フィールドワークをした」と言
えるだろうか。

Q. 調査の前にどれだけ準備をおこなうべきだろうか。「とにかく現場に行って体験
する」という意見も一理あるが，「大学院生までは現場に行かせず，文献読解を徹
底的にやる」という立場も理解できるが，どう考えるか。

推薦図書

エマーソン, R, フレッツ, R, ショウ, L,（佐藤郁哉・好井裕明・山田富秋訳），1998
『方法としてのフィールドノート——現地取材から物語作成まで』新曜社。
現場で書き留めたメモとフィールドノーツを同じものと誤解してはならない。
フィールドの見聞や人びとを生き生きと再現するには，様々な技術と忍耐の要する
記述が必要であることを丁寧に教えてくれる良書。

山中速人編著，2002『マルチメディアでフィールドワーク——七人のフィールドワー
カー』有斐閣。
映像と写真を通してフィールドワークの流れと魅力を伝えており，初学者にも非常
にわかりやすい。経年による CD-ROM の画質劣化が難点だが，現在でも色褪せな
い内容である。

宮本常一・安渓遊地，2008『調査されるという迷惑——フィールドに出る前に読んで
おく本』みずのわ出版。
調査者がフィールドを観察するのと同じように，調査される側もこちらを観察して
いる。「迷惑」がありうることを考えて，それでも調査が必要なのか。フィールド
ワークの前にも後にも突きつけられる問いである。

ホックシールド, A・R,（布施由紀子訳），2018『壁の向こうの住人たち——アメリ
カの右派を覆う怒りと嘆き』岩波書店。
トランプ元米国大統領の支持者への丹念なインタビューを通じて，著者自らの政治
信念とは対極にある「他者」の「ディープ・ストーリー」を探った。人びとの「不
可量部分」（マリノフスキ）に迫るフィールドワークとしても読むことができる傑

作。

ラトゥール，ブリュノ，（伊藤嘉高訳），2019『社会的なものを組み直す——アクター
　　ネットワーク理論入門』法政大学出版局。
　　様々な学問分野で反響を巻き起こしている注目の理論。アクターネットワーク理論
　　（Actor-Network-Theory）は略して ANT と呼ばれるが。まさに「アリの目」でフィー
　　ルドの言動を精密に把握するための強力な武器を提供してくれる。

第7章

ニューヨーク・ハーレムのストリートから
──ふれる・まじわる・かんずる，そしてかんがえる

コロンビア大学とハーレムの境界線上に位置するモーニング・サイド・パークの上に立つと，ハーレムを見渡せる。夏は30℃を越え，冬は氷点下になる。季節とともに景観が変わる。（筆者撮影）

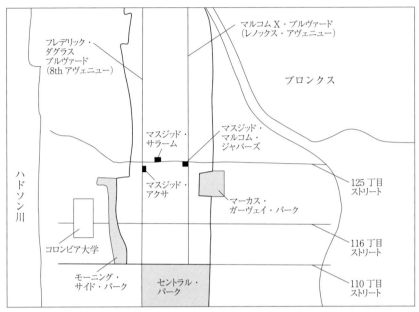

注：マスジッド・サラームおよびマスジッド・アクサは，その後移転し，現在は合併して115丁目イーストにある。

サマリー

フィールドワークの基本となる「あるく，みる，きく」は，私たちの多くが物心つくまえからすでにやってしまっている営みだ。研究者やジャーナリストたちだけのものではない。だから，というわけでもないだろうが，2021年現在，フィールドワークという言葉は，あらゆる媒体で目にする。だが，その意味するところは，人によってかなりのばらつきがあり，それには少なくとも，①個人の気質や体質，性格，生活状態とそこで生まれた問い，②受けた学問トレーニングとそのもとで立てた問い，③フィールドでの出会いとそこで生まれた問い，が深く関係しているように思う。以下，私自身のフィールドワークの一端を振り返り，表面上は単純明快に見える「あるく，みる，きく」という営みの内実を描いてみたい（中村 2015, 2017a, 2018, 2021）。そうすることで，フィールドワークとはどのような営みなのかを明らかにしたい。

キーワード　会話　参与観察　学びほぐす　暴力／反暴力（脱暴力）　アフリカン・アメリカン（黒人）　ムスリム（イスラーム教徒）　ニューヨーク市ハーレム

1 シカゴ市サウスサイド, モスク・マリヤムへ

1999年, 夏。大学院に入ったばかりだった私は, 右も左もよくわからないままにフィールドワークに出かけた。単独でおこなうフィールドワークは, このときが初めてだった。場所は, シカゴ市サウスサイドにあるモスク・マリヤム。シカゴ市内でも最も治安の悪いとされてきたサウスサイドにあるこのモスクは, アフリカ系アメリカ人ムスリムの代表的な組織の一つ, ネイション・オブ・イスラーム（以下, ネイション）の本部がある場所だ。

1930年にデトロイトで誕生し, イライジャ・ムハンマドやマルコムXなどの活躍もあって, 1950, 60年代を通じて存在感を増したネイションは, その後, マルコムの離脱, 暗殺, イライジャの死を経て, まったく異なる組織へと転換する (Lincoln 1994)。しかし, ルイス・ファラカーンを新たなリーダーとして再結成され, 80, 90年代に大きく躍進。都市部の黒人貧困層を中心に支持をひろげていた (Gardel 1996)。当時の私の関心は, なぜ90年代のアメリカで, アフリカ系アメリカ人たちがイスラームに強い関心を示すのかというものだった。なかでも, 「白人アメリカ」からの分離独立をかかげ, 「過激な発言」でセンセーショナルに取り上げられがちなネイションの活動が注目を集め, その組織のリーダー, ルイス・ファラカーンに敬意が払われるのはなぜだろうか。

ネイション本部に電話を何度かかけて面会予約を取ろうとしたが, 電話がつながらなかった。そこで, そのまま車でモスクに出かけていくことになった。敷地内に入った瞬間, 建物から一群の人びとがやってきて私を囲んだ。いったいなにをしに来たのかと。私は, 緊張しながらも, 日本からやってきてアフリカ系アメリカ人のあいだに展開するイスラーム運動のことを学びたいと思っているのだと丁寧に説明した。彼らは, 態度をやわらげ, 私を受け容れ, 私は3週間ほどのあいだ, 彼らのおこなうレクチャーや礼拝, 勉強会に参加させてもらうことができた。

いま振り返るとかなり貴重な機会だったが, 私の準備がまったく整のっていなかった。それに加えて, 私は極度の人見知りで, 誰かに話しかけたり, すぐに打ち解けたりというのが苦手だった。それでもかろうじて話しかけられた人たちに, 「なぜイスラームに改宗したのか」と聞いてまわった。いかにも「調査している」という聞き方だったと思う。ひとりは苦笑まじりに「研究しにき

たんだね」というようなことを呟いた（それでも答えてくれたが）。だが，私の問いかけに対して返ってくる答えは，そっけないものが多かった。

　「イスラームを愛しているからだよ」「イスラームを知る前は，警察に追われる日々でしたが，イスラームを知って変わったのです」「イスラームは平和をもたらしてくれます」。

　それを受けて，さらに深部へと入っていけるほどの能力は，私にはなかった。あらゆる点で準備不足だった。「なぜ」と根本的に問うこと自体は悪くないが，それを相手にぶつけたとしても，有意義な応答が戻ってくるとはかぎらない。そればかりか，場合によっては怒りやひんしゅくをかうことすらある——すこし考えれば，あたりまえのことなのに，シカゴへ調査に行ったその当時は，3週間で何か実のある答えを知りたがっていた。目的も問いもはっきりとしないままに。

　シカゴでのモスク訪問はフィールドワークとしては大きな失敗に終わったが，現場の経験から教えられることも多かった。第一に，閉鎖的な組織集団だと思われていたネイションの活動に，メンバーではない非ムスリムが参加したり，かかわったり，支持を表明したりしていることがわかった。また，黒人コミュニティだからかもしれないが，教会とモスクとのあいだに相互交流があることも印象深く，これまで自明視していた「メンバー／非メンバー」あるいは「ムスリム／非ムスリム」とのあいだの区別に疑問を抱くようになった（中村 2015：420-422）。

　第二に，長年メンバーである人たちも，必ずしも単一の目的や動機から一様に運動に参加しているわけではないことに気がついた。強く，妥協がなく，しばしば敵対的な政治的要求をもつネイションのメンバーは，明確な動機や理由をもってメンバーでありつづけている印象が私にはあった。しかし，必ずしもそうではなく，各々が明確に表明しにくい動機や理由を抱えているように見えた。

　こうした観察から私は，アフリカン・アメリカンたちのあいだに見られるイスラーム運動とそれが展開される地元コミュニティとの関係を見たいと思うようになった。そして，ネイションなどの際立った組織の理念やリーダーたちの声明という比較的眼につきやすい部分だけでなく，「ごく普通のムスリムたち」の語りに耳を傾けたいと思った。彼らの表情や仕草，所作にふれることを通じ

て，「感情」や「情緒」や「想い」
と人が呼ぶものに少しでも近づき
たいと思ったのだ。

② ニューヨーク市ハーレムへ

2002年秋，私はニューヨーク市
ハーレムに着いた（**写真7-1・2**）。
この時期のニューヨークは，
「9.11同時多発テロ」の一年後と
いうこともあって，街全体がピリ
ピリしていた（中村 2017b）。国家
保安に関する警戒レベルが頻繁に
オレンジとイエローとを行き来し，
イラク戦争に向けた準備が進み，
街角には兵士と警察の姿が多く目
についた。モスクでは FBI による
監視や潜入捜査が噂され，実際に
その後逮捕劇もあった。

なんとか住む場所を見つけ，生
活ができるようになると，例年よ
りきびしい冬がやってきた。数カ

写真7-1　ハーレム116丁目ストリート。このスト
リートで多くの時間を過ごした。

写真7-2　奥に，主にアフリカ人移民の通うモス
ク，マスジッド・アクサが見え，左手の
上階は板張りの廃墟になっている。

月のあいだ，何も進まず，誰とも会えない日々が続いた。ようやく暖かい陽が
通りに降り注ぐようになった頃，ひとりの人物とモスクで偶然出会うことに
なった。それがハミッド（仮名）である。

ハミッドは，当時40代半ばの男性で，ハーレムに生まれ育ったアフリカ系ア
メリカ人ムスリムだった。両親がネイション・オブ・イスラームのメンバーで，
自身も10代まではネイションに所属していたが，その後，ウォレス・ディーン・
ムハンマドの改革（ネイションを名称変更し，それまでの独自ルールを改変し，いわ
ゆるスンニ派ムスリムの教義にした）に従った。

ハミッドを通じて私は多くの人を紹介され，同時にコミュニティのメンバー

写真7-3 ハーレム116丁目ストリートにあるマスジッド・マルコム・シャバーズの外観（2015年頃）。著者撮影。

に知られることになった。ムスリム・コミュニティ（とりわけ，マスジッド・マルコム・シャバーズ（写真7-3）やモスク・オブ・イスラミック・ブラザーフード，ハーレム病院に集まるムスリムたち）のあいだでフィールドワークすることができたのは，ハミッドの仲介があったからである。以下，ハミッドとの最初の出会いを記したフィールドノートを見てみよう。

ノートの引用は，誤字脱字を修正し，名前を仮名に置き換え，英語表記を日本語になおした。また，重複や表記上のあきらかな間違いも，適宜修正をほどこした。ただし，フィールドの臨場感を残すために，修正は最小限にとどめ，できるかぎり原文のママとした。

2003年4月25日（金）　1時頃にモスクに到着。入り口で事情を説明し，中に入れてもらう。特に何も聞かれずに，すぐに入れてもらえた。建物の3階に上がり，靴を脱いでモスクのなかに入る。すでに相当の数のムスリムが集まって列を組んでいる。80人くらいだろうか。入り口を入って左斜め奥（部屋の北東）に特別なお供えのようなスペースがあり，入って来た人は皆，そちらを向いて個々人でお祈りをする。集団での礼拝はまだ始まっておらず，ただ皆が列をなして，同じ方角を向き，絨毯が敷かれた床に座っている。とまどいながら入っていくと，先日会ったジェイムズが声をかけてきてくれ，訪問者用の席に案内してくれる。部屋の南東の角に椅子が出されており，そこが訪問者用の席になっているらしかった。すでに8人ほどの人が座っており，そこに座らせてもらう。すぐに隣の人が声をかけてくる。「ア・サラーム・アライクム」「ワ・アライクム・サラーム」。日本から来たことを伝える。うしろの席に座っている人が，僕の肩を叩いて「ニーハオ」と言う。「じつは日本人です」と言うと，「コニチハ」と返してくる。部屋の北西の角には，

おそらく女性用の席と思われるものが用意され，そこには10～15人ほどの女性が座っている。

　しばらくすると，アザーンと礼拝が始まる。アザーンは歌のようで，皆がそれに聴き入る。それが終ると，イマームによるお説教が続く。最初は小さな声でのお説教だったが，徐々に声が大きくなり，興奮した様子になっていく。真中で列をなして，聞いている人々は全員が男性だ。中年から老年が多い。若者ももちろんいる。仕事を抜け出して，スーツ姿の人もいれば，まったくの普段着で来ている人も大勢いる。徐々に人数が増えていき，最後の方には200人近くの人がいたように思う。

　お説教が終わり最後の礼拝の時間が来る。訪問者席に座っている人も参加したければ参加することになり，何人かが立ち上がって列に加わる。僕は事態が呑み込めず座っていたが，それまで訪問者席に座っていた体格のいい男性が「早く来いよ，みんな。列に加わるんだ」と言うので，立ち上がった。それでも座っている人たちを見ると，その男性は怒り始める。礼拝が始まり，僕はとにかく皆の動きに従い，真似をする。祈りの静かな時間が終わると，その男性は再び大声で文句を言い続け，周りの人に止められていた。

　続々と人が帰っていく。これからまた仕事場に戻る人もいることだろう。終ってもすぐには帰らずしばらく椅子に座って様子を見る。結構な数の人が帰らずに残って，話をしている。ちょうど斜め前に座っていたおじいさんに話しかけ，しばらく話をする。となりに座っていたおじいさんは，どもり症らしく，あまり言葉をはっきり話せない。前に座っていた男性と一生懸命話している。皆でしばらく話した後，斜め前のおじいさんが「下にランチが用意されているから」と言って，一緒に下に連れて行ってくれた。

　1階にある部屋に入ると，バフェ形式でランチが用意されている。何種類かの食事が並んでいるが，食べると話を聞けなさそうなので，我慢してジュースだけにする。おじいさんは食べながらも，通りがかる人に挨拶をする。彼は詩をつくっているとのことだった。詩を朗読し，バックに音楽を入れたという自分のテープを聞かせてくれた。しばらく彼の隣に座って話をする。その間，僕も何人かと挨拶をする。一番長く話し続けたのが，ハミッドだった。

　ハーレムで生まれ育ったというハミッドは，両親がムスリム〔ネイション

のメンバー〕だったので生まれた時からムスリムだった。マルコムＸが殺されたあと，このモスクにも爆弾を仕掛けられる事件があって，両親とともにブルックリン（?）に引っ越した。話しながら，右手首に紙が巻いてあるので，なんだろう，糖尿病なのかな，と思っていると，少し前に心臓発作を起こしたばかりで，いまは大量の薬を投与されているのだと語った。動きにくそうで，動作がとてもゆっくりだ。

「宗教と文化とを間違えてはいけない。アフリカや中東の服装をしている人もいるが，ニューヨークにいる限り私は着ない。砂漠にいればああいう服も着るだろうが，ここで着ることには意味がない。着たからといって，信仰が厚くなるわけではない。髭が長いからといって，より良いムスリムということではない。髭が長い人が殺人犯だったりする。そういう一切は文化の違いだ。／私はアメリカが好きだ。特に外国に旅行もしない。言論の自由と信仰の自由がここにはある。問題がないと言っているのではない。問題はあるが，自由がある。／MSA〔Muslim Student Association〕に連絡を取ると良いかもしれない。コロンビア大学やニューヨーク市立大学にはあるだろう。でも，変なグループに接触しないように気をつけてください（笑）」。

ランチをとる部屋から人が全くいなくなるまで，長い時間話をしてくれた。そのまま一緒に外に出て，向かいにあるクリニックに面会予約を取りに行くのに付き合う。クリニックの入り口で出くわした男性（ハニフ）も一緒にきた。受付のカウンターの前で話しているときに，〔このクリニックではなく〕ハーレム病院がいかに優れているかをハミッドが語った。「みんな人がいいんだ。繋がりを感じることができる。発作で倒れたときにも，どこの病院にいくか聞かれたが，ハーレム病院にしてくれと頼んだ」

病院を出てしばらく116丁目を歩き，ハミッドのオフィスに三人で行く。オフィスは，床屋の中にある。一体何の仕事をしているのだろうと思ったが，床屋（ネイルサロン付き）の経営らしかった。僕がいるところで，ハミッドとハニフはビジネスの話を始めた。ハミッドは僕に聞かせたいテープがあるというので，日曜日にもう一度会う約束をして今日は別れる。（後略）

本格的にフィールドワークが始動した頃のフィールドノートで，現時点から

振り返ると粗さが目立つ。しかし，日誌を書くことで，そのときに感じ取っていたことを半ば強制的に言語化することは，のちに振り返ることができる重要な参照軸を提供したように思う。また，そうした観察や解釈のなかには，あとから智恵をつけてしまうと，わからなくなったり，見えなくなったりすることも多い。

　この頃私がとっていたフィールドワークの方法は，ポケットに常に小さなメモ帳とペンを入れておき，可能なときにメモをとるというものだった。コミュニティの歴史からいっても，また9.11直後の雰囲気からしても，すべての会話を録音することははばかられた。また，写真をバンバン撮るようなことも，同じ理由からできなかった。ほとんどの時間がメモを取れないまま会話に費やされるなか，焦燥とともにひたすら耳を傾けることぐらいしかできなかった。そして家に戻り，フィールドノーツを打ち込むのだった。その点では，小さなメモ帳と記憶とに支えられながら，「文化を書く」という営みが可能になったと言える。

　フィールドワークが進むなか，大きなフラストレーションとなったのは，眼の前の会話を録音して記録に残せないことだった。彼らが自らの豊かな経験をなまなましく語っているのに，それらすべてを受けとめることができない。あとから主観的に叫んでみても説得力に欠けるが，それは本当に，魅力あふれる音楽が次から次へと生み出されていく瞬間に立ち会うような経験だった。誰かがそれを記録しなくてはいけなかった。しかし，それらのモノローグなりダイアローグなりの最中に，バックパックから録音機をとり出して録音を始めるということも，当時の私にはできなかった。ひどく残念である。

③ モスクからストリートへ

　フィールドワーク中にビル（仮名）を紹介してくれたのも，ハミッドだった。ビルもまた，アフリカ系アメリカ人の男性で，ハミッドとほぼ同世代だった。ムスリムだが，もともとはカトリック教徒として育っている。ハミッドと同様，ビルも「ストリート出身（from the street）」で，ハミッドより多くの時間をストリートで過ごしていた。ハーレムでのフィールドワーク中たびたび耳にした「ストリート出身」という言葉には，特別な響きがある。多くの場合は，話し

手が自ら「ストリート出身だ」というとき，そこにはタフさや賢さなどの要素
とあいまって，自分のルーツやバックグラウンドへの誇りのようなものが感じ
られる。

　ストリートでのフィールドワークに基づくエスノグラフィには，すぐれた先
行例がある（Anderson 1990, 1999 ; Bourgois, 2002 ［1995］; Stoller 2002 ; Whyte 1993
［1943］; Williams and Kornblum 1994）。そのようなエスノグラフィの下敷きとな
る記録とはどのようなものだろうか。再び，ある一日のフィールドノートを提
示してみたい。ここでも，著名人以外，名前はすべて仮名とした。

2004年 4 月18日（日）　昨日，ビルにバスケットボールの試合を見に来いと誘
われたので， 9 時半頃家を出て会場（学校）に向かう。138丁目ストリート
とマディソン・アヴェニューの角にあるという。（中略） 3 ，40分ほど歩き，
教えられた住所に到着するが，学校らしき建物が見当たらない。（中略）11
時頃になってようやく学校に到着する。入り口を探して中に入ると，中に受
付のおじさんがいて，そこでサインをすると， 2 階にあがるように言われる。
あがると，体育館のようなバスケットボール・コートがあり，試合が行われ
ている。お客さんもかなりの数（ 2 ，30人ほど）がいる。ビルの姿が見当た
らないので，しばらく角にたって試合を見る。年齢層が比較的高いチームが，
それでも中年以上とは思えないような機敏な動きを見せている。試合の模様
は，DJ のような人がずっとヒップ・ホップ的な解説をつけている。とにか
く喋りっぱなし。東洋人は僕だけで，ほぼ全員がアフリカン・アメリカン。
数人ラティーノと思われる人が混じっている。試合の途中で，競合するチー
ムの数人が喧嘩をはじめた。 2 ， 3 人が熱くなって取っ組み合いになりそう
になるのを，周りの者が止めている（この模様も DJ の人がマイクで解説。解説
しつつも，Ladies や Children がいるのだから，喧嘩なんてよしなさい，となだめて
いる。そしてチームのメンバーに代わって，全員に謝りますと言う）。僕の周りで
見ていた人も，「なんで喧嘩してんだ？」「あいつ，ちゃんと敵対せず撤退し
て喧嘩を避けたぞ。そういうのいいな」などと意見を言いあっている。

　ハーフ・タイムが終わって後半に入ると，ビルがやってきて僕をチームの
席に案内してくれる。しかし，チームの皆は，試合に負けているせいもあっ

てか，僕を見ても，挨拶もせず，無視。ビルに座れと言われ，チームのメンバー席に座って試合を見る。ビルは一人冷静にゲームを見ている。興奮することもない。(中略) ゲームが終わりに近づき，負けがわかってくると，二つ隣の席に座っていた体の大きなチーム・メンバーが，となりにある椅子を壁に叩きつけて怒っている。その倒れた椅子を，僕の隣で同じく興奮していた男性がそっと片付ける。怒りすぎだ，どうしちゃったんだという表情を浮かべながら。試合が終わると，すぐに別のチームがやってきて次の試合の準備が始まる。ビルは結局試合に出なかった。ビルとともに客席に向かい，そこでハロルド（ムスリム・男性・クーフィをかぶっている）に会う。ビルは着替えてから席に戻ってくる（ビルもクーフィをかぶっている）。ハロルドはビルに，コーチを変えたほうがいい，と不機嫌そうに言う。

　ビルが次の試合が始まるまえに，このリーグの代表を務めるザック・ハッサー氏（Zach Husser）を紹介してくれた。しばらく立ち話をする。ザック・ハッサー氏が語る。「リーグは Pelham Fritz Basketball League という名前。ペルハム・フリッツというハーレムの象徴的存在でもある人物から取られた。毎週こうして試合をしているが，メインの活動は，コミュニティ・サーヴィス。多くの人が見に来てくれる。チームでプレイしている人は，元プロの選手だった人も大勢いる。高校生のための奨学金を集めていて，そのためのスポンサーを探している（後略）」。

　ザックは，伝説の人物であるというジョン・アイゼックス氏（John Issacs）を紹介してくれる。ジョン・アイゼックス氏が語る。「若い世代と我々の違いはね，俺らは自分の親に歯向かうなんてことがなかったことだね。態度が違ってるよ。かつて俺は，PS24（現・ハーレム・ルネッサンス高校）に通ってて，〔ハーレム内の〕5th アヴェニューに住んでた。いまはブロンクスに住んでるけど，ハーレムはこうしてたびたび訪れるんだ。パナマで生まれて，5歳の時にハーレムに来たんだ。ボーイズ・クラブで43年間ボランティアをしてるよ」(中略)。

　ビルとハロルドとともに試合会場の高校を後にして，《Strictly Roots》〔健康食レストラン〕に向かう。ビルがプレーできなかったのはコーチの責任である，メンバーの何人かは問題がある，ゲームとして楽しめない人たちがい

る，お客さんがきていることで成り立っているのを理解していない，等々，試合を振り返り，いろいろな問題が話し合われる。

　《Strictly Roots》のカウンターで働いている小柄なアフリカン・アメリカンの若者はエディという名前。学校に通いながら毎日遅くまでここで働いているとのこと。(中略) 食事はビルがおごってくれる (実際はハロルドが払った？)。ベジタリアン・フードの店だが，かなりおいしい。豆腐でできているチキンは，本物のチキンかと思って食べた。店には白人客が何人か来ていた。食べている途中で入ってきたカップルが自転車を外に止めたまま中に入ってきたので，ビルが自転車は中に持ってきても大丈夫だと教える。外に置いておくと盗まれる可能性が高いのだという。(後略)

ビル：(中略) ハーレムの多くの奴らが　ひとりも白人を知らなかったりするんだ。奴らはハーレムから出ようとしないんだ。ここが本当の世界だと思ってる。おんなじことの繰り返しをする，そのサイクルにはまっちまってる。ぎりぎりの給料でなんとかしのいで生きてる。みんなで力をあわせてこのサイクルを壊さなきゃいけない。家族生活の価値とか，道徳観とか，そういうのが落ちてきてね。みんな，「おれはなにも恥ずかしいなんて思っちゃいねえ」って言い出してる。／奴隷制がどうやって機能したと思う？　家族を引き離すことで機能したんだ。そうやって屈辱を与えることで機能した。教育を受ける機会を奪ったり，家族やコミュニティのなかに不信感を生み出したり，奴隷制はそういうことのうえに成り立ったんだ。だから，その逆をいくことが答えなんだよ。どうやって奴隷制が機能したかを研究して，その逆を実践すればいいんだ。／本来はみんながムスリムとして生まれるんだ。だけど，親とか社会が人を違うものに仕立てあげてしまう。(中略) アフリカン・アメリカンにとってはな，政教分離なんてのはないんだ。イスラームは生き方そのものだろ。ムスリムでも，「宗教」って言葉を使う過ちを犯してる奴がいる。たとえば，食べることは祈ることでもある。人がなにかするときは，それはすでに祈りであって，神に関係するんだ。アメリカは自由の国だとか言うだろ？　とんでもねえよ。いまじゃ，自分の子どもを教会に行かせることすらできねえ。

エディ：道徳的であることがどんどん難しくなってるね。社会が多くの問題に関して行ったり来たりを繰り返してる。同性愛の問題とかね。宗教ってのは，かつてはとてつもなく強かったはずだ。かつては個人に強い影響を及ぼすことができた。コミュニティもいまじゃ，力がなくなってる。

ビル：研究して，その逆を実践すりゃいいんだ。人は特定の方向で考え，行動するように条件づけられてんだ。教育するための国際的な取り組みが必要だよ。それができて，初めて一緒に座って議論できる。まずは，考え方を解きほぐす必要がある。サイクルを壊して，そっから抜け出す必要がある。

エディ：問題は複雑だよ。自分らの弱点を真剣になって見極めないと，そして，しかるべき訓練で規律を身につけないと，問題は改善しない。（中略）

ビル：白人たちだって，コントロールされてんだ。奴らは，自分らが優位にあると考えるように訓練されてんだ。すべては宗教からはじまってんだよ。（中略）白人たちが黒人をレイプすることで「家族の価値」を壊していった。家族を守るのは男の責任だろ。その男たちの眼の前で奴らは女をレイプしたんだ。それが男になにをもたらすと思う？／〔店に入ってきた3人のジャマイカンを指して〕俺らは全員黒人だけど，一緒にならないように訓練されてんだ。〔ハロルドとともに〕自分たちが一緒だっていうふうに俺らは考えないんだよ。あいつらだって，俺たちと一緒だって思ってない。

　かなりの時間を会話に費やし，店を出る。ここで，店内での会話に参加したエディとは別れる。エディは，いかにも頭脳明晰というタイプの若い男性だった。使っているヴォキャブラリーが違う。現実世界の問題を「複雑だ」と表現する人にストリートで会うのは初めてだった。

　（中略）ハロルドとも別れ，ビルとマーカス・ガーヴェイ・パークに行く。最初ビルはトイレを探したが，日曜日のせいなのか閉まっている。ビルは公園内の山に駆け上がって用を足し，戻ってくる。公園の東側にあるテーブルはすべてチェス用に作られていて，そこで男たちがチェスに興じている。

　「チェスをやる連中は，若い頃からストリートで時間を過ごしてきた奴らで，元ドラッグの売人だったりする。今日の午前中に会った奴らは，アスリートだ。この二つの集団は同じブロックや建物に住んでいながら，互いに知ら

なかったりする。そんなふうに交わらないサークルがハーレムにはいくつも
ある。両方みておいたほうがいい。会えばわかると思うが，ストリートの連
中は，すぐに心を開くような態度じゃない。態度を観察していればわかるだ
ろ」。

　最初のテーブルでは４人の男性が集まってチェスをしている。さらに先の
テーブルにも３人ほどの男性がいる。ビルはもっと人がいると思っていたら
しい。ゲームしているのを眺めながら，ビルが僕に向かって，チェスは時間
を浪費するゲームなので，麻薬みたいなものだ，スポーツも同じだ，と言う。
ゲームをしている人に聞こえないかとひやひやすると同時に，にもかかわら
ずビル自身もよくチェスやバスケットボールをするのはなぜなのかと疑問に
思う。最初のテーブルでビルは何人かと挨拶を交わし，２試合眺めたあと，
「飛び入りさせてもらってもいいか？」と訊ね，試合をする。ビルはものす
ごい速さでコマを進めていき，あっというまに相手に勝つ。その調子で３人
ほどを連続で一気に負かした。一番タフそうな男性は試合しているあいだ，
ずっと挑発の言葉を送り続け，ビルもクールに挑発の言葉をかける。

　「かかってこいよ，おめえ。ぶちのめしてやるよ」と対戦相手の男が言う。

　「いいね，いいね，この感じ。てめえはなにが起きてるかわかってねえん
だよ。この進み方はすばらしいね」ビルが応える。

　ビルはその試合に勝って，冗談で「こいつは本当にチェスできんの？」と
皆に言う。（中略）

　〔チェスの試合を何度かおこなったあとで〕場所を移動して，ビルの家の
前に座ってしばらく話す。「アフリカン・アメリカンの多くが病院に行きた
がらねえんだ。怖いからな。それで，『壊れるまでなおさなくていい』って
いう態度になる。ハーレムのストリートは他と違う。たくさんのゴミが散乱
してる。木とか植物も植わってねえ。『元気かい？』とかいった挨拶もねえ。
教会がたくさんあんだろ。だけど，奴らは互いに交流しない。モスクと教会
も，互いに混じり合わねえ。そういうふうに考えるように仕組まれてるから
だよ。そこでの基本スタンスは，てめえが俺らの仲間じゃねえなら，ぶっと
ばしてやる，みたいなことだ。だから，逆のことを実践するのが唯一の答え
だね。エディは，問題が複雑だとか言ってたろ。だけど，問題は複雑じゃね

えよ。単純さ。問題を解消するのが複雑なんだ。そんな状況だから，アフリカン・アメリカンは優位にある白人文化からは離れていながら（separate），隔離されてはいない（not isolate）状態にいるべきなんだ」（中略）

　ビルと僕は，120丁目ストリートの 6 th アヴェニューと 7 th アヴェニューのあいだにあるアパートメントのまえに座って話していた。このブロックは，「ハーレムだが〔本物の〕ハーレムでない」とビルは言う。比較的静かでゴミも少ない。ドラッグの売人もいない。ビルが住み始めてからずっとそうだったと言う。理由は不明。7 th アヴェニューを越えて，隣のブロックに移動するだけでまったく環境が変わる。ここでは 7 th アヴェニューが境界線になっている。聴こえる音楽もうるさくなる。116丁目の 8 th アヴェニューとマンハッタン・アヴェニューの一角は，ドラッグ取引がさかんな場所としてかなり有名で，70年代には，かなり遠くからもここにドラッグを買いに来る者がいたとビルはいう。

　ドラッグ文化について，ビルは立ち上がり，歩きながら説明してくれる。当時はコカインが高値で，アフリカン・アメリカンたちには買えなかったため，ヘロイン常用者が多かった（？）。クラックはコカインの一種だが純度が高い。（中略）歩いたり立ち止まったりを繰り返し，いまどこでドラッグ取引をしているか，ビルが教えてくれる。工事中の屋根の下にたむろする男たち，ストリートの一角に立つ男たち，等々。ビルの話では，政府の後押しによってこのコミュニティにドラッグが入ってきたという。したがって，コミュニティの外で安いドラッグを取引しようとすると捕まる。コミュニティ内では捕まらない。現在では社会福祉のカネを使って，ドラッグを買う人が多い。

　ハミッドの店の前を通って，114丁目のマンハッタン・アヴェニューと 8 thアヴェニューの間へまわる。この一角もドラッグ取引が激しかった地域だという。それからビルはいくつかのスポットを説明してくれる。135丁目に警察署があるが，その隣の134丁目ストリートでは，ドラッグが激しく取り引きされている。126丁目，その奥のプロジェクト〔公営住宅団地〕，146丁目。それらがドラッグのホット・スポットだという。（中略）

　話が落ち着いた頃にはすでに夜の 8 時を回って，外は寒くなっていた。ビ

写真7-4　ハーレムの目抜き通り125丁目ストリート。

写真7-5　地下鉄レッド・ライン（1ライン）の125丁目ストリート駅。地形の関係でここだけ鉄道が地上にあがってくる。

ルは家に帰って休むと言うので，礼を言って別れることにする。

（後略）（**写真7-4・5**）

　未整理のフィールドノートを長々と引用したのは，フィールドでの経験の多層性を示すためである。毎回こうした厚みをもってフィールドノートが書けるわけではないし，このノートがその日の出来事を完璧に捉えているわけでもない。だが，いま読み返しても，今後の探求につながりうるテーマを多く見いだすことができる。

　以下，上のフィールドノートからわかることを書き出してみる。第一にこのフィールドノートには，「何をわかっていないか」を紐解くヒントが示されている。このノートを書いた時点で，1年以上のフィールドワーク経験があった。だが，主に時間を過ごしたのはモスクやハミッドの営む床屋であり，アフリカ系アメリカ人ムスリムのコミュニティに偏っていた。同じハーレムでも，まったく異なる集団が存在し，彼らは互いに交流しているとはかぎらない。この一日だけでも，バスケットボールの試合に熱中する一群，チェスに興じる一群，ストリートにたむろする一群など，いくつもの小集団に出会った。すべての集団や組織体を知りたいという気持ちもあったが，最終的に私は，少数の限られた人たちと徹底的に言葉を交わすという方法を選んだ（選ばざるをえなかった）。

　第二に，スポーツを通じた地域の取り組みの様子が見えてくる。あとから知ったのだが，紹介され言葉をかわしたジョン・アイゼックス氏（1915-2009）はか

なりの著名人で，ハーレムを本拠地に黒人だけのバスケットボール・チームとして発足した，ニューヨーク・ルネッサンスでプレイしていたことのある選手だった。アイゼックス氏を紹介してくれたザック・ハッサー氏が当時代表を務めていたペルハム・フリッツ・バスケットボール・リーグも，スポーツを通じた社会的取り組みをおこなっている。社会的取り組みを実践するのは，宗教セクターや社会運動組織だけではない。だがこの時点の私には，ハーレムに偏在する企業やビジネス組織が，社会的取り組みや政治・社会活動に従事しているという感覚が欠けていた。売上や利益を中心にうごく経済活動体と，社会正義や向上を第一の優先事項としてうごく社会活動とを，どこかで切り離して捉えていた。前者を商業主義や拝金主義に結びつく利己主義として断罪し，後者を社会正義や倫理を追求する利他的取り組みとして，どこかで神聖化していたように思う。後者もまた，持続可能な存在として社会に根づくためには，社会生活の一部として日常化し，その仕組みが経済基盤も含めて社会実装されていないといけないにもかかわらず。

　第三に，この日に行動をともにしたビルやハロルドたちは，社会や政治について常に自分事として問題化をはかり，議論していた。このときだけでなく，フィールドワーク中に知り合ったムスリムたちの多くは，常日頃から強い不満を口にしたが，それは私的な問題であることはほとんどなく，黒人やムスリムのコミュニティ全体の問題として捉えられていた。一見するとそこにあらわれる価値意識は，家族や男女の役割，人種，信仰，子どもの教育などについて，保守的で古典的なものが多い。だが，これを「保守主義」という大雑把なカテゴリーに投げ込んで批評してみても実りは少ない。とりわけ，批判理論を学習し（あるいは教え込まれ），知の競争の世界で言葉を操作することを覚えたコスモポリタンな進歩的知識人がそうする場合は，有害でしかない。重要なのは，彼らの言語がある言説や態度（そこに感じ取られた力）への抵抗としてあらわれること，かれら全体の生活がかかっているものとして問題が捉えられていること，そして，制度を介してつくられる自らの偏見が実際の暴力へと結実する手前に，様々な《仲裁 mediation》が存在すること——それらを知ることである。

　第四に，ビルが示すところによると，ブロックごとにドラッグ売買のホットスポットがあり，ストリート出身者はそれを熟知している。つまり，ビルを含

めたストリート出身者たちは，ストリートを歩くだけでなく，ストリートを読んでいる。ストリートは，一つの区画を取っても，常に一定のものとしてあるわけではない。時間帯や時期によって，その姿を変える。夜になるとクラック・ハウスになる廃墟ビルディングがあり，時期によってドラッグ取引やギャング抗争が活発化する通りがある。ビルは歩きながら，人のうごきや様子を，ストリートの状態を，読んでいる。サーファーが波を，登山家が山を，最良の医者が人の状態を読むように。そしてビルは私に，ストリートの読み方の手ほどきをおこなっている。またビルはある一区画を指し，「〔地図上は〕ハーレムだが，本物のハーレムじゃない」と語った。これもフィールドワークを重ねるうちにわかってきたことだが，人によって「ハーレム」という区画がどこからどこまでを指すのかが，微妙に異なっている。それぞれのメンタル・マップがあり，そのメンタル・マップ上でも，ブロックごとに「本物のハーレム」／「本物のハーレムではない」の区別がある。

④ おわりに——フィールドワークについて誰もが学校で習うこと

　断片的にではあるが，ハーレムでのフィールドワークを振り返り，参与観察や会話から，どのような解釈を経て問いを立て直すにいたったのかを書いてきた。最終的に私は，人びとの強い不満や怒りの表現——その多くは叫びのような表現——に焦点を当て，問いをつくりなおすにいたった。思い返すと「怒り」は，彼らに出会う以前から私自身の探究を突き動かし，支えてきた原動力のようなものだったかもしれない。この探究のプロセスから，フィールドワークという営みについてなにが言えるだろうか。以下，4つをあげ，筆をおきたい。

　1．フィールドワークは，自分の都合で進むわけではなく，相手のホスピタリティと，相手との信頼関係（rapport）があって初めて成立する。倫理的にそうあるべきだということだけでなく，論理的に考えても，フィールド先で出会う相手には，あなたや私に向き合う義務も義理も責任もない。その点で，データやテクストを対象とする学問的探究の方法と積極的に異なる。フィールドワークでは，自分のペースとタイミングで資料を読み進め，疲れたら眠るというわけにはいかない。このことは，探究そのものの質と，それによって生産される知の質とに，決定的な影響を与えているように思われる。また，フィール

ドで出会う言動にどの程度参与するかによって，そして相手との関係が三人称的なものにとどまるか，二人称的なものになるかによって，生成する語りも，垣間見える世界も変化する。これもまたフィールドワークの醍醐味であり特徴だと言える。科学の文法——ジャーナリズムやエスノグラフィの文法ですら——は，三人称で世界を記述することを要求するが，二人称と三人称のあいだを模索する概念と文法があってもいい（ジャンケレヴィッチ 1978：柳田 1995）。そのような概念や文法は，ことがらの質的で動的な側面に接近するものになるだろう。

　2．フィールドワークは，なにごとかを学ぶ営みであると同時に，「学びほぐす unlearning」（鶴見 2010：51–52）プロセスでもある。これはあらゆる種類の探究や学習について言えることかもしれないが，フィールドワークの場合はとくに顕著に思える。フィールドでは，探究者のもつ目的や予想，憶測，イメージ，仮説，典型に合致するものにもたくさん出会うが，そこからずれたものごと，思いもよらなかったことがらに出会い，そこから思わぬ問いが生まれることがある。グレゴリー・ベイトソンが述べたように，知識は加算的に増えるのではなく，かけ合わせたり，分割したりして，質を変じる（Bateson 1972, 2002 [1979]）。あらゆる社会集団が不可避的に備えている差別的制度のもとで偏見が学習され，習慣化するのであれば，それを解きほぐすのも学習である（ベイトソンが「二次学習」と呼んだものに近い）。情報・知識型社会では，情報は多ければ多いほどよい（優れた判断ができる），知識は多ければ多いほどよい（優秀である），学習とは知識を増やすことであるという不穏な前提があるが，探究や学習における「学びほぐし」の重要性はもっと強調されてもよい。

　3．フィールドワークは，研究の目的だけでなく（あるいはそれ以上に），フィールドワーカーの身体的特徴やコンディション，性格，性向，感受性などによっても方向づけられる。先行するフィールドワーク論を読むと，健康な肉体と優秀な頭脳をもつ男性を念頭に書かれているような印象を受ける。もちろん，それは私の思い込みで，自分の体力や能力のなさが問題なのかもしれない。しかし，スーパーマンのように休むことなくうごきまわり，ノートを書き，思考をめぐらせる者だけが，フィールドワークやそれに基づくエスノグラフィに関与するわけではない。病やなんらかの症状を抱え，恐怖，不安，痛苦，沈鬱，焦

燥，怒りを宿す者もまた，フィールドワークに従事する。そのような身体から
しか見えない風景，ふれ得ない情動，立てられない問いもある。健康体を基礎
にフィールドワークを定式化してしまうと，フィールドワークの可能性を狭め
てしまう。

　4．フィールドワークの方法は，フィールドの環境やコンディション，時代
状況にも強い影響を受ける。紛争地や危険地域でおこなうフィールドワークは，
ハワイ州モロカイ島のタロイモ畑でおこなうそれとは，その方法がおのずから
異なってくる（中村 2021b）。政府機関による制度的暴力，警察による物理的暴
力，文化全体に織り込まれた構造的暴力，ジャーナリズムや研究による表象の
暴力，ギャング同士の暴力など，いくつものレヴェルでの暴力にさらされ，多
くの人が危機意識をとがらせているコミュニティでは，それに応じた方法をと
らざるをえない。また2020年代現在，人類学のフィールドワークがかつてそう
だったように，いったんフィールド（「あちら側」）に行ってしまえば，それま
で暮らしていた社会の人間関係から解き放たれてフィールドの生活圏に集中で
きるという時代ではなくなってきている。ニューヨークのような都市部ではな
おのこと，フィールドワーカーの私的生活圏内で所属するコミュニティや友人，
家族などから容赦なく連絡が入り，最新のニュースやSNS通知がフィールド
にいる時間や空間，エネルギーを侵食する。このことはフィールドワークの手
法に大きな変化をもたらしたが，同時にこれはフィールドそのものの性質が変
化したこともあらわしている。

＊

　関係論的であること，「学びほぐす」というメタ学習的側面をもつこと，身
体的・感覚的であること，環境的・状況的であること——このように，受動的
な側面を強くもつフィールドワークには，様々な困難とリスクが潜んでいる。
自分が傷けられるかもしれないし，逆に相手を深く傷つけるかもしれない。学
問を後ろ盾に相手を語り，解釈し，分析する場合には，表象（代弁）の暴力を
振るう危険性がつきまとう。しかしフィールドワークは，眼の前で起きている
／起こりつつある出来事，いまだ誰も書いていないことがら，自身も巻き込ま
れ加担もしている状況などについての記録を残し，将来参照できる一次資料を
つくることができるほとんど唯一の方法だと言える。そしてその醍醐味は，ヒ

トやモノ，それらの匂いや想念が入り乱れるフィールドで，自身の存在と認識が揺さぶられ，図らずも変化していくことであり，そうした変化のプロセスを開示することで，既存の知や理解を更新するだけでなく，日常世界に浸透した支配的な認識の枠組み（様々な概念や文法）に疑問を投げかけ，理解の中身だけでなく理解のあり方そのものにも，対話を促していくことにある。

（中村　寛）

参考文献

ジャンケレヴィッチ，ウラジーミル（中澤紀雄訳），1978＝1966，『死』みすず書房。

中村寛，2015，『残響のハーレム──ストリートに生きるムスリムたちの声』共和国。

────，2017a，「アメリカの外，歴史／文化の外，言葉の外──ニューヨーク・ハーレムのフィールドワークの方法について」『アメリカ史研究』第40号，pp. 3-24。

────，2017b，「戦争のある風景──寓話的日誌による同時代のスケッチ」『現代思想』11月号，pp. 154-167。

────，2018，「コトバ，オト，そのキレハシを抱きしめて──ニューヨーク・ハーレムの「民族誌的スケッチ」にいたる思考実験」『シノドス』。
https://synodos.jp/international/21217

────，2021，「暴力，文化表現，ソーシャル・デザイン──グローバル・スタディーズと人類学」『グローバル・スタディーズの挑戦──クリティカルに，ラディカルに』（足羽與志子，ジョナサン・ルイス編著）彩流社，pp. 85-113。

鶴見俊輔編著，2010，『新しい風土記へ──鶴見俊輔座談』朝日新書。

柳田邦夫，1999［1995］，『犠牲（サクリファイズ）──わが息子・脳死の11日』文藝春秋（文春文庫）。

Bateson, Gregory, 1972, *Steps to an Ecology of Mind*, The University of Chicago Press, Chicago（＝佐藤良明訳『精神の生態学（改訂第2版）』新思索社，2002年）.

────, 2002［1979］, *Mind and Nature : A Necessary Unity*, Hampton Press（＝佐藤良明訳『精神と自然──生きた世界の認識論』新思索社，2006年）.

Bourgois, Philippe, 2002［1995］, *In Search of Respect : Selling Crack in El Barrio*, New York : Cambridge University Press.

Gardell, Mattias, 1996, *In the Name of Elijah Muhammad : Louis Farrakhan and the Nation of Islam, Durham*, N. C. : Duke University Press.

Geertz, Clifford, 2000［1988］, *The Interpretation of Cultures*, New York : Basic Books（＝吉田禎吾・柳川啓一・中牧弘允・板橋作美訳『文化の解釈学　1・2』岩波書店，1987年）.

Lincoln, Eric C., 1994［1973］, *The Black Muslims in America*, 3rd ed., Trenton : Africa World Press.

Stoller, Paul, 2002, *Money Has No Smell : The Africanization of New York City*, Chicago : University of Chicago Press.

Williams, Terry and William Kornblum, 1994, The Uptown Kids : Struggle and Hope in the Projects, A Grosset/Putnam Book : New York（＝中村寛訳『アップタウン・キッズ──ニューヨーク・ハーレムの公営団地とストリート文化』大月書店，2010年）.

　　　　　　　※外国語文献でも邦訳しか参照していない場合は，訳書のみをあげた。

読者への問いかけ

Q.「自宅近くにある商店街をフィールドワークして，来週その報告をしてください」と言われたら，何をしますか？　歩きながらテーマをみつけ，問いを立て，調べながら考えることを楽しめますか？　それとも，何をするのが「正解」なのだろうか，と思ってしまいますか？

Q. あなたにとって最も切実な問題とはなんですか？　いま通う学校や会社などの組織を辞めても考えてしまいそうなことは？　たとえば，あと数年しか生きられないとわかったとき，誰にむけて，なにを書き遺しますか？

Q. 母語の「外」に出たいと思うことはありませんか？　たとえば，性別，年齢，社会階級などの差異に敏感で，それを内面化しないと成立しない日本語という言語の重力の「外」に。差別のない理想郷はこの世にはないけれど……。

推薦図書

鎌田遵，2007『ぼくはアメリカを学んだ』岩波ジュニア新書。

　　日本語圏にいて生きづらさを感じているすべての中学，高校，大学生に読んでほしい。きっと，著者の旅のあり方に大きく刺激され，不器用でお茶目，けれどタフで底抜けに優しいその生き様に惚れ込むだろう。旅のなかで出会い熟成する関係が，のちの作品につながっていく。鎌田遵『ドキュメント　アメリカ先住民──あらたな歴史をきざむ民』（大月書店）などもあわせて読んでほしい。

鎌田慧，1983〔1973〕『自動車絶望工場』講談社文庫。

　　各国語に翻訳され海外でも読まれる日誌形式のルポルタージュ。屈指のルポライターが，自動車工場の生産ラインの現場に立ち，実際に労働に従事することで書き上げた。チャーリー・チャップリンの映画『モダン・タイムス』やミシェル・フーコー『監獄の誕生──監視と処罰』（新潮社）などとあわせて読むのもいい。

開高健，1990〔1965〕『ベトナム戦記』朝日文庫。

　　1930年生まれの芥川賞作家は，おそらくは自身の戦争と貧困の記憶からか，書斎を飛び出して戦争の最前線に向かう。本作とあわせて，戦地での経験をフィクションとして再構成した『夏の闇』（新潮文庫），東京を取材して書いた『ずばり東京』（光文社文庫）もあわせて読んでほしい。

木村哲也，2006『「忘れられた日本人」の舞台を旅する──宮本常一の軌跡』河出書

房新社。

　著者が大学生のときの旅の記録がもとになっているというから驚きだ。宮本常一の『忘れられた日本人』（岩波文庫）を読む際に必ず副読本として読みたい。読みが深まるのは間違いない。宮本が出会った問題をどのように批判的に継承するかの実践篇，『宮本常一を旅する』（河出書房新社）もあわせて読んでほしい。

辻信一，1995『ハーレム・スピークス——黒人ゲットーの今を生きる』新宿書房。

　聞き書きの名手である辻信一による名作。1990年代のハーレムが垣間見える。登場する人物たちが非常に魅力的で，文字を読みながら，かれらの肉声と身体のうごきが見えるように感じる。1960〜70年代までの貴重なルポルタージュである，吉田ルイ子『ハーレムの熱い日々』（講談社文庫，1979）とあわせて読みたい。

中川雅子，1996『見知らぬわが町——1995真夏の廃坑』葦書房。

　著者が高校生のときに書いた夏休みのレポートがもとになっている。地元であった大牟田の廃坑跡のフィールドワーク。初めてフィールドワークに出向く人にぜひ読んでくださいとおすすめしている本。こういう名著が絶版になっているのは日本語圏にとって文化的損失で，とても残念。

東理夫，2015『アメリカは食べる——アメリカ食文化の謎をめぐる旅』作品社。

　作家でありミュージシャン（ブルーグラス奏者）でもある著者による，アメリカ食文化に焦点をあてた圧巻の探究書。「歩く，食べる，味わう」を通じてアメリカ社会・文化が浮かびあがる。『アメリカは歌う　コンプリート版』（作品社）とあわせて読みたい。

第Ⅱ部

旅／フィールドワークする学生たち

解　説

旅／フィールドワークする学生たち
―フィールドワークの作品が生まれる場を〈ともに〉する―

　　　　出会いは，意味の二つの領域をいっしょにする。そしてそれは，私た
　　　ちが調整している異なった振動数をもつ二つのエネルギーのフィールド
　　　を，互いに共鳴するところにまでもっていく。出会いは，苦しみ，感情，
　　　病をともにすることである。すなわちそれは，自らの情動や力のすべて
　　　をふりしぼって，内からわきあがる熱意をもって，喜び，高揚し，痛み，
　　　苦しみに参加すること・ともにすること，ある他者と・ともに・感じて
　　　いるということである。ここで発見するのは，意味は私たちに帰属する
　　　ものではなく，むしろ出会いそれ自体のなかで与えられるものであり，
　　　にもかかわらず，それと同時に，私たちだけがその出会いをつくり出す
　　　ことができるということである。
　　　　形を変えるには，変化の流動性，保持しながら喪失を受容する能力，
　　　リスクへの寛容，限界を見極める分別が必要である。……喪失も展望も
　　　ないメタモルフォーゼなど存在しない。人が形を変えていけるのは，自
　　　己の喪失を進んで受け入れ，好奇心をもって想像をめぐらし，驚きをもっ
　　　てしかし恐れることなく，可能性と出会える不定形な領域に入り込んで
　　　いこうとする，そんなときだけだ。
　　　　A. メルッチ『プレイング・セルフ――惑星社会における人間と意味』
　　　　　　　　　　　　　　　　　　　　（Melucci 1996＝2008：139-140, 79)

①　はじめに――「見知らぬわが街／家族／わたし」の"社会学的探求"

　本論第1章から第7章の第Ⅰ部「いくつものフィールドワークの道」では，
自分で道を切り開き，大切なことやひとに出会い，自分のフィールドを創って
きた各氏より，"旅／フィールドワーク"の道程を言葉にしてもらった。第8
章から第10章は，第Ⅱ部「旅／フィールドワークする学生たち」として，いま

まさに「前人未踏の地」に降り立ち，道のないところに道を作るべく奮闘している3名のフィールドワーカーに，その歩みを語ってもらう。

　第8章から第10章に入る前の解説として，読者により近い存在である，ごくふつうの学生たちのフィールドワークを紹介しておきたい。学生諸氏は，どのように〈あるき・みて・きいて・よみ・しらべ・ふりかえり・ともに考え・かく〉ことをしてきているのだろうか。

　前任校も含めて500名ほどの学部生，30数名の大学院生との間で，"複数の目で見て複数の声を聴き，複数のやり方で書いていく"ことを"ともに（共に／伴って／友として）"してきた。これらフィールドワークの作品（モノグラフ／エスノグラフィー）の多くは，手書きの地図やメモなども含めて，大学の共同研究室や筆者の個人研究室に保管されている。

　異なる時期に，異なる「フィールド」へと旅立っていった人たちに共通していたのは，「見知らぬわが街／家族／わたし」の"社会学的探求"，あるいは，他者の／自らの"背景（roots and routes）"への"探求型フィールドワーク"と呼ぶべきものであった。

　旅程のないところから始める学生諸氏にとっての「導き手」が何人かいた。[1]その一人である中川雅子さんは，高校生の夏に，自転車と徒歩で「わが町」大牟田の廃坑に分け入り，強制労働の痕跡を"サルベージ（渉猟し，踏破し，掘り起こし，掬い／救いとる）"した。ここから『見知らぬわが町』（中川 1996）という作品が生まれた。中川さんは，自分がいま大牟田に「居る」ことと，他者とのかかわりのなかに「在る」こととのつながりに気づいた後，「見知らぬ家族とわたし」を探求していく。そして，自分が台風被害による与論島からの集団移住者の末裔（ひ孫）であることを「発見」し，祖父の生の軌跡を作品としてまとめた（中川 2011）。

　あるいは，初期シカゴ学派を代表する作品『ホーボー』（Anderson 1923＝1999-2000）の著者であるN・アンダーソンは，スウェーデンの農村から，ドイツ，アメリカと移動し，放浪生活を続けた家族のもとに生まれた。シカゴ大学になんとか入学するも，社会学の理論にはついていけずにいた。そのなかで，アメリカ各地を渡り歩く移動労働者ホーボーの調査プロジェクトとかかわることとなり，報告書を書いた。社会学の概念など使われていなかった報告書は，皮肉

なことに，シカゴ大学の社会学シリーズの最初の巻として出版された。アンダーソンは，ふつうの市民にとって「見知らぬ」世界を描いた作品『ホーボー』から逃れられずに生きていくことになった。[(2)]

　他者のなかに自分を「発見」する場合もある。フランスの社会学者P・ブルデューは，スペイン国境に近い歴史的地域であるベアルン地方の農村に，郵便配達夫の息子として生まれた。兵役でアルジェリアに送られ，地中海沿岸の山岳地帯で，フランスからアルジェリアの独立戦争におけるゲリラ軍の拠点であったカビリア地方で現地調査をした。そのカビリアで，過去の自分によく似た人びと（農民）を「発見」し，その“背景”を理解しようとした（Bourdieu 1977＝1993）。他者のなかに「見知らぬわたし」を〈みる・きく・かんじる〉ことで，自分を“生かし直す”ことが出来た。その意味でアルジェリアは「第二の故郷」となった。

　あるいは，自分のなかの他者と“出会う”場合もある。序章の冒頭で紹介したR・マーフィーは，沈黙していく自分の身体という「他者」に“出会う”旅の報告書として，『ボディ・サイレント』（Murphy 1990［1987］＝2006）を遺した。

　学生諸氏は，こうした「導き手」や身近な先輩の背中を見ながら，同級生と声をかけあい，「フィールド」へと飛び込んでいった。そのなかで，学生たちは，受けとめる力，微細なうごきの意味をすぐわからなくてもとりあえずグイッと呑み込む力，混乱した言葉をためていき記録・比較する力，他者と出会い，驚き，かたちを変えつつうごいていく力を育んでいった。

[2] ゆっくりと，やわらかく，深く，耳をすましてきき，勇気をもって，たすけあう

　学生諸氏には，「どのような『フィールド』であれ，トータルな人間としてかかわり，自分の『背骨』になるような論文を書いてください」と言ってきた。他者と“出会い”，わかろうとすることで変わっていくというプロセスは，「予定通り」には進んでいかない。本人にとっても，伴走するものにとっても，驚き愕然とすること，沈滞すること，揺れうごくこと，待つこと，喪失や痛み・悲しみ，混乱，欠如，充実，歓喜の意味を感受・感得することが必要となる。

　フィールドワークのような「問題発見（仮説生成）型」の調査研究の特徴で

もあるのだが，学生諸氏は，本当に「ゆっくり」と，ぎりぎりまで「フィールド」に居続けた。自分がやらずにはいられないことを自問し，提出の直前まで，後からやって来た「発見」を少しでも言葉にしようと努力し，〈ともにかく〉ことをしていった（毎年，提出直前には，大学内のフリースペースに身を寄せ，集まり，電気ポットや食べ物まで持ち込み，ほとんど寝食を〈ともに〉して（!?）執筆をすすめる学生たちの姿が見られた）。

　着想は，多方向へと拡がっていき，収拾がつかなくなったりもしたが，「このテーマではだめかも」などとは考えず，現実への「やわらか」なふれ方を模索していった。その結果，「奈良公園の鹿」や「大切な友人である犬たち」，あるいは「おさかなポスト」から見た現代社会論が，フィールドワークのなかから生まれた。さらに，遊び心と探求心という点では，日本のトイレ空間，AV業界，フリーマーケット，アーミッシュ等々，素直に驚き，自由に好奇心と想像力の翼を拡げていった。

　「ゆっくりと，やわらかく」という姿勢は，他者を「深く」理解することへとつながっていく。たとえばある学生は，「ゆっくり」迷いつつ自分の道を探すなかで，「多摩ニュータウンができる前からこの土地で暮らしてきた」，あるいは「新参者としてやって来たがここを故郷と考えたい」といった住民の方たちに出会った。出会いは偶然だったかもしれないが，その“奇偶”と“機縁”を生かす力が，その学生と住民の方たちとの間にあった。「耳をすましてきく」ことで両者の間に生まれた話は，論文の完成度をこえ，土地やひとの真実を語りかけてくれるものとなった。

　「勇気をもって」他者との“出会い”に飛び込んでいく学生は，繰り返し現れた。旧ポルトガル植民地の東ティモールやチベット自治区へと旅立ったり，日本に暮らすイスラム教徒の女性と濃密なかかわりをつくったり，あるいは，ウイーンに留学しヒトラー・ユーゲント（青少年団）だった老人のライフヒストリーを作品化したものもあった。

　「在住外国人」や「移動民の子どもたち」，有機農業・都市農業とかかわり作品をまとめた学生が，大学卒業後，そのフィールドで生きていくということも起こった。あるいは，薬害エイズやハンセン病など，「病」が社会的につくられることで翻弄された人びとに寄り添う学生もまた，粘り強くフィールドに通

い続け，作品をつくった。そして，卒業後も，在学時にかかわった諸団体にかかわり続けていった。

　自分のメチエ（職務・誓願・使命）との対話を試みた学生もいた。看護や福祉とかかわることを決めていた学生が，ホスピスや訪問看護の現場に入っていったり，公務員となる学生がホームレス支援の現場で活動したり，客室乗務員となる学生が墜落事故の意味を問いかけていくものなどもあった。ここでのフィールドワークは，卒業後の人生そのものをフィールドワークしていくことへとつながっていた。そしてまた，ここでの理解は，たとえば「料理とフィールドワーク」（p.216の図表解-1を参照）といったかたちで，自分の日々の営みとフィールドワークが結び合わされ，身体化した智となっていった。

　こうして生み出されていった論文は，フィールドワークというひとつの旅の報告書であり，「勇気をもって」「たすけあう」ことなしには成り立たないものだった。ひとつのフィールドを探求していく，すると，自分はなぜこの探求をしてるのか，そんな探求する自分とは何か，その意味は何かという疑問が生まれる，フィールドに入り込み，沈潜することで，自分とフィールド（の人たち）とが混じり合った場の"うごき"そのものとして現実をとらえていく。その旅路を，フィールドの人たちと，同じく旅する仲間たちとともにした。学内誌に優秀作として掲載されたフィールドワークの論文のほとんどは，直前までまとまらず，ぎりぎりまで〈ともに〉考え／書かれたもので，フィールドの人たち，ゼミ生たちとの協業の「果実」だった。

③ 見知らぬわが街──両親の故郷への旅／フィールドワーク

　「見知らぬわが街」を探求した作品は，もっとも多く見られた。自分や両親や祖父母の故郷，移動と定住，外国籍児童生徒，コリアンタウン，多文化共生，商店街，カフェ，コミュニティサロン，写真館，雁木通り，基地，炭鉱，ごみ処理場，迷惑施設，観光地，被災地，川向こう，等々，それぞれが，「空気」のように「あたりまえ」に思っていた自分の"背景"──この街で暮らすこと，この家族がいること，自分であること──の意味を考えていった。

　「3.11」の何年か前に書かれたもので，『福島県飯舘村中学3年生における進路選択をめぐる意識についての考察』という作品があった。『震災と市民』

図表解-1　料理とフィールドワーク（1999. 1 .29）

という本に文章を書かせてもらった時，引き込まれるように，「3.11」前後の彼女のこころのうごきを言葉にした。同書に所収の「"交感／交換／交歓"のゆくえ」(新原 2015：81-99)という文章のなかで紹介したことだが，著者 Ay さんは，もともと，「将来の仕事」と考えていた漫画雑誌の編集に関する論文を構想していた。しかし，提出期限が迫る晩秋に，突如テーマを変更し，飯舘村でのフィールドワークを敢行（‼）した。飯舘中学3年生へのアンケートを全数調査でおこない，教育委員会や先生へのインタビュー，他の「過疎地域」の進学状況に関する丁寧なドキュメント分析により，本格的なモノグラフ作品を仕上げた。

「あとがき」には，「飯舘村は私の両親のふるさとであ」り，「私と両親と大学生活で得たものをつなげる場所はここしかないと思った」と書かれていた。飯舘に通い，両親がそのまま故郷で暮らし自分がもし飯舘中学校に通っていたらと考え，「いくにんものもうひとりの自分」でもあるような中学3年生の「代弁者になろうとしたことで，自分自身が変わったと思う。……この数カ月のことは一生忘れません」と書き残した。

しかし，この力作の論文が，後に「貴重な記録」となるとは，誰も思ってはいなかった。飯舘でのフィールドワークは，「3.11」を境に，より根本的に社会的な意味をもつ作品となってしまった。

彼女から，2011年5月に連絡があり，「牛を，田んぼを，先祖の墓を置いて，見えない恐怖から逃げ出さなければならない心情を考えるとゆっくりと自分の背骨が折られていくような気がします」という言葉が届いた。言葉が深く刺さったまま，なんとか返事を書くと，次の連絡が届いた。「手紙を何度も読み返しました。『飯舘村を想って』とあり涙がにじみました。……私たち家族はこの震災に関して，どこか距離を置いて見ていたような気がします。本当に被害の大きかった人たちに比べればたいしたことないから，避難しなくちゃいけないわけじゃないから……帰省した時に感じた空気です。あえて口にしない。私もその空気に呑まれていました。しかし私はこの事態について，みっともなくてもいいから誰かとかかわりを作って行く必要があるのだと思います。……飯舘を故郷にもつ両親が，平気でいるはずがありませんよね。泣きながら，もっとかかわり合いをもってみようと思います。家族とも，友人とも」とあった。

「3.11で有名になった」場所に駆けつけたわけではない。骨惜しみせず，手間ひまかけ，じっくりと，牛や作物，人間が育ってきた飯舘村——自分と縁ある土地の日常性の構造と，そこに暮らす人たちの情動を，ただ理解しようとした。その場が突き崩されたいま，中学生たちの肉声，たとえば「飯舘牛がおいしい。優しい人がたくさんいる」「Yちゃんと一緒に暮らしていたいです。もしできたら」という声は，「一期一会」のものであったことを思い知らされる。

　それからまた何年か経ち，彼女と再会した。結婚の報告をもらい，津波と三陸鉄道を題材とした結婚相手の漫画家Yさんの作品を受けとった。

④ 見知らぬ家族とわたしの歴史への旅／フィールドワーク

　学校で勉強する「歴史」はどこか遠い過去の「ひとごと」だと思っていた。ところが，「祖父母の半生」には歴史や社会のうごきが埋め込まれているのだということを実感した学生も多かった。「開拓移民」や「引き揚げ」，「空襲」や「特攻」など，身近な家族が，何十年も前の「戦争」や「厄災」や「生老病死」を「終わらない過去」として生きている。祖父母の暮らしや生業，そこでのひととのかかわりかたや，他者との協業のあり方，倫理観といったものが，いまの自分の価値観や行動様式とつながっていることに気づいたのだという。

　あるいはまた，「いくにんものもう一人のわたし」でもあるような他者を，対話的な探求の相手として選んだ学生も多かった。学校や教育，青年期や家族の問題，病や障がい，働くこととアイデンティティ，ボランティア，「合コン」で求められる〈女らしさ〉や，恋愛・結婚観の変遷，アイドルのファン文化，依存症や性癖に悩む人，等々。この分野では，徹底した踏査・渉猟によるドキュメント（紙誌）の分析や，凄みのあるインタビュー調査を組み合わせたフィールドワークが多く見られた。

　その他，自分と同じく異郷の地で奮闘した留学生の事例研究など，共通していたのは，道を極めるという意味での「極道（!?）」の姿勢だった。相手が生身の人間であれ，書かれた文字であれ，そこに息づくものすべてを"すくい（掬い／救い）とろうとしていた。

　『戦後50年の放浪——自分史探し』という未完の作品を遺したKsさんという方がいた。地域社会という授業で，日本の高度成長期に東北から集団就職で

都市部にやって来た人たちの苦難，願望，意味などについて話した時，後ろの席からすっと立ち上がり，「それはわたしです。わたしはその集団就職者の一人として東京にやって来ました」と応答した学生がKsさんだった。すでに50代であったと思う。社会人入試もあったが，予備校に通い一般入試で合格したのだという。その後，ゼミに参加し，日本の農業の問題についての論文，そして，卒業時には，「自分史」ではなく「自分史を探求する」という意味の作品を手がけた。そこには，「自分史」がもつ歴史的社会的意味——歴史や社会の大きなうねりに呑み込まれ，砕け散ってしまう，「ごくふつうの自分たちの歴史を探すことに意味があるのだ」という想いがかくされていた。手書きの骨太の筆跡で書かれた言葉は，吹雪のなか，妹の病気を心配する幼い兄の凍えた手足と表情が浮かび上がってくるものだった。

　卒業後，Ksさんは，自分にとっては「同時代のこと」だったベトナム戦争は「わがこと」でもあったからと言って，ベトナムへと旅立たれた。「最初はいやいやの出郷でした。でも，なんとか自分の想いを実現して生きる時間をもらいました。これからの人生は，ベトナムでの学校づくりなど，誰かのお役に立てたらと思います」と書かれた手紙をいただいた。それからお会いする機会を持てていない。しかし，手書きの論文は，いまもずっと個人研究室の書架にある。

⑤　根源的な悩み——生きることの旅／フィールドワーク

　若き日の根源的な悩みである「生きること死ぬこと」と向き合おうとする人たちは，時代をこえて，繰り返しゼミにやって来た。研究者志望だったFnくんは，E・サイードなどの知識人の作品と格闘し，生と向き合うという根源的なテーマで卒業論文を書いた。その一方で，学生時代からずっとかかわってきた神奈川の公営団地での長期にわたる関与型フィールドワークには，卒業後もずっと通い続け，この団地に暮らす住民，とりわけ在住外国人の子どもたちに信頼されていた。「その街」は，彼にとって，「第二の故郷」のような場所となっていった。教室として借りていた団地の集会場の年末年始の大掃除など，陽の当たらない場所，たいへんな時には必ず現れ，「汗かき仕事」をいやがらずにやる若者は，信頼され愛されていた。

「自分は研究者としてやっていくのには限界がある」と大学院進学を断念し，福祉の仕事に就いた。だがしばらくして，手足に異変を感じた。悪性腫瘍であることがわかり，大きな手術をしたが，それからまた，再発・手術・治療と，厳しい日々が続いた。何度も押し寄せる悲嘆，怒り，苦しみのなかで，希望の範囲をどんどん限定していかざるを得ないという条件下で，希望の境界線を何度も引き直し，最期の瞬間まで，慎み深く，思慮深く，他者に感謝の気持ちを届け，30代半ばでこの世界から旅立った。

　年若い友人の未来が断たれたことの悲痛が澱のように沈殿したまま，場をともにした私たちは，彼に背中を押されるように，追悼の意味を込め，『うごきの場に居合わせる』(新原 2016) という本をつくった。彼のご家族に，その本を謹呈すると，本を読んでくれただけでなく，卒業論文を何度も何度も読み返しているとおっしゃった。Fn くんは，自分の旅の重さを予感して卒論を書いたわけではないだろう。ただ，それぐらいの重みをもって卒論を書き，またそう生きようとした。書いたからにはそう生きねばなるまいと。

　根源的だが抽象的でもあった「どう生きるか」という悩みは，突然，きわめて個別具体的かつ根源的な問題として突きつけられた。卒論は，その病の暴風を必死に航海するための灯台となった。困難な生と「向き合う」ことを予感させる文章と，フィールドでの献身は，それ自体がひとつのフィールドワークの作品として，死へと向かう旅路のなかで追想・追憶され，自ら身体をはって証立てた真実となった。

　彼が"描き遺して"くれた公営団地での日誌 (フィールドノーツ) の一部は，『うごきの場に居合わせる』の重要な箇所で登場している。しかし，それ以上に重要なものがまだある。病のなかで彼が病院をフィールドワークし，病友たちとの別れ (永訣) も含めたやりとりのすべては，大量で詳細な記述のかたちで遺されている。「生という不治の病(There's no cure for life)」(Murphy 1990[1987] =2006：367-385) をフィールドワークした R・マーフィーのように。

⑥　おわりに──うまくいかない時のことも書き／描き遺していく

　本解説の冒頭で紹介したメルッチの言葉は，地球規模での急速な変化のなかで日常を生きる私たちが直面する"出会い (encountering the other)"と，その

なかで，人がどのようにうごき始めるのかについて語っている。この言葉は，フィールドワークにおける相互作用と自発性，“［何かを］始める”ことの意味に光を当てている。これから，なんらかの意味でのフィールドワークを始めるひとには，うまくいかないとき，生きづらさを感じているときこそ，何を感じ・考えていたのか，日誌を“書き／描き遺す”ことをおすすめしたい。

　自分の話となってしまうけれど，目の病気を抱え，帰国後の人生の見通しも立たないまま，地中海の島サルデーニャでの暮らしを始めた。鶴見良行さんの『辺境学ノート』と『マングローブの沼地で』，Ｗ・Ｆ・ホワイトの『ストリート・コーナー・ソサエティ』を旅行鞄にいれての旅立ちだった。国際線から国内線，路線バスと乗り継ぎ，原野を抜けて，午前０時，サルデーニャ北部の都市サッサリのガリバルディ広場に，身体より大きな荷物を持って降り立った。まだイタリア語は話せず，これからどうしようと寒さにふるえていた。このときの心細さと情けなさは，ずっと身体の奥に残っている。

　“異郷／異境／異教”の地においては，ほとんどすべての日常が，注意を喚起すべき“異物”として立ち現れ，この“異物”たちの濁流のなかで，自らの“異郷化”を体感する。“異郷／異境／異教”の地で日誌（フィールドノーツ）を書くとは，この体感を書き留めていく行為にほかならない。なんの意味をもつのかわからなかったが，手書きのノートにスケッチなどもまじえ，日々の生活を書きとめていった。「ベルリンの壁の崩壊」も，「阪神淡路大震災」も，父親の死も，メルッチの死も，「3.11」も，日誌に刻み込まれた。

　将来の地位や職業につながるものでなくとも，「せめてこの“異郷／異境／異教の地”でのなさけない自分を忘れずに生きていこう」と考えていた。日誌には，「なさけなさ」のみならず，他者との“共感・共苦・共歓”，こころが通じ合った瞬間（エピファニー）——これからの人生をずっと続けていけそうな気にさせてくれる一瞬の理解——も書き／描き遺された。道に迷い，見失いそうになるとき，日誌があることで，美化したり粉飾したりすることもできず，その時の気持ちが繰り返しよみがえる。

　実は始まりのなかにすべてがある。とりわけうまくいかないとき，意識の端や果てに。だから，記憶し記録する。あなたがもし，「見知らぬ」場所や人，そして何よりも「まだ見ぬ」自分に向かってフィールドワークを始めるなら，

そこでの苦みと深さ，そして驚きは，身体に刻み込まれた真実となる．そして，人生の危機の瞬間に，声でも言葉でも沈黙でもなく，ここぞという時にそれは訪れ，あなたにそっとふれるだろう．

　……記録は今日の足跡を記すことを最終目的とする．フィリピン，インドネシア，マラッカで，エビ，ナマコ，ヤシの実の取得と売り買いの現場を歩き，その日の見聞をその日のうちに日記に書くことの積み重ねから，眼のつけどころが青年時代とかわり，文体も目線にあわせてかわっていく．すでに初老の域に入って，食材を自分で選び，自分で夕食を調理する，その残りの時間に日記を書く．見聞を記録するのは，**気力**であり，気力は，見聞に洞察を加える．アキューメン（acumen）という言葉を私は思い出し，この言葉をこれまでに自分が使ったことがないのに気づいた．……とにかく鶴見良行は，フィールドノートに，毎日の見聞を統括するアキューメンの働きを見せている．それは，彼の想像力のなかでおこなわれた，米国に支配される日本から，アジアの日本へという舵の切り替えだった．

　　　　　　　　*acumen: keep perception, Oxford Little Dictionary.

　　　　鶴見俊輔「言葉にあらわれる洞察」（鶴見 2006：41）

　　　　　　　　　　　　　　　　　　　　　　　　（新原道信）

注

(1)　『境界領域への旅』（新原 2007）ではH・M・エンツェンスベルガー，宮本常一，鶴見良行の「歩く学問」をとりあげ，ソクラテスもまたフィールドワーカーの観点から紹介している．その他，初期シカゴ学派やW・F・ホワイト，菅江真澄，松浦武四郎，ジョン万次郎，笹森儀助，岩本千綱，南方熊楠，鳥井龍蔵，今西錦司，梅棹忠夫，川喜田二郎，さらには，マルコ・ポーロ，ザビエル，メンデス・ピント，マテオ・リッチ，宮沢賢治といった人たちも紹介してきた．

(2)　アンダーソンと生活史・家族史については，（Anderson 1923＝1999-2000）の訳者，広田康生の訳者解説と，（松本 2021：48-53）に依拠している．

(3)　社会人入学した看護師 My さんは，大学で臨床の智とフィールドワークについて学ぶかたわら，ホスピスと訪問看護の現場での参与観察型のフィールドワークにより，「死ぬ場所を選ぶ」というテーマの卒業論文・修士論文を書いた．学生生活の最後に，自分の理解とこれからの生き方を一つの図としたものが「料理とフィー

ルドワーク」であった。

参考文献

鶴見俊輔，2006「言葉にあらわれる洞察」『図書』岩波書店，第690号。

中川雅子，1996『見知らぬわが町——1995真夏の廃坑』葦書房。

———，2011『私を知らずニューブリテン島で戦死した祖父—手紙』光人社。

新原道信，2007『境界領域への旅——岬からの社会学的探求』大月書店。

———，2015「"交感／交換／交歓"のゆくえ——「3.11以降」の"惑星社会"を生きるために」似田貝香門・吉原直樹編『震災と市民2　支援とケア』東京大学出版会，pp. 81-99。

松本康，2021『「シカゴ学派の社会学」——都市研究と社会理論』有斐閣。

Anderson, Nels, 1923, *The hobo : the sociology of the homeless man*, Chicago : University of Chicago Press（＝1999-2000，広田康生訳『ホーボー——ホームレスの人たちの社会学』ハーベスト社）。

Bourdieu, Pierre, 1977, *Algérie 60 : structures économiques et structures temporelles*, Paris : Éditions de Minuit（＝1993，原山哲訳『資本主義のハビトゥス——アルジェリアの矛盾』藤原書店）。

Melucci, Alberto, 1d）4 996, *The Playing Self : Person and Meaning in the Planetary Society*, New York : Cambridge University Press（＝2008，新原道信・長谷川啓介・鈴木鉄忠訳『プレイング・セルフ——惑星社会における人間と意味』ハーベスト社）。

Murphy, Robert F., 1990 [1987], *The Body Silent——The Different World of the Disabled*, New York : W. W. Norton（＝2006，辻信一訳『ボディ・サイレント——病いと障害の人類学』平凡社）。

第8章

都営「立川団地」でのかかわりから

―プロジェクト型のフィールドワークを〈ともに〉つくる―

団地「夏まつり」での子ども神輿と山車の巡行　筆者撮影

立川団地周辺拡大図

商店街
公民館
集会室
自治会事務所
公園
集会室
集会室
公園
保育園
集会室
小学校
集会室
公園
米軍ハウス

至昭和記念公園→

西武鉄道

玉川上水

残堀川

五日市街道

都営立川団地

法務省施設等
（陸軍航空工廠跡）

国営昭和
記念公園

陸上自衛隊
立川駐屯地

官公庁施設
（広域防災基地）

多摩モノレール

JR青梅線

東中神駅

八清住宅
（＊本書第10章の舞台）

大規模
商業施設

至東京→

JR中央線

立川駅

近世以来の五日市街道と玉川上水に沿った新田開発を起源とする砂川地域の中で，「立川団地」は周辺的な土地に位置していた。「基地の町」として発展した立川は，米軍立川基地の返還（1977年）以降再開発が進み，現在JR立川駅を中心とする中心市街地と「立川団地」の間には，広大な基地跡地を利用した官公庁施設や広域防災基地が広がる。1990年代半ばには，首都圏整備の都市計画の中で「立川団地」の建替えが行われ，公園・公民館などが整備された1つの「まち」として再編成されている。なお，南西の昭島市側には本書第10章の舞台となる「八清住宅」がある。詳しい地図，記述は第10章を参照されたい。
（出所）筆者作成

1 はじめに——素朴な「疑問」や「違和感」から始める

　ある土地や場所，人に長期的にかかわるフィールドワークの意味とは何だろうか。本章では，私が9年間かかわってきた都営「立川団地（仮名）」の人びとや，他の学生たちとつくってきたフィールドワークのプロセスから考えてみたい。

　2012年，中央大学新原道信（本書編著者）ゼミの有志による調査研究プロジェクトである「立川プロジェクト」が立ち上げられた。私を含め学生たちは，立川団地の自治会や砂川地域の体育会・子ども会・児童館・小学校の行事（「夏まつり」や「運動会」）に参加したり，月一度の団地の定例役員会議の見学をおこなってきた。そのなかで，高齢者や子どもの見守りネットワークや孤独死防止の取り組みが全国的に注目されている立川団地を中心とした，地域社会の現実や人間関係のつくり方を肌で学んでいった。

　立川プロジェクトは同時に，自らの向き合うべき「問い」を切り出していくための仮説生成型調査の場でもあった。実は私は当初，なぜフィールドワークをするのか，明確な目的や理由をつかみかねていた。私が初めて立川団地を訪れる前年，東日本大震災が起きた。なぜ東京に電力を供給する原発が福島にあるのか，故郷・家族・生活を奪われた人に心を寄せることは可能かなどと，考えては諦め，時間が経っていった。日常生活のなかで感じることはあれど，どこから考えていくことができるのか，つかみかねていたのである。私にとっては，このような現代社会に対する素朴な違和感や疑問を，具体的な問いや実践とすることを可能にしてくれたのが，立川プロジェクトであった。以下では，私自身のフィールドワークのプロセスを紹介しながら，どのように自らがやるべきこと，考えるべきことを見つけていけるのか，記述していく。

2 フィールドに行く前に——「事前調査」としてできること

　フィールドワークといえば，「まずは現地に行く」というイメージをもつ人も多いかもしれないが，実は現実に出会うための準備をどれだけできていたかの方が重要だ。立ち上げ当初の立川プロジェクトに共有されていた問いも，初めての土地・場所を訪ねるための準備として，何ができるのかであった。何をどう調べるか，先生から「正解」を提示されることはなく，「連れていっても

らう」のでもなかった。知りたいこと，見たいことだけでなく，他者を知るためには，フィールドに関するあらゆるものに関心をもち，できるだけ複数の方法を組み合わせた「全方位的なフィールドワーク」の姿勢をもつことが必要であった。もちろん実際には，ある地域のすべてを調べることはできない。しかし，実際にフィールドに行ったときに，自分が気づける物事を増やすことはできるだろう。

　一つ例を挙げよう。2013年11月，私たちは団地行事の一つである「防災ウォークラリー」という行事に参加していた。その準備作業の休憩中，一緒に作業をしていた Ar さん（70代男性）が，ふと私たちに向けて語ってくれた。

　　昔はね，ここから飛行機が飛び立つのが見えたんですよ。いまは団地が高層
　　になってるでしょ，ここは，昔は平屋や林や畑だったんですよ。（中略）私
　　なんかが来たころはこの辺の道路もでこぼこで，自転車でも通れなかったん
　　ですよ。立川駅の方に行くのも，いまと違って東中神の方からぐるっと回る
　　バスしかなくてね。それで，「陸の孤島」なんて言われてましたよ。

　立川という地域は，日本陸軍の飛行場と軍需関連産業で発展してきた。戦後には米軍基地の関連産業と，その基地の跡地利用と再開発を中心に，多摩地域の核となっていった。Ar さんが語ってくれた，基地もまだあり飛行機が飛び立つ光景が見え，駅へのバスは遠回りしかなかったという，かつての風景の生の記憶。それは，自らの歴史としての基地や団地の歴史の証言であった。

　フィールドに行く前に事前調査をすることの意味は，現実にふれるための「引っかかり」をつくることである。当時，Ar さんの語りかけに私は充分な理解を返すこともできず，立ち尽くしていたように思う。しかし，立川プロジェクトのなかで，少しでも立川という地域や立川団地の歴史を調べようとしていたため，語りの意味をうっすらと感じる「引っかかり」をもつことはかろうじてできた。

③ フィールドのなかでうごく
――関係性に組み込まれるなかで後からわかること

　もう一つ重要になるのが，出会ったものをできるだけすべて記録することだ。すぐには「引っかかり」をもてなかった物事や人びとの語りも，写真やフィールドノーツに記録することで，後から再解釈していく可能性が開ける。

　こちらも一つ例を紹介しよう。毎年行われる立川団地の「夏まつり」では，子ども神輿が団地を一周する。子どもたちの要望に応え，団地の「ガテン系」の男性たちが一から手作りしたお神輿。神輿の屋根には子どもたちの書いた絵が飾られ，ご褒美として配られるおもちゃを取りつけた山車と一緒に回る（扉写真）。お年寄りや車椅子の人たちも，玄関まで出てきて子どもたちの姿を見守る。私たちも，この子ども神輿の運行に手伝いとして参加させてもらってきた。初めて参加した当時（2013年）の私は，以下のような記録を残している。

　「わっしょい！　わっしょい！」という掛け声に乗せられ，お神輿が進む。霧吹きをいたずらっぽくかけている高校生がいる。第一休憩所に着くと，お茶が配られる。お神輿にぶら下がろうとする子たちがいたので注意する。第二休憩所までの道では，細かい道が多く，段差も多い。途中，側溝のような場所では「下穴開いてるから気をつけてね!!　段差あるよ!!」と手をかざしながら声掛けをする。（中略）ゴールまであと一息となり，また少しずつ声が大きくなってくる。最後に St 自治会長のアナウンスで校庭を1週する。周りの皆さんが大きな拍手で出迎えてくださる。

　当時の私は神輿の安全な運行に必死で，純粋に神輿を楽しませてもらっており，神輿の背景や意味の記述は多くない。しかし，このように運営体制のなかに組み込まれたからこそ，数年が経ってから少しずつ理解できたことがあった。
　行事の運営を共にする役員の人たちと親しくなるなかで，私の問題関心は自治会活動を支える人間関係が，いつ頃から，どのようにできてきたのかに移っていった。こうした問題意識をもち，20年以上役員をしている方へのインタビューをおこなったり，自治会事務所に保管されていた過去の議事録などの資料をお借りした。すると，1990年代半ばの団地建替えという出来事が，現在の

立川団地を理解するために重要だとわかってきた。建替え前には，団地内に小さな13の自治会があり，自治会ごとに神輿を出す「夏まつり」がおこなわれていた。しかし，建替えによる住民の減少で一度は途絶えたのであった。現在の団地の神輿は，建替え後に入居した人たちも交えて，いかにして新たな「夏まつり」をつくっていくか，考え抜かれた歴史の上に成り立っていたのである。

　また，行事の運営構造のなかに組み込まれていくに従い，別の問題も考えざるをえなくなっていった。社会調査に「ラポール」（調査にあたりフィールドの人びとと築く「友好的な人間関係と信頼関係」）という言葉があるが，実際のフィールドワークでは一方でフィールドに溶け込もうとしつつ，一方で観察する調査者であろうとする，「あいまいな立場」に苦しむことがある（佐藤 2006：59-77）。「立川プロジェクト」では，「あいまいな立場」から逃れるのではなく，「距離の増大でも距離の除外でもなく，きわめて精密に細心の注意を払った接近」（Melucci 2000＝2014：100-101）を目指してきた。そして私の場合は，この認識を念頭に置きつつ，その意味をフィールドの人から教わった。

　2018年の「運動会」でのことだ。既に通い始めて 7 年目となり，私は「用具係」（競技に必要な用具の出し入れ係）の「代表」を任された。この時，住民ではない私が引き受けてよいのかの葛藤をもちつつ，言い出せずにいた。その年の「運動会」を終えた反省会の席でのことだ。飲み食いをしながら一人ひとり反省を述べていくなかで，最後に自治会長の Hs さんが次のように話した。

　競技内容を変える必要性を感じた。これから役員を中心に協議して変えていく。それから，今回も中大生の力がないともうできなくなってきているけど，あくまで中大生はサブとしての役割。それでは（頼りすぎては）ダメだとお叱りも受けました。あくまで自分たちでやっていかなければいけない。

　後から聞くと，私が「代表」を務めていることを見た Kb さんという人物が，Hs さんに話したようであった。Kb さんは，団地建替え後の行事立ち上げ時など10数年間にわたり自治会の副会長を務め，引っ越した後も「運動会」や「夏まつり」などの行事の手伝いに通う人であった。現場の誰よりも運営の方法を熟知する一方で，反省会の席などでは「私は部外者ですが」と，現役の役員に

配慮する謙虚さも持ち合わせていた人だ。「前から言ってたんだよ」と，Kb
さんは私に笑って言った。私は，Hs さんにも，Kb さんにも言わせてしまった
のだ。

　「言われたとおりにやる」のではなく，一方では立川団地を基点として続い
てきた人間関係のネットワークの「内」にいながら，他方では Kb さんのよう
に「外」から，自治会行事という場の総体と自身の位置づけや役割を毎回把握
し，うごく。この実践のプロセスに，フィールドワークの大きな意味がある。

④ おわりに——フィールドの関係性をつなぎ，問いを立てていくという実践

　本章では，地域のなかで肌で学び，問いを発見していく調査研究プロジェク
トである立川プロジェクトでのフィールドワークのプロセスを，私なりに振り
返り，記述してきた。本章の最後に，冒頭の問いにあらためて応えたい。ある
土地や場所，人に長期的に関わるフィールドワークの意味とは何だろうか。ど
のように自らがやるべきこと，考えるべきことを見つけていけるのか。

　第一に，出会った他者との関係を大切に，その意味を引き継いでいくという
ことである。立川プロジェクトを通じた立川団地との出会いは，人と人との連
なりのなかに私を組み込んでいった。時間的には団地の過去の風景や故人も含
めて，空間的には団地住民だけでなく元役員の Kb さんや私たち学生を含めた
ネットワークとしての連なりである。実は，立川団地には 3.11 後に避難して
きた被災者の人たちがいまも暮らしている。こうした人と人との連なりこそが，
最も苦しい立場にある人を救いうる。行事運営に携わり続け，自身が大学人と
して新たな連なりをつくっていくことが，今後の人生での私の実践になるだろ
う。

　第二に，この連なりに身を置くことは，考えたいことや，自身のなかの歴史
や社会に気づくプロセスにもなっている。私の場合は，フィールドワークを進
めるなかで，「団地建替えをきっかけに，人びとがいかに過去の共同性を継承
しつつ，新たな担い手を含みこむ形で地域コミュニティを再編していくのか」
という問いを立てていき，博士論文を執筆した。また，立川プロジェクトに参
加した他の学生たちも自らの出自や問題関心と関わって，災害とコミュニティ，
子どもとアイデンティティなどのテーマを探究していった[3]。「自分にとって一

生考え続ける人生のテーマになった」。立川プロジェクトでの活動をもとに卒業論文を執筆した学生が，あとがきに書いてくれた言葉である。

　これからフィールドへと踏み出そうとしている読者の人たちへ。もしかしたら，現時点では考えたいことも漠然としているかもしれない。失敗もたくさんするだろう。しかし，どのようなかたちであれフィールドと全力で向き合うことができれば，自分が考えたいこと，自分にできることが，きっと見つかるはずだ。

（大谷　晃）

注
(1)　他者を知るための調査で，自分のペースで動いてしまうという失敗を私自身も繰り返してきた。例えば，資料調査に行ったときのこと，訪問先の市役所内資料室に行く際，なんと私は道のりを把握していなかったのだ。「フィールドワークをするということは，ツアーのように連れて行ってもらうことではない」。当時の院生の先輩からかけられた言葉であった。
(2)　私の場合，図書館等で都道府県史・市区町村史や地形図を手に取ること等を先輩たちから学び，その後より小さな町・字の単位で地域の歴史を知るために小学校や自治会の記念誌を読む等の実践に移していった。
(3)　なお，本章では紙幅の関係もあり，「立川プロジェクト」について詳述し切れていないところが多々ある。興味をもってくれた読者の方には，以下の文献を参照してもらいたい。新原道信編，2019『"臨場・臨床の智"の工房——国境島嶼と都市公営団地のコミュニティ研究』中央大学出版部。

参考文献
大谷晃，2022「現代における『地域コミュニティ』再編と担い手たちの『ローカルな実践』——都営『立川団地自治会』における参与的行為調査」中央大学大学院文学研究科2021年度博士論文。
佐藤郁哉，2002『フィールドワークの技法——問いを育てる，仮説を鍛える』新曜社。
Melucci, Alberto, 2000, "Verso una ricerca riflessiva", regisrato nel 15 maggio 2000 a Yokohama（＝2014，新原道信訳「リフレクシヴな調査研究にむけて」新原道信編『"境界領域"のフィールドワーク——惑星社会の諸問題に応答するために』中央大学出版部，pp. 93-111）.

第9章

クアラルンプールでのヨガ実践から

―「予想外の事実」を〈ふりかえる〉―

クアラルンプール・リトルインディアのヨガ教室　筆者撮影

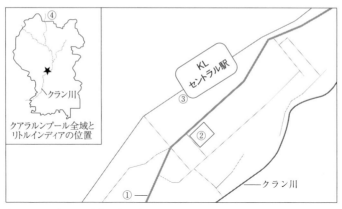

クアラルンプールのリトルインディア

①トゥンサンバンタン通り。リトルインディアのメインロード。この両脇にレストランやスーパー，雑貨屋，服屋などが立ち並ぶ。また，この通りには多くの路地がつながっており，それらを1本ずつ歩いてヨガ教室を探した。ヨガ教室に通い始めてからは，ヨガの後，先生や生徒たちとこの付近の店でお茶をすることも多く，そこで多くの話を聞いた。

②ヴィヴェーカナンダ・アシュラム。複数のヨガ教室が開かれ，フィールドワーク中，最も通った場所。扉の写真もここで撮影したもの。

③KLセントラル駅。現在のクアラルンプールのハブ駅となっており，周辺は再開発が進む。高級ホテルやコンドミニアムも多く，リトルインディアの町が激変していく一方で，交通の便が良かったことは，私がリトルインディアに通い続けられた理由の1つだった。

④バトゥ・ケイヴ。ヒンドゥー教の聖地とされ，クアラルンプールから日帰りで行ける観光地としても知られている。国際ヨガの日（International Day of Yoga）にはここでイベントも開かれた。

（出所）筆者作成

1　はじめに——個人的な経験に基づく問題関心

　私は，マレーシアのクアラルンプールでヨガの実践をめぐるフィールドワークをおこなってきた。ヨガ実践者たちがどのように世界を捉え，それを説明しているのかを記述することが私の関心である。この問いは，フィールドで出会った「予想外の事実」に基づいている。予想外の事実に出会うことは，フィールドワークをおこなう意味の一つだろう。そこで本章では，私がその予想外の事実にどのように気づき，それがどのようなものだったのか，振り返りたい。

　私がヨガについて研究しようと思ったのは，博士課程1年生のことである。その年の11月，私が高校生の頃から闘病していた母が亡くなった。最期の1週間，私は母の病室で一緒に寝泊まりした。既に余命も宣告されていたなかで，医師はできることをしてくれたのだと思う。しかしそれは母の身体的苦痛を和らげるのみで，心の不安や恐怖に対してなす術はなかった。それは医師だけではない。母は大学院に進学した私を応援し，頼りにしてくれたが，私も呆然とするしかなかった。そもそもこの状況下で自分に何かできると思うほど傲慢でもないが，目の当たりにした現実に対する考え方自体がわからなかったことは，私にとって苦しい経験だった。母の死後，医療はこれでいいのだろうかと思ったし，何より私自身が変わりたかった。自分に何ができるか考え始めたが，特別なスキルがあるわけではない。もちろん，人間死なないこともできない。唯一私が始められるのは，現代の医療・科学の成り立ちとオルタナティブの可能性を考えることだと思った。その意識のもと，ヨガに関心をもった。

　ヨガを研究すると決めて私が最初にしたのは，ヨガ教室に通うことだった。フィールドワークの事前準備としては，本やインターネットで先行研究や研究対象について調べることが一般的である。一方私は，フィールドの人たちと一緒にヨガをやりながら研究したいと思っていたので，自分の生活のなかにヨガを習慣化させることも一つの準備だった。

2　クアラルンプールに行くきっかけ

　そして博士1年の春休み，私はインドに向かった。私がマレーシアでヨガの研究をしていると言うと，必ず理由を聞かれる。普通には理解しがたい選択のように思えるのだろう。「マレーシアってヨガ有名なの？」「なんでインドじゃ

ないの？」と日本でもマレーシアでも聞かれ続けた。本当のところ，私も最初はインドで研究するつもりだった。インドの北部，ガンジス川上流域にリシケシュという町があり，ヨガの聖地として知られている。研究を始めるには具体的な対象に加えて，問いも必要である。しかし私の場合，数あるオルタナティブのなかでヨガを選んだ理由が，私も一緒に楽しみたいとか，母とインドに旅行した思い出があったとか，研究とはあまり関係ないものだったため，まずはヨガについてどのような問題を設定するのか考えなければならなかった。そこで，ヨガで有名なリシケシュに行って何かを見つけようと思ったのである。

　リシケシュの町にはいたるところにヨガのアシュラム（修行場）があり，世界各地からヨガの実践者や観光客が集まっている。私もその1人としていくつかのヨガ教室に参加してみた。それ以外の計画はとくになかったため，空いている時間には町中を散歩したり，ただガンジス川を眺めたりして過ごした。そうしているうちに，周囲の人に声をかけられ，人見知りの私も友だちができていく。ある日友人に誘われ，精神的指導者（spiritual leader）と呼ばれる人の講演会に参加した。リシケシュではヨガのエクササイズのみならず，瞑想や代替療法，そして，このような講演会もおこなわれている。その会の参加者は数百人おり，そのなかの数人が指導者に質問できる時間もあった。1人の女性のことが私の印象に残っている。彼女は「私は高い教育を受けていないけど，どのように自我の意識について考えられるのでしょうか？」と泣いていた。それに対して指導者は「あなたは自分自身が存在していることを知っていますか？」と問う。彼女が「はい」と答えると，「それならあなたは自分を知ることができます。自分自身とは考えるものではなく，気づくものです。学歴の問題ではありません」と返していた（2016年3月6日のフィールドノート）。その回答は質問者の心を癒したようで，私もその光景に感動した。しかし同時に，疑問も浮かんだ。

　ヨガの周辺にはこのように，「本当の自分に気づきましょう」「スピリチュアルライフを送りましょう」という言説が飛び交っている。どうやったら「本当の自分」に気づけるのだろうか。それは何かのプロセスを経て獲得できる意識なのだろうか。それともそれらの言葉はヨガを実践する人が信じるべき対象なのだろうか。この「スピリチュアリティ」や「本当の自分」とは何を指してい

るのだろうか。第一、そのような志向をもつことと身体的実践はどのような関係にあるのだろうか。日に日にヨガに対する疑問が増えていく。いま思えば、リシケシュでもこれらについて考えられたかもしれない。ただ、当時の私にはその町全体がヨガを中心に既に確立されているように見え、考え始める糸口のつかみ方がわからなかった。そこで思いついたのが、ヨガを疑問視する社会に行くことだった。リシケシュにはヨガの思想に好意的な人びとが集まっているゆえ、それに関わる言説はとくに断りなく使用される。それに対して、ヨガが懐疑的に捉えられる状況下では、ヨガ実践者たちが同じ意味のことを私にもわかる言葉で説明しているのではないかと予想した。そして帰国後、私はヨガに対する各社会の見解を調べ始めた。

　そのとき見つけたのがマレーシアのニュース記事だった。マレーシアでは過去にイスラーム教団体が、ヨガをヒンドゥー教の文化だとしてムスリムによる実践を問題視する出来事があったという。マレーシアはイスラーム教が国教とされる一方、多民族・多宗教社会でもあり、キリスト教、ヒンドゥー教、仏教など様々な宗教を信仰する人びとが生活している。この複雑な社会構成が上のヨガの解釈にも影響を与えているようだった。しかもその記事には、ヨガは宗教ではなく科学だと述べる1人のヨガの先生のコメントも載っていた。さらに調べてみると、ヨガが科学なのか宗教なのかという問題は、他の地域でも、また、学問的にも議論されているテーマだった。そこで私はマレーシアでこれについて考えようと思い、次の年の春休みに首都のクアラルンプールを訪れた。

③ ヨガの先生たちとの出会いによる視点の変化

　クアラルンプールに行く前には、インターネットでヨガをやっている場所を調べた。数えられるほどの情報しか得られなかったが、現地に行けばたくさん見つかるだろうと思っていた。しかし、いざ到着してみると様子が違った。先述のような背景もあり、当時のクアラルンプールはいまよりヨガができる場所も少なかった。少し考えればわかりそうだが、私は自分の思いつきを内省する力が足りないため、行くまで気づかなかったのである。このなかでどうやってヨガ実践の当事者に会えるのか。しかもクアラルンプールは広い。困った結果、ヨガをやっている人が多そうな地域に照準を絞って歩くことにした。一番の候

補はクアラルンプール市内にあるリトルインディアである。まずはそこに行き，
1本1本道を歩いてヨガ教室を探すところから，私のフィールドワークは始
まった。私の予測はあながち間違いではなく，リトルインディアではいくつか
ヨガ教室のお知らせのポスターを見つけることができた。そのポスターとイン
ターネットで見つけた連絡先からメッセージを送り，ヨガの先生に会いに行っ
た。

　私は早速，出会った先生たちに話を聞かせてもらった。当時の私は，彼らが
ヨガは科学であり，どのように科学であるかを答えてくれると思っていた。実
際，確かに彼らはヨガを科学だとは言ったが，併せて，最終的にはヨガと宗教
は同じもの，とか，ヨガは宗教とは切り離せない，とも言う。私は不思議だっ
た。ヨガは科学だとだけ言えば，マレーシアでもより多くの人がヨガを実践で
きるようになるだろうに，それを望んでいないのだろうか。しかし，同時に彼
らはヨガは身体に良いもので，誰しも実践した方が良いとも述べる。私の頭で
は解釈しきれない語りの内容に悩んだが，何よりなぜそのような「難解」な表
現をするのか，気になった。そこで，私の元々の問いは一度手放し，まずはヨ
ガの先生たちのものの見方自体を理解したいと思うようになった。

　その後もクアラルンプールでのフィールドワークは継続した。といっても，
しばらくはインタビューはやめ，ただヨガ教室に参加するのみだった。時には，
数カ月ひたすら一緒にエクササイズしただけで日本に帰るので，先生の方から
「本当にこれが研究になっているのか」と心配されたこともある。私にはもは
や何を聞けば良いのか，何を知りたいのかもわからなくなっていた。このとき，
私自身がヨガの実践者でもあったことは，意味があったように思う。自分の関
心や疑問を明確に言語化して相手に伝えることができなくても，私がヨガにつ
いて真剣に考えたいと思っていることは察してもらえていたようだった。ある
先生には知り合ってからだいぶ経った後，私が来る数年前にもヨガの研究をし
たいと学生がやってきたという話を聞いた。その学生は一度だけ，大量の質問
を並べた質問票を持ってきたが，先生はあまりよく思わず，それなりに質問に
答えただけで帰してしまったそうである。私はこの頃には，自分も最初かなり
的外れな質問をしていたことを自覚していたので，その話も心苦しく聞いてい
た。しかし，この話をふまえながら私については，本当にヨガについて知りた

くてそれを社会に伝えようとしていることもわかっていると話し，だから先生自身も私に対してできることをしている，と言っていた。

　研究迷子の間，私はどんなに些細な内容も記録に残していった。それはヨガ教室での出来事のみではない。先生たちに声をかけてもらえれば，日常的なイベントや宗教行事までできる限りついていき，見聞きしたことを記述した。一緒に過ごしていくうちに，彼らがヨガのなかで重視するのは，身体的実践によって自分自身が獲得する経験それ自体であると気づいていく。それに対して，ヨガは科学か宗教かという問いは，客観的視点からヨガの社会的位置づけを捉えようとしたときに生じる問題であることも理解した。私には，自らの経験を基盤に自分と世界の関係を捉えるヨガの先生たちのものの見方を記述する方が魅力的に思えた。そうして，冒頭の問いに関心が移っていったのである。

4 おわりに——自分の内側にある「予想外」に気づく

　私がフィールドワークで気づいた予想外の事実は，私がまったく知らないことではなかった。私がヨガの先生たちの語りを「難解」だと感じた背景の一つには，彼らが自らの前言語的な感覚を含めた経験を言葉にしているということ，そして，状況や相手に応じてその言葉の組み合わせを変えながら話すということがある。もちろん自分の身体感覚や経験は誰にでも知覚可能なものである。しかし，それを含めて自分や世界を考えるという発想が，研究当初の私の頭からはすっぽりと抜け落ちてしまっていた。つまり，それが「難解」だった理由は，私のものの見方に起因していたのである。他方で，近代科学を中心に据えた現代社会においては，自分のなかにある感覚や感情という当たり前の要素が非合理のものとして抑圧され不可視化されやすいのも事実である（真木〔1977〕2003）。したがって，身体的経験を基軸にするものの見方を考察することは，私の当初の問題関心だった科学とオルタナティブについて考えることにもつながっている。

　ヨガの先生たちが最初に「難解」な言い回しでヨガとは何か言葉にしてくれたことは私にとっての幸運だった。彼らの回答は，当時の私の「希望通り」ではなかったが，その後もいろいろと話をしてくれたし，部外者の私がヨガの場に一緒にいることも許し，考える時間をくれた。あのとき簡潔で明快な答えを

もらっていたら，私はいまごろ自分自身のものの見方を見直すこともなく，気づかないままだったことが多々あるはずである。クアラルンプールで出会ったアメリカ出身のヨガの先生は，幼い頃から東洋の神秘主義に憧れ，実際にインドをはじめとしたアジア諸国に留学していたという。彼は「インドだからヨガだけど，それぞれの場所に別の方法がある。若かったから気づかなかったけど，振り返ればとてもわかりやすいこと」と話していた。自分の身体感覚を捉えることの重要性は理論上はどこでも理解可能なのだが，彼はインドで，私の場合は自分の経験やヨガの先生たちとの出会いを手がかりにクアラルンプールで，ようやく気がついたということである。ヨガの身体的実践では，自分のなかに生じる自然な感覚に抗わない（surrender）ことが促される。これはフィールドワークのプロセスにおいても大切なことのように思う。私が予想外の事実と出会うには，その都度直面する現実や他者に対して自分が感じたことを見過ごさず，それを含めて考えていくことが必要だった。

（栗原美紀）

参考文献

栗原美紀，2022「ヨガにおける身体的経験と言語的実践——マレーシア・クアラルンプール周辺の指導者を事例として」上智大学大学院総合人間科学研究科2021年度博士論文。

真木悠介，2003〔1977〕『気流の鳴る音——交響するコミューン』ちくま学芸文庫。

第**10**章

昭島市「八清住宅」と小河内ダムをつなぐ「歴史」から

―「来し方」から資料と場所を〈よむ〉―

八清住宅のロータリーと石碑（2018年7月15日筆者撮影）

戦時中の八清住宅（1941年竣工）には，名古屋をはじめ全国各地から，帝都・東京の防空を担う立川の基地関連産業に携わる人々が移住してきた。戦後は東京の水道水を確保するために建設された小河内ダム（1957年竣工）で水没した地域の人々が移住してきた。現在もダムの水源地となる奥多摩や山梨県の北東部の山林は東京都が管理している。

（出所）1961年の昭島市の航空写真をもとに筆者作成

① 過去への視点

　みなさんは「歴史」という言葉を聞いたときにどのようなものをイメージするだろうか。たとえば，学校で勉強する日本史や世界史，あるいは，歴史を題材にした文学・芸術作品，はたまた，最近のテレビ番組「家族の歴史（ファミリー・ヒストリー）」だろうか。非常に長い時間や，ある特定の場所や期間，もしくは一人の一生など，いろいろな「歴史」がある。客観的な史実から，フィクションとして描かれる「歴史」まで様々である。

　少し視点を変えてみよう。では，そうした「歴史」は，人の手と関係なく，時間が経てばおのずとできあがってくるものだろうか？　そうではなく，実際に起きた出来事を書き遺す人や，口伝えで語る人がいる。また，ある時期の人の暮らしや自然環境に関する具体的なモノや，書き遺されたもの・口伝えの伝承を，探して発掘したり，聞き取って集める人がいる。写真などに記録する人もいる。そうした歴史的な史料を，修復・保存，記録し，博物館や資料館などで展示する人がいる。そして，過去の出来事や人の暮らしについて調査し研究する人，あるいは芸術的な想像によって作品を生み出す人がいる。出版された資料集，学術書や文学作品をはじめとする文献を収集・整理する図書館もある。このようにみると，「歴史」が時間を超えた人と人とのつながりによって作られていることがわかる。言い換えると，いま私たちが知りうる「歴史」は，特定の状況や関心のもとで他者の手によって編み合わせられたものなのである。

　では，そうした「歴史」から，私たちは単に情報を受け取るだけだろうか？そうではなく，一人ひとり興味をもつポイントが異なるように，実は個性や生い立ち，時代状況のなかで作られた問題関心にそって，私たちは「歴史」を読み解いている。同じ内容でも，時間が経てば違って見えることもある。

　つまり「歴史」は，一人ひとりの人間の経験や「来し方」のなかから編み合わされ，読み解かれるものなのである。「来し方」とは，過ぎ去った時間や通り過ぎた方向という意味であり，「身の来し方」といったときにはその人の出自やあゆみを指す。「歴史」と向き合うとき，過去を丹念に理解していくこととともに，過去を捉えている「自分のなかの歴史」を理解する・し直すことも重要なプロセスになる。本稿では，「歴史」をテーマとした実際のフィールドワークの記録をもとに，そのプロセス，方法，体験，理解の変化，そして，そ

れらの方法論の土台となる「私」について述べたい。

②「歴史」のフィールドワーク

(1)場所の成り立ちを資料から読む

　ここで紹介するのは，新原ゼミの学生とともに，東京都の立川市にある都営団地で行ってきた共同研究「立川プロジェクト」(第8章参照)の一部である。

　都営団地のある立川市と隣接する昭島市側に，東中神という駅がある。インターネットの地図で見てみると，北には国営昭和記念公園が広がり，『シン・ゴジラ』でも登場した立川自衛隊駐屯地につながっている。また，すこし広域に目を向けると，北西には，米軍の横田基地があるように「基地」が点在していることがわかる。南には多摩川が流れ，河川敷には，くじらの化石が発掘されたことにちなんで名づけられた公園などがある。そして，付近をよく見ると，駅の南側にロータリーを中心にして放射状に道が広がっている不思議な街区があることに気がつく。筆者は，この場所が気になり，訪れてみることにした。

　実際に足を運んでみると，ロータリーの中心には石碑が建っており，ここが「八清住宅」という場所であることが書かれていた。太平洋戦争の前，1930年代後半に，いまの昭和記念公園の敷地に陸軍の航空機工場がつくられ，大勢の工員たちが名古屋から移住したという。八日市屋清太郎という人の手によっておよそ500戸の新たな住宅，市場，浴場，保育園，神社，公園，さらには映画館が作られ，戦時下に一つの街ができたのである。

　あらためてインターネットで国土地理院の航空写真を調べてみると，たしかに，1941 (昭和16) 年の写真でも，畑や民家などが広がる農村のなかに，整然とした集合住宅街が作られていることが確認できた。戦時下に，こうした巨大な街があったということに驚き，八清住宅が作られた経緯や，移住してきた人びとの暮らしについて，詳しく調べてみようと考えた。

　まず，ロータリーの石碑に書かれている公園や神社，保育園があるところを歩いてみた。細い路地に入ってみると，傾いてしまっていまはもう人が住んでいないようだが，土の壁と木の柱でできた平屋の家屋を見つけた。

　また，いまも公衆浴場がある商店街の食堂や中華料理屋さんでご飯を食べたりした。忙しくなさそうなときに，お店を始めた時期や，名古屋から人が来た

ことについて知っていることがないか，少しだけ聞いてみた。すると，1950年から営業しているという食堂では，名古屋のことはご存じなかったようだが，「オゴウチ」というところからたくさん人が来たということ，戦後の「八清」が有名な商店街だったということも聞くことができた。1970年ごろから営業している中華料理屋さんでも，「オゴウチ」の人が来たということを教えてもらった。また，公衆浴場の煙突はずっと同じところにあり，浴場の建物の場所が少し変わっているということを聞いた。

　駅に近い昭島市の図書館に通い，郷土史のコーナーを端から調べた。すると，当時工場で働いていた人たちが作った回顧録が見つかった。夜行列車で八清住宅に来たこと，一面の桑畑や砂嵐への驚き，工場での作業や空襲の記憶などが書かれていた。たとえば，まだ完成していない八清住宅に初めに移住してきた人は，「塗りたての壁からは湯気が立ちのぼり，寝具はいつも湿気を含んでヒンヤリと冷たく，飲料水は井戸をいくら掘り下げても水がなかなか出ない」（航友会事務局 1975：10）といった真冬の生活の様子を残している。さきほどの土壁の家をほうふつとさせる描写である。そのほか，八日市屋清太郎さん自身の手記，小学校の卒業生がまとめた回顧録，郷土史家の資料などを集め，現在の人の語りや，ロータリーの石碑や路地の景観とあわせて，「戦時下のモダンなまち」としての「八清住宅」というイメージが作られていった。

　ところが，資料を集めるうちに，一度フィールドのなかで理解した「歴史」の像が，別のフィールドにつながり，さらに変化していくことになる。

(2)資料の成り立ちを場所から読む

　八清住宅の資料を集めているなかで，名古屋から移転してきた陸軍の工場が，戦局の悪化に伴い生産場所を疎開するようになったという記述に出会った。1945（昭和20）年，奥多摩にある小河内ダムにつながるトンネルで，航空機の部品を作るようになったという（航友会事務局 1978：2）。そこで，ふと，八清商店街の食堂や中華料理屋さんの店主が言っていた「オゴウチ」というのが，このダムに沈んだ「小河内」であったということがわかった。

　小河内ダムは，1931（昭和6）年に，拡大する東京圏の飲用水を確保するために計画され，26年後の1957（昭和32）年に完成した。当時の社会的な関心を

集め，小説家の石川達三や，写真家の土門拳が作品を残している。『日蔭の村』
（石川 1954）では，都市の発展のために「日蔭」となる集落への住民の思いや
苦悩，そして，1935（昭和10）年12月，直談判のために東京へ向かう夜を徹し
た行進の様子が，フィクションを交えつつ迫力のある筆致で描かれている。土
門拳の写真では，水没する前の集落で傘を回して遊ぶ子どものにこやかな笑顔
が収められている（たましん歴史・美術館歴史史料室 1997）。いずれも，八清住宅
が作られようとしていた時期の「記録」であり「記憶」である。

　戦前から戦後にかけて，ダム建設によって小河内村の945世帯が移住を余儀
なくされ，そのうち147世帯が昭島市に移り住んだこともわかった（奥多摩町誌
編纂委員会編 1985：1118）。戦前に移住した人は二階建ての家を作り，陸軍の工
場に勤める人などが下宿していたという（昭島市教育委員会 2000：403）。戦後に
移住した男性によれば，東中神駅から一駅となりのあたりにかけて100世帯ほ
どが移住したそうである（昭島市教育委員会 2000：371）。八清住宅の周辺は，名
古屋だけでなく小河内，そして陸軍に関係した全国各地の人びとが移り住み，
行き交う場所なのであった。

　こうした「歴史」のつながりから，奥多摩・小河内を訪れることにした。奥
多摩へは，立川駅から電車で1時間ほどである。終点が近づくにつれ，渓谷に
かかる橋や山々が目に入る。到着後，まずは観光案内所で登山ルートやパンフ
レットを集め，山の生き物や地質に関する展示を見学した。その後，あらかじ
め下調べしておいた小河内神社にバスで向かった。ダム湖を見渡すことのでき
る高台に作られ，きれいに手入れされていた。

　そのあと，神社からダムまで6キロほどの道のりを歩いた。道路には人が歩
くためのスペースはなく，切り立った斜面のわずかな幅に道が作られているこ
とを実感する。ダム施設には，「湖底の故郷」という小河内を題材にした歌謡
曲の碑のほか，水没地域の道祖神などが並び，施設内には，小河内村の伝統的
な獅子舞や，生活道具の展示がある。ダムの反対側には，建設中の事故で亡く
なった方々の慰霊碑が建てられており，名前から中国や朝鮮にルーツがある人
たちも多く携わっていたことがわかる。

　最後に，『日蔭の村』でも描かれている1935（昭和10）年の決起の跡をたどっ
た。資料によると，結果的に警官隊によってとり押さえられてしまうが，ダム

建設に翻弄される村の窮状を訴えるために，12月13日未明から小河内村や山梨県の丹波山村・小菅村の住民あわせて1,000人が「東京」に向かった（小河内村役場編 1941：95-96）。そして，いまの奥多摩駅の付近では，600人あまりの住民が大挙し，「村民の生命線を守れ！」と口々に叫び，筵旗をかかげて警官隊と衝突した（朝日新聞1935年12月14日夕刊）。

　このときに住民が歩いたのが，現在は「むかしみち」と名付けられている旧青梅街道である。筆者も，ダムから奥多摩駅までのおよそ10キロの道のりを歩くことにした。今では生活道路として舗装された部分もあるが，当時は渓谷の斜面に沿った険しい山道が続き，体力的にも精神的にも大変な道のりだったことが想像される。真冬の真夜中に600人の集団がじりじりと歩く光景は，非常に緊迫したものだっただろう。そうした人びとが八清住宅や昭島に移り住んだのである。

　文字や写真として残っている場所を実際に訪れ，自分の身体感覚を通してみたとき，八清住宅は「戦時下のモダンなまち」という印象から，「帝都」の空や水のために翻弄された非常に多くの人びとの歩み，それこそ「来し方」が折り重なる場所という見方に変化していった。

③ 資料と場所を読んでいる「私」

　明治期の民衆意識を探究した色川大吉さんは，「歴史家は，極力その場に自分の身をさらして，じっさいにその情景を自分の体で追認するということ，体験するということも大切だと思う」（色川 2006：134-5）と述べている。それは，実際に現地に行き，史実と地理を重ねてみるというだけではなく，人びとの苦悩や葛藤，社会のあり方を深く理解するという方法である。言い換えれば，現在の自分の身体を通じて，過去を想像するということである。

　科学的な手法の限界として，過去そのものは直接知ることができず，文字資料を通じてしか理解することはできないという立場もある。しかし，実際の土地や空間と重ねてみると，文字に書かれていること，あるいは書かれていないことに対する想像やイメージ，気づきを得ることがある。そのような意味でも，「歴史」を読み解くうえでは，身体，つまり過去を読み解く「私」という存在が重要となってくる。最後に，筆者自身の「歴史」について述べておきたい。

　筆者が社会学を学ぼうと考えたきっかけは，2011年3月11日の東日本大震災である。兵庫県神戸市の出身で，物心つく前の時期に阪神淡路大震災で被災した。当時の記憶はないが，家族の話や自宅にあった神戸新聞社の記録，1月17日の避難訓練やドキュメンタリーを通して震災の「記憶」が作られていった。たとえば，地震の直後は街から音がなくなったこと，倒壊した阪神高速が見えたこと，大学生くらいの男性が崩れた家の二階から這い出して呆然としていたことなどを聞いていた。そうしたなかで，3.11の「揺れ」を経験し，津波のあとの死者数や，多くの避難者を生んだ原発事故を目の当たりにし，原発が支えていた産業社会への強烈な違和感が生まれた。そのほか，自然や歴史のない人工島で暮らしたこと，祖父の叔父がレイテ沖で戦死したという話も幼少期の印象に残り続けている。

　筆者は，こうした自身の「来し方」から八清住宅をめぐる「歴史」，人びとの「来し方」を解釈している。1930年代の「帝都」の空と水をめぐる人びとの移住や，人工的な地域の「歴史」は，現在の自分自身の同時代性や身体感覚を通じて編み合わせられたものである。その意味で，断片的で限界があり不完全で，絶えず変化していくもので，これからも深めていきたい問いである。

　みなさんにとっての「歴史」とは，どのようなものだろうか？

（鈴木将平）

参考文献

昭島市教育委員会，2000『昭島の昔語り』ぎょうせい。

阿部謹也，2007『自分のなかに歴史をよむ』筑摩書房。

石川達三，1954「日蔭の村」石川達三・中山義秀『昭和文学全集40　石川達三　中山義秀集』角川書店。

色川大吉，2006『歴史の方法』洋泉社。

奥多摩町誌編纂委員会，1985『奥多摩町誌　歴史編』奥多摩町。

小河内村役場編，1941『小河内村報告書』小河内村役場。

航友会事務局，1975『航友会報　つばさ』1号。

航友会事務局，1978『航友会報　つばさ』3号。

大門正克，2019『日常世界に足場を置く歴史学――新自由主義時代のなかで』本の泉社。

たましん歴史・美術館歴史史料室，1997『多摩のあゆみ』87号，ぎょうせい。

二宮宏之，2011『二宮宏之著作集Ⅰ』岩波書店。

終　章

こだわり，出会い，すくいとり，うごいていく

―人間と社会のうごきをとらえるフィールドワークへ―

サルデーニャ北西部の都市アルゲーロよりカッチャ岬を遠望する（2011年8月16日筆者撮影）
　アラゴンの旧植民都市アルゲーロは，いまでもカタルーニャの言語・文化を残す。有史以来，サルデーニャは，諸勢力による植民地化とひとの移動により，異なる言語・文化・社会が衝突・混交・混成・重合した地中海世界の「生き証人」である。

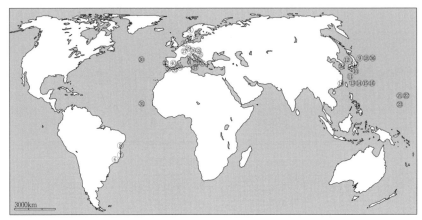

"惑星社会のフィールドワーク（Exploring Fieldwork in the Planetary Society）"の地図
①サルデーニャ　②ケルン　③コルシカ　④エステルスンド　⑤ロスキレ　⑥サンパウロ　⑦リオデ
ジャネイロ　⑧エスピリット・サント　⑨川崎・鶴見　⑩奄美　⑪沖縄　⑫対馬　⑬石垣・宮古島
⑭竹富　⑮西表島　⑯南北大東島　⑰周防大島　⑱神奈川県の多文化・多言語混成地区　⑲マカオ・
香港　⑳済州島　㉑サイパン　㉒テニアン　㉓ロタ　㉔オーランド　㉕イストリア（イタリア・スロ
ヴェニア・クロアチア）㉖トレンティーノ＝アルト・アディジェ　㉗ヴァッレ・ダオスタ　㉘フリウ
リ＝ヴェネツィア・ジュリア　㉙アルプス山間地（スイス・イタリア・ドイツ・オーストリア）　㉚
アゾレス　㉛カーボベルデ　㉜リスボン　㉝リーフ地方（モロッコ）　㉞トリエステ　㉟ゴリツィア
㊱立川・砂川　㊲ランペドゥーザ　㊳セウタ　㊴メリリャ　㊵ジブラルタル
（出所）筆者作成

サマリー

自分が「それによって生きることができるコーズ」と，わかちがたく結びついたもので
あるなら，すべての道は正しい。自分が居合わせた「場（フィールド）」での「営み（ワー
ク）」の意味は，最初はよくわからないかもしれない。「当面の幸せ」とならないかもし
れないが，〈あるき・みて・きいて・よみ・しらべ・ふりかえり・ともに考え・かく〉
という日々の営みは，危機的瞬間に，あなたを支えてくれるはずだ。これからの時代，
生身の現実というフィールドで，「観客」ではなく「プレーヤー」として，全身で全時
間，フィールドワークをすることが現実となる。だからこそ，どうか，"驚きと遊び心
と探求心"を大切に，人生のよき旅／フィールドワークを！

キーワード

方法としての旅　臨場・臨床の智　コーズ　サルデーニャ　生老病死　こだわり　出会
い　すくい（掬い／救い）　とる　つかまれる　驚きと遊び心と探求心

自分の殻を脱ぎ捨て自己を再発見，自己を革新しようと人が考えるとき，そのきっかけを旅にもとめることがある。ラテン語／イタリア語には"itinerarium/itinerario" という言葉がある。この言葉は，「旅程」「道程」「道のり」という意味とそこから転じて「巡礼記」「旅行記」などの意味をもつ。"方法としての旅"。最初の「こだわり」は奥底に携えたまま，一度はそれと切れた形で他者の中に入って格闘してみて，その過程で自分が変わっていくことをよしとしつつ，もう一度，最初の地点とつき合わせてみて，自分が変わったということを自らの "場" において具現化してみせる旅である。

新原道信「旅」（新原 2002：697-698）

もっともたやすきことは，実質のある堅固なものを［外側からいいとかわるいとか］裁く（批評／批判／判断する）ことである。難しいのは，それを把握することだ。もっとも難しいのは，［この "批評／批判／判断" と "把握" という］二つの契機を結びあわせて，［自分ならどのように生きるかを］表し出すことだ。

ヘーゲル『精神現象学』（Hegel 1986 ［1970］：13）

1 はじめに――ごくふつうの "臨場・臨床の智"

　私たちは，ふつうに生きているだけで，必ずどこかのフィールドで何かをしている。この決して広くはない惑星で，驚いたり，喜んだり，悲しんだりしながら，立ち止まり，うずくまり，恐る恐る一歩踏み出し，二度と戻らぬ大切な日々を生きている。私たちが，それぞれのフィールドで奮闘し，ぶつかり合い混じり合うことで社会もうごいていく。

　「きっとこれには何か意味がある」――こころから，そう体感できる瞬間こそが，人間と社会のリアリティだ。意識的なフィールドワークは，私たち誰もが，非意識的にやり続けている「野良仕事（フィールドワーク）」のリアリティを体感するための "方法としての旅" である。

　ここまで，フィールドワークの「門」をくぐって，「本書のフィールドワーク」をするなかで，〈あるき・みて・きいて・よみ・しらべ・ふりかえり・ともに考え・かく〉ことを疑似体験してもらった。序章では，フィールドワーク

を概観してもらい，第Ⅰ部と第Ⅱ部ではそれぞれのフィールドに入ってもらった。プロフェッショナルであれ，学生であれ，誰もがその人に固有のやり方，あり方で，フィールドワークをおこなっている。総体としては，複数の目で見て複数の声を聴き，複数のやり方で書いていくという"うごき"となっている。外から見ていた世界に飛び込み，異なる体験に入り込む。記憶し記録し，その"内にして外／外にして内"であるような体験を表し出す——この旅のひとまずの終わりに，ここまでの旅程をふりかえり，自分が居合わせた「場（フィールド）」での「営み（ワーク）」そのものの意味を考えてみたい。

　本章の役割は何か。序章の冒頭で紹介したR・マーフィーは，人間の脆さと愚かさと尊厳について語るなかで，「社会的生」というものは，「内側へと倒れ込むこと」（自己の内へと回帰すること）と「外側へと倒れ込むこと」（他者とつらなること）との間でバランスを保つ「綱渡り的努力」だと語っている（Murphy 1990［1987］＝2006：379）。この言葉に従い，終章では，日々の営みとしてやり続けている「社会的生」，その"内にして外／外にして内"の"うごき"，自らもうごいていくなかでとらえるフィールドワークの準備をしていこう。

　冒頭の「旅」についての言葉を見ていただきたい。サルデーニャへの"旅／フィールドワーク"のひとまずの終わりに，この言葉がやって来た。勉強からの知というよりも，自分の"背景"と深くかかわるかたちで，痛い（‼）思いをしながら身体で学んだ智が重ね合わさった「織物（タペストリー）」となっている。その背後に，「対」をなす言葉として，意識の経験の旅の書物であるヘーゲル『精神現象学』の「もっともたやすきことは……」という言葉がある。

　旅人／フィールドワーカーの「務め」として，「見聞したことを書き記し報告する」ため，これまで『ホモ・モーベンス——旅する社会学』や『境界領域への旅』『旅をして，出会い，ともに考える』『"境界領域"のフィールドワーク』という具合に，"旅／フィールドワーク"を主題とする作品をつくってきた（新原 1997, 2007, 2011, 2014）。そしてまた，公営団地等での長期にわたるフィールドワークにより，人間の生命力が立ち現れる"うごきの場"に居合わせた記録を，なんとか文章にしてきた（新原 2016, 2019）。

　これらの作品は，〈あるき・みて・きいて・よみ・しらべ・ふりかえり・ともに考え〉た日常そのものを〈かく〉ことから生まれた。日々出会ったことが

ら——書物，映画，ドラマ，ドキュメンタリー，自分や他の人たちの手記や私信・日誌，その場の風景や情景，音や匂い，話の断片，表情，つぶやき，くちごもり，記憶の奥底から時をとらえて想い起こされることなどの混合物である。一つひとつの言葉は，いつ誰とどこで，いかなる状況で“出会い”，発せられたものかを，痛みや恥ずかしさとともに鮮明に想い出せる。「借り物」ではないが，「そんな主観的で個人的なものに意味があるのか」と言われそうでもある。

　しかし，“固有の生の物語”が意味をもつ時代・状況・条件というのがある。それは，社会（とりわけ「世間」）が自分の感触とは異なるかたちでどんどんうごいていくようなとき。いままさに眼前で，社会がその根底から揺れうごいていくとき，そのなかで周囲の人間もまた変わっていくのを目撃しているとき。このまま自分が，社会やシステムのなかで溶かされ押しつぶされてしまうのではないかという違和感や危機感を感じるとき。社会の「空気」に流され変わっていく自分を怖れるとき。それでもなお，変化・変成の濁流のなかで，それでも自分が生きているという実感を渇望するとき。

　そのようなとき，“時代の転変”に臨む智，社会的な痛みや苦しみを被る“受難者／受難民”が生み出す意味に寄り添う智，すなわち“臨場・臨床の智”[1]が求められる。その場に引き込まれ，巻き込まれ，居合わせてしまう“臨場（場に臨んでしまう）”，そして，筆舌に尽くしがたい痛苦をもって生きるひとがもつ受苦の力，「他者の病」にこころを寄せ，病の床に臨む“臨床”の智である。ここでの「他者の病」とは，人間のみならず，社会や地球の「病」であったりする。

　そのようなとき，生身の現実・事物・ひととのかかわり／ふれあいの記憶・記録は，（ジョン・リードの『世界をゆるがした10日間』（光文社，2017年）がそうであったように）[2]大文字の歴史とは異なる見方を提示してくれる可能性をもつ。そのためには，むしろ，個々人の“背景”から来る「こだわり」「わだかまり」「いらだち」や「偏り」を生かすかたちでの「一所懸命」が，全景把握への道を開く可能性がある。

　「必ず」でも「確実」でもないだろう。しかし，ベラルーシの記録作家スヴェトラーナ・アレクシエーヴィチは，相手に導かれ，うごき，声を発しない「小

さき人たち」の声を聴いた『戦争は女の顔をしていない』や『チェルノブイリの祈り』のなかで、「本当に大事なことは一人一人のこころのなかで起きてきた」と繰り返し述べている（Alexievich 2016, 2021）。ごくふつうの人間の生の軌跡を記憶・記録することへの確信、「誠者天之道也，誠之者人之道也（誠は天の道なり，これを誠にするは人の道なり）」『中庸』を信じて歩む勇気が、“身実（みずから身体をはって証立てる真実）”を識ることへの分岐点となる。路上に漂い、人びとのこころのなかに刻み込まれているところの、ごくふつうの“臨場・臨床の智”が、人をうごかし、社会をうごかす——亡くなる直前のメルッチは、惑星社会において、ごくふつうの“臨場・臨床の智”が人間と社会の“うごき”の根幹となることは、もはや倫理的な問題ではなく論理的リアリティなのだと言っていた。

　本書では、人生の「旅」と「フィールドワーク」が交差するかたちで、人間や社会を理解しようともがき、うごいている人たちに「問いかけ」をして、各氏に応えてもらった（各氏がなぜ、どのように、うごきのなかにあるのかについて書いてもらうようにお願いした）。ここでは、「問いかけ」の当人もまた、この「問いかけ」に応えてみるなかで、あらためて、本書の意味を考えてみることとしたい。みなさんもまた、この不意の「問いかけ」に応えてもらえると嬉しい。

　以下では、人間と社会の“うごき”を“内にして外／外にして内”からとらえるフィールドワークに向けて、序章の「問いかけ」に応えるかたちで、筆者を「フィールド」とした叙述を展開してみる。

② うごきの原動力となった「こだわり」は何か？

　人間が思想を自分のものとしてもつとは、それによって生きることができるコーズ（cause）をもつことである。そのために精神の真底から笑い、喜び、怒り、憂え、悲しむことができるなにか普遍的なもの、なにかパブリックなものをもつことである。そのとき、歴史は精神の外側に己れを展開する眺めではなくなって、自己のうちなるコーズそのものにかかわる出来事となる。
真下信一「受難の深みより」（真下 1980：190）

　これは，恩師・真下信一先生の若き日の言葉だ。「それによって生きることができるコーズ」は，根深くそして実際にどんな道を歩いたのかによって決まってくる。どこで何をするとしても，ない袖はふれない。「コーズ」とは，どこに「往った」としても，繰り返し「還って」きてしまう場所だ。どこを歩き，誰と"出会い"，そこからどんな言葉が出てくるかは，「コーズ」による「こだわり」「わだかまり」「いらだち」，その"拘束と絆（human bondage）"により定まってくる。

　まだ見ぬ人や土地，あるいは身近に居るのに居合わせることなく通り過ぎてきた人や土地——出会うべき相手と出会うべくうごいていくにはどうするか。まだうごかず，うずくまっていた頃の「精神の現象学」に立ち戻ることも必要だろう。[3] 人間や社会の意味を考えることは，自分のなかの歴史や社会を識ることと分かちがたく結びついているからだ。

　こうしたことに気づけたのは，最初のイタリア留学で，自分がなぜここに来たのかを繰り返し問われ，期せずして自らの生の物語をイタリア語で書くことになり（Niihara 1989），初めて「自分のこと」を言葉にできたからだ（新原 2011：2章参照）。聴いてくれる人がいなければ，出てこないものであり，ここから本章冒頭の「旅」についての言葉も出てきた。筆者の「こだわり」「わだかまり」「いらだち」はどんなものだったのだろう（以下では，「わたし」という一人称で，「フィールド」のなかに入っていく）：

　子どもの頃から，いろいろできないことだらけだった。もともと勉強も語学も苦手，かといって，アウトドアに強くもない。フィールドワークにはおよそ似つかわしくない，引きこもり気味で内向的，そして落ち着きのない子どもだった。保育園や小学校に通う道行きで，脇道に入って行き，川を渡り，坂道を登り，オタマジャクシをつかまえたり，知らない道の知らない家の軒先を覗き込んだりしていた（駐在さんが心配して学校まで送り届けられたことがある）。しだいに「世間にも親族にもあまり歓迎されていない」ことに気づいた。

　子どもの頃は伊豆の海で（大人になってからは地中海だったが），船を出してもらわないと行き着くことのできない入り江で泳いだ。少し泳げばかなりの深さになる透明度の高い海で魚を追いかけ，いつの間にか沖に流される。沖へと向かう流れからなんとか脱して，岸に向けて泳ぎ，ことなきを得たときの海への

畏れ。そして憧れ。あるいは波の荒い日に岩場にたたきつけられ，尖った岩や
フジツボで手足や背中が傷だらけになった。

　伊豆では川でもよく遊んだ。川の流れと深みや淀みをよく知っておかないと
溺れる危険がある。向こう岸にわたるため，どの石に足をおろすか，苔ですべ
るかどうか，よく考え，勇気を出して一歩を踏み出さないとすべり落ちる。何
度も頭や膝をぶつけ傷をつくった。豪雨の後の川は，流れや深さ，岩の位置も
違っている。もう一度，頭のなかの川底の「地図」を作り直さないと危険が増
した。

　山に分け入り，森の木々の隙間から空を見上げ，風が鳴る音を聞き，リンド
ウの紺碧に目を奪われ，気がつくと識らない谷に来ていた。自然薯（ヤマイモ）
のツルやヤマブドウ，アケビの実を探し，時々蜂に刺され，泣いた。何一つ地
元の同級生のようにはできなかった。彼ら彼女らは，海や山や川の「地図」を
身体のなかにもっていると思った。山野河海を読み解く「地図」のみならず，
学業もスポーツも得意で快活な周囲の子どもたちが輝いて見え，心細くなると，
亡くなった曾祖母の幻が現れ，言葉はなかったが笑いかけてくれた。山羊やウ
サギに話しかけたりしたこともあった。

　だが，どこかに行きたかったわけではない。ここには居られないと思っただ
けだ。できればここに居たかった。でもそれはできないと感じていた。あきら
め，他人を羨み，うずくまっていた。どこかに往き，還ってきたらどうにかな
るわけでもないだろう。八方塞がり。この先ずっと，往くあても還るあてもな
く，ただ一日一日をやり過ごし，結局一人で死ぬことになるのだろう——こん
な自分の「晩年」を想い浮かべた（小学校に通い始めたばかりの孫から，そんな気
持ちを告白された祖母はとても驚いたらしい）。

　先生や親の期待から逸脱してしまい，なかなか自分の「居場所」を見つけら
れなかった。そのせいかもしれないが，出郷者や故郷喪失者，痛みを抱えた人，
「変な」人，「病んだ」人，よそもの，異質・異物とされる人や，人間に酷使さ
れたり食べられたりする生き物も平和に暮らせる「街」があったらいいと念じ
ていた。祖父の書斎の哲学書や，父の書斎の文学書，叔父の書棚のSF小説な
どを眺めながら，どんな人であれ，どんな生き物であれ，どんな自然であれ，
ただ存在するという理由のみによって静かに尊重されるような社会を創るのが

256

学問なのではないかと思っていた。

③ 誰の，何と，どのように出会ったのか？——フィールドにつかまれる

「人間とはものを考える存在だ。おまえは人間に値しない」と言われて育った。この言葉を発した母方の祖父は，圧倒的に知的で，精神的に強く，乗り越えがたい「壁」だった。「植木鉢」として小さな鉢に入れられたが，発育不良で捨てられるしかないサボテンだ——自分のことをそう感じていた。どこか諦め，拗ね者として，「引かれ者の小唄」を唄い，しかしあきらめきれずにもがくという「円環」のなかでいったりきたりし続けた。

大学に行くのは学力的にとてもたいへんだったが，「同郷」から離れるためにがんばった。がんじがらめの魂を解き放ちたい。鉢を割って「出郷」するための道標（みちしるべ）として，切実な思いで真下先生を師と選んだ。すでに大学を退職されていた真下先生のご好意で，ヘーゲル研究者だけが集まる『精神現象学』の読書会に，ただひとりの学部生（⁉）として参加させてもらった。先輩研究者の視線がつらかったが，ここがわたしにとっての「大学」であり，「生きられるフィールド」だった。真下先生の表情，言葉，しぐさにただ憧れ，尊敬し，学ぼうとした。しかし，始まったばかりの読書会の冒頭，先生から発せられた言葉は，本章の冒頭にあげた「もっともたやすきことは……」だった。

「ああ，憧れ，尊敬し，学ぶということは，いずれその場を旅立ち，自分のコースを表し出す（具現化する）ことなのだ」「自分の旅をしないといけないのだ」とわかり，途方に暮れる思いがした。必修科目のドイツ語やフランス語，ラテン語を履修し，先の見えない外国語の森，言葉の海のなかを彷徨う日々を送り，なんとか苦手なことにしがみついていた。しかし，いずれこの「避難所（アジール）」から離れ，自前で自分の「フィールド」を創らないといけないという"命運へのdoomedな（ただ幸せ，安心とはいえない）予感"がしていた。大学を卒業するとき，真下先生は，「寂しくなるね。でもわたしも旅立ったのですよ」とおっしゃった。それからしばらくして先生は亡くなられた。

アカデミズムの世界では，「ただものを考えてみたい」などという「夢想」は通用しないが，「新原くん，なにかの専門家になるとしても，本業は人間ですよ」という先生の言葉がいつも念頭にあった。この方向で自分の「コース」

を生きようとうごいていくためには，どこで何をすればいいのだろうと迷う時間がしばらく続いた。まったくの幸運で，社会学者の先生に出会い，先生方の厚情により社会学的調査研究の方法（理論の魂と実証の魂）を教えていただいた。また苦手なことにしがみつく日々が続いた。

　しかし，その頃，目の不具合が明らかになり，外国語の文献などを大量に読んでいくというスタイルは，知的のみならず身体的にも無理になった。かといって，社会調査をする能力が身についていたわけではない。ましてや，フィールドワークで実績を積んできたわけでもない。運良くイタリア政府の国費留学の試験に合格し，ほとんどイタリア語もできない状態で，「逃げる」ように留学した。社会に出るまでのわずかな「猶予期間」であることを意識しながら，“異郷／異教／異境”の地サルデーニャで，野菜や生ハム，チーズを買うための作文をするだけで一日の大半が終わるような生活を始めた（新原 2011 の 2 章参照）。

　サルデーニャと沖縄を比較しようと思ったのは，“端／果て”とされることへの勝手な感情移入からだった。サルデーニャでの最初の調査は，日本の社会学の先生方が作成された調査の項目に即したもので，「型」はあったが自分がなかった。すぐにそのことは見抜かれ，中世都市サッサリで出会ったアルベルト・メルレルから，こう言われた：

　　君の調査票はよくできているが，それでは最初から予想したことしか「わからない」，つまり現実にふれることはできないよ。君にだって，よく探せば，「どうしてもそのことを“識りたい”，そのことを探求しないと生きている意味もない」というぐらいに切実な「問い」があるはずだ。それをまだわかっていないとしても，勇気をもって，「自分の殻」から這い出して，「前人未踏の地」への扉を探すんだよ。たしかに，扉がどこにあるかはすぐにわからない。でも自分から声を発してうごいていかなければ，君は，やせ細った「骨と筋」でしか，社会も人間も「理解」できないだろう。それでは，この世界に“息づいて”いる，本当に豊かで生々しい「血や肉」にふれることはできないんだよ。

なぜか気になり，ひっかかり，持ち込んだ質問項目に対して，もっとも厳し

い「ダメ出し」をしてくれたメルレルのもとへの留学を決めた。ずっとよく世話をしてくれたが，その理由は，わたしというよりも，わたしの父親が朝鮮半島で生まれ育った日本人であることが大きかったようだ。メルレルもまた移動の困難とその意味を識るひと（移動民）だった。イタリア北部の都市トレントで生まれ，家族とともにブラジルへとわたり，南米を代表する社会学者O・イアンニ（Octavio Ianni）の指導のもと，サンパウロ大学大学院を修了，アメリカ・アフリカ・ヨーロッパの各地の大学で教育活動をおこない，イタリアに「帰還」した後は，地中海の島サルデーニャの国立サッサリ大学に勤務していた。メルレルには，サルデーニャのいわば内なる島々であるような多くの都市や村々，森や岬へと誘ってもらった。後に，『世界地名事典』（朝倉書店）の「サルデーニャ」の項目をすべて担当執筆したが，どの場所にも行ったことがあり，風や音，匂い，土地の人の表情を想起できることに気づき，メルレルに感謝した。メルレルからは，フィールドとフィールドワークをもらった。

　その後，アルベルト・メルッチとの出会いがあった。メルッチは，アドリア海に面したイタリアの都市リミニに熟練労働者の息子として生まれ，ミラノ・カトリック大学で哲学，国立ミラノ大学大学院で社会学を学んだ後，パリに留学し，A・トゥレーヌのもとで社会運動を研究すると同時に，臨床心理学の博士号を取得した。J・ハーバーマスやZ・バウマンとの学問的交流を経てイタリアに帰国，サッサリ大学，トレント大学，ミラノ大学を歴任し，2001年9月白血病でこの世を去った。1994年に北海道から京都までの旅をともにしたが，奥さんのアンナ夫人に，「彼はわたしの言いたいことがわかるんだよ，なぜかね（!?）」と言って歓んでいたらしい。師であり友でもある二人との間では，家族や親族，お互いの"背景"も含めた"交感／交換／交歓"が起こっていった。

　"出会い"は，師友とだけではなく，フィールドのなかにもあった。日本やイタリア，地中海，ヨーロッパや南米，大西洋，アジア・太平洋の「辺境」（と他の人たちからいわれる場所）に行き，歴史的・文化的に複雑な"背景"をもった人たちに出会ってきた。1989年，ドイツのケルンで，移民の家族からサルデーニャに暮らす親戚へのあいさつを頼まれたが＜果たすことができなかった。まだ『帰郷という神話』といったタイトルの本が存在するような時代だった。至らぬという想い，その人たちに対する畏敬の念，ただその気持ちを理解したい，

識りたいという気持ちが沸き上がった。自縄自縛から，少しだけ解き放たれ，「自分」ではない誰かのことが本当に気になり，ただ識ることの意味のなかで安らぐことを覚えた。「驚嘆すべき人たちがこの地球上で懸命に生きている。そのことをなんとか他の人に伝えたい」と思い始めた。実はこのケルンへの旅をともにしたとき，初めてメルレルが，自分の“背景”を話してくれた。そこからが本当の“出会い”となった。

「コーズ」は，選ぶというよりつかまれるものだ。真下先生の「コーズ」という言葉を「フィールド」と言い換えることができる。つまり，「あなたは土地や人のフィールドにどのようにつかまれたのか」という「問い」である。わたしは，サルデーニャにつかまれた。「それによって生きることができ」るフィールドワークがうごき出し，その土地で，人の移動を考え，自分の父親が朝鮮半島で生まれ育ったことの意味も考えるようになった（新原 1997の2章参照）。

うずくまった状態からうごき出したというよりは，逃げ出し，背中をおされ，つかまれ，引き込まれ，自分を守ろうとしていた「殻」を手放し，初めて他者のことが気になり，やっと人や土地に出会い，「自分」に固執することで見えなかった「コーズ」に少しだけふれるための“道行き・道程（パッセージ）”——フィールドにつかまれる。それが，わたしにとっての「フィールドワーク・入門」だった。

ヨーロッパ中世の言葉に「都市の空気は自由にする」というのがある。「考える資格はない」とされた人間が，なんとか考えたいと思いつつ「旅」を続け，たまたまストレンジャーを受け入れてくれた「都市」がイタリア・サルデーニャであり社会学だったということになる。

4 どのように，〈あるき・みて・きいて・よみ・しらべ・ふりかえり・ともに考え・かく〉という営みをしているのか？——“惑星社会のフィールドワーク”と“未発のコミュニティへのフィールドワーク”

実際にどのようなフィールドワークをやってきたのか。〈あるき・みて・きいて・よみ・しらべ・ふりかえり・ともに考え・かく〉，とりわけ〈地球の裏側へのはるかな旅〉の舞台となったフィールドを，本章冒頭の地図に書き込んでみた。あまり「遠く」には生きたくないと思う気持ちとはうらはらに，ずい

ぶんと意識の“端／果て”にあった土地や人のもとを訪れたものだと思う。

　1980年代半ば頃から，沖縄・広島・長崎，サルデーニャ（イタリア自治州），サルデーニャ州の都市や村々や島々（カルロフォルテ，ラ・マッダレーナ，アジナーラなど），コルシカ（フランス），ケルン（ドイツ），北海道，ミラノ・トレント（イタリア），エステルスンド・ストックホルム（スウェーデン），コペンハーゲン・ロスキレ（デンマーク），サンパウロ・リオデジャネイロ・エスピリトサント（ブラジル），マカオ・香港（中国への返還直前），サイパン・テニアン・ロタ・グアム（アメリカ合衆国），石垣・宮古・竹富・西表島，奄美・加計呂麻島，南北大東島，川崎，横浜・鶴見，平塚，茅ヶ崎，津久井，神奈川の多文化・多言語混成地域，周防大島，対島，立川・砂川，済州島（韓国），リスボン（ポルトガル），ヘルシンキ・ミッケリ（フィンランド），オーランド（スウェーデン語が公用語となっているフィンランドの自治領），ナポリ・ローマ・アレッツォ（イタリア），ヴァッレ・ダオスタ（イタリア・フランス・スイスの間国境地域），フリウリ＝ヴェネツィア・ジュリアとゴリツィア／ノヴァ・ゴリツァ（イタリア・オーストリア・スロヴェニアの間国境地域），トリエステからイストリア半島（イタリア・スロヴェニア・クロアチアの間国境地域），アゾレス諸島（ポルトガル自治行政区），トレンティーノ＝アルト・アディジェとアルプス山間地，ドロミティ地方（イタリア・オーストリア・スイスの間国境地域），カーボベルデ諸島（カーボベルデ），ランペドゥーザ島（イタリア最南端の島），セウタ・メリリャ（モロッコ内のスペインの「飛び地」），ジブラルタル（スペイン内のイギリスの「飛び地」），マラガ，アルヘシラス，コスタ・デル・ソル（スペイン）など，日本社会とヨーロッパ社会とかかわりの深い地域社会，国家の「中心」から見るなら“端／果て”とされるような地域の“深層／深淵”を「理解」するための“探究／探求”をしてきた。

　全体を貫く「問い」は，〈われもひとなりかれもひとなり，われもいきものかれもいきものなり，われもかれも，ものよりいで，ものにかえるものなり〉という水平的人間関係はいかにして可能か，様々な社会の歴史のなかにその可能性はあったのではないか，というものだった。

　ヨーロッパが非ヨーロッパ世界を「発見」し，人や土地のなかに序列がつくられてきた近代世界の始まりから考えてみたいと思った。大航海時代の航海者にとって，ジブラルタルの果てにひろがる大洋は，想像をこえた茫漠さであっ

写真終-1 リスボンの国立博物館で大航海時代の海と島々が描かれた地図を眺めるメルレル（2009年2月19日筆者撮影）

たはずだ。あてどなくその大海へと漕ぎだし，数々の岬と新たな海を越えて，アゾレス諸島，カナリア諸島，マデイラ諸島，そしてカーボベルデ諸島と出会った。マイノリティであった航海者たち，たとえばヴァイキングは，グリーンランドやアメリカ大陸に到達していたが，地図もつくらず記録も残さなかった。「帝国」が，「神のご加護により新世界を発見・占有する」という発想でなく，島や岬に沿って，航海を始め，境界を越え，他者との関係の作り方そのものを創るところから始めた（**写真終-1**）。

　だとしたら，ジブラルタルから始まり，レユニオン，コモロ諸島，モーリシャス，モザンビーク，ザンジバル，インド，そして，マラッカ，東ティモール，マカオ，沖縄という土地と人のつらなりのなかで，日本人と日本社会，そして自分を再発見することができるのではないか——そう考え，地中海から大西洋，アジア・太平洋へと拡がる"惑星社会のフィールドワーク"を進めてきた。

　しかしながら，〈あるき・みて・きいて・よみ・しらべ・ふりかえり・ともに考え〉たことのすべてを〈かく〉ことができているわけではない。沖縄，日

本の島々，サイパン・テニア
ン・ロタについては，何度か文
章にしてきたが，広島・長崎・
北海道での出会いは，〈かく〉
べき「宿題」として残されてい
る。サルデーニャについては（新
原 1997：2007：2011）などで，
アゾレスについては（新原 2011），
オーランド，カーボベルデ，コ
ルシカについては（新原 2014）
で，ランペドゥーザについては
（新原 2019）（**写真終-2**），セウ
タ，メリリャについては（新原
他 2020）で少しだけ報告したが，
その他の土地や人も含めて，伝
えたいことがまだまだたくさん
ある。

写真終-2　ランペドゥーザの新港近くの広場にう
　　ち捨てられたアフリカからの難民を乗せ
　　た船（2018年3月6日筆者撮影）

　他方で，一見「近く」にある
が，視野の"端／果て"に置か
れた〈足元への旅〉を行ってき
た。神奈川や東京をフィールド
として，「インドシナ難民」や
「日系人」などの在住外国人が
多数暮らす神奈川の公営団地で
の「湘南プロジェクト」（**写真
終-3・4**）と，"移動民の子ど
もたち"とかかわる「聴け！
プロジェクト」などをおこなっ
てきた（新原 2016を参照）。〈調
査研究／教育／大学と地域の協

写真終-3　団地祭に出店しエンパナーダを売る湘
　　南プロジェクトの子どもたち（2002年8
　　月12日筆者撮影）

写真終-4　団地祭に出店しバインベオを売る湘南
　　プロジェクトの面々と子どもたち（2003
　　年8月10日筆者撮影）

写真終-5 サンタ・マリア・ディ・ピサ地区のプロジェクトでのグループワークの様子（2017年2月27日筆者撮影）

業〉により，そこに居る人すべてが静かに尊重されるように場をつくる試み，いわば“未発のコミュニティへのフィールドワーク”である。現在は，立川・砂川地区での「立川プロジェクト」を中心に，イタリア・サッサリ市のサンタ・マリア・ディ・ピサ地区のプロジェクトと同時進行形で“コミュニティを基盤とする参与的調査研究”と“療法的でリフレクシヴな調査研究”というのをすすめている（新原 2019を参照）（写真終-5）。

　いずれのフィールドに入るときも，何かの「事件」が起こってから駆けつけるというやり方ではなく，何かが起こっていない（いわば“未発の状態”にある）ときに，“居合わせる”というかたちで〈あるき・みて・きいて・しらべ・ともに考える〉ことをしてきた。

　30年以上続く“サルデーニャへの旅／フィールドワーク”のなかで，「同じカンヴァスの上に何度も絵の具を塗っていく……その過程で，一つひとつの木や草花，岩がもつ意味，都市や地域に住む人の生活，ものの感じ方考え方，一つひとつの土地がもつ固有の意味などが，少しずつ視界の中に入っていく」（新原 1997：228）所作が身についた。しかし，『うごきの場に居合わせる』（新原 2016）でも書いたが，一つの団地，一つの若者の集団との間で，その“存在と契りを結ぶ”ことは生半可なことではなかった。母の病と父の死のなかで，どうしてそこまで，全生活をうずめこむことができたのか，いまだ謎の部分がある。きっとひどく悲しかったのだろう。こうしてみると，どちらかと言えば「こもる」ことを好む人間が，意外に外界へと出て行っていることに気づく。「居場所のなさ」「所在なさ」，「いてもたってもいられない」という状況で，揺れうごいてしまっていたのかもしれない。だから，内面的な危機もそうわるいことばかりではないといまは思える。

　ここから，フィールドワークの次の変奏曲が生まれる。“内なる惑星のフィー

ルドワーク"である。

⑤「生老病死」と向き合う"内なる惑星のフィールドワーク"

　『旅をして，出会い，ともに考える』では，第1章でアゾレス諸島をフィールドとした「一期一会」の"惑星社会のフィールドワーク"，第2章ではサルデーニャでの"未発のコミュニティへのフィールドワーク"，第3章で「生老病死」と向き合う"内なる惑星のフィールドワーク"を描いた（マーフィーが言うところの「足元にポッカリと開いた暗い穴のなかへの，これまたはるかな旅」の報告である）。しかし，まだまだ不十分であり，こころ千々乱れたままの膨大な日誌（フィールドノーツ）が手つかずで残っている（ふれようとすると傷口がぱっかり開いてしまう）。

　20代の頃から，"不断／普段の営み（デイリーワーク）"として，あらゆる日々のあらゆることを"描き遺そう"としてきた。だが，父親を突然亡くしてからの一カ月ほどは，ほとんど言葉を遺せていない。日々の営みを"描き遺す"ことの意味は，〈かく〉ところまでいけていないことは何かを意識できることだ。たとえば，以下の日誌（フィールドノーツ）から，こころゆさぶられたときの記憶がよみがえるのだが，まだ作品を〈かく〉ところまでいけてない。しかし，こうした"舞台裏"こそが，フィールドからの財産なのかもしれない。メルッチと約束した共著の本はまだ実現していないが，かろうじて"描き遺した"言葉は，後からやって来る瞬間の"基点／起点"となってくれるはずだ。これまでつくってきたフィールドワークの作品は，ある特定の瞬間に体感した全景を，かろうじて"描き遺した"言葉の断片から造形されていった。

　2000年5月にメルッチは，無理を押して日本にやって来てくれた。その特別な瞬間，彼との間に生起したことがらをなんとか"描き遺し"たいと願い，必死の思いで以下のような日誌をつけた：

　2000年5月，彼が日本にいる間，わたしはずっと彼のかたわらにいた。わたしたちはまず，いまこの場所，横浜の地に二人いることの幸運を喜んだ。それを励みにここ数年をともにすごしてきたけれど，実現するとは実は二人とも思っていなかった。そしてわたしは，彼の身体に膨大な犠牲を強いてし

まうこの旅が実現しないことをどこかで祈っていた。2000年5月10日から18日の間，わたしたちはできる限りの呼吸をともにした。同じ場所で同じ空気を吸いながら，互いの生存を確かめあった。地域社会学会での講演と一橋大学でのセミナーを除けば，ほとんどの時間を，彼の身体を休めること，西洋医学からは見放されてしまった彼の身体が東洋の"智"，たとえば整体，鍼灸，マッサージなどの師にふれあう機会をつくること，彼がミラノでそうしてくれていたように，本当の友だちしか連れていかない場所にいっしょにいき，本当に心近く感じている人にしか会わないようにして時を過ごした。

　移動する列車のなか，庭園の日溜まりのなか，あるいは喧噪の横浜の町中で，わたしたちはたしかに魂の往還をしていた。たしかにわたしたちは，彼の骨が血液をつくろうとしてたたかっているその熱を感じとっていた。きわめて率直に，形容詞を必要とせずに，彼の残された時間について話し合った。「もしいま，自分が生かされているのだとしたら，この死に臨んで初めて出会う視界を，まだそこには辿り着いていないのだけれども，かならずや同じ場所にたたずむことになるすべての人間，有限性を生きるすべての人びとに，言葉を遺すために時間が与えられたのだ，そう確信している。この確信によって，気持ちが少しだけ安らいだのだよ」と，彼は言葉を発した。

　それぞれが自分や家族の病や死に遭遇したときに，これまで社会的関係をもってきた人たちの本質が鮮やかにあぶりだされたこと，自分にとって誰とのどのようなふれあいが大切か，身を切る"痛み"とともにおぼえたこと，多くを語らずとも，この孤絶感を身体にくぐりぬけさせざるをえなかったことの意味を識るもの同士の相互浸透がそこにはあった。

　今回の旅で，わたしたちはいままで互いにしらなかった病の歴史を識りあうことになった。もしかしたら10代の頃に出会った大怪我がきっかけで，ゆっくりと彼の身体のなかで未発の病が進行し，そして表面的にはある日突然，骨髄の腫瘍というかたちで発現したのではないか。あるいはわたしが20代の後半に網膜剥離を体験したのは，体質の遺伝があるのかもしれないけれど，やはり目に見えない，そこにあっても聴かれることのなかった小さな徴候が積み重ねられることによって起こったのではないか，等々，わたしたちは，社会科学の言葉と自分の身体を語る言葉をかさねあわせながら，トータルで

クリニカルな現実と向き合っていった。初めて網膜剥離の話をした翌日，彼は自分自身がその痛みを被ったかのような切実さで，わたしの身体をいたわろうとした。そして何度も何度も彼は言うのだった。もし中心部の視界が失われたとしても，端の部分の視界がのこるはずだ。比喩のみならず，実際の視界もまた，辺境から見る方法を鍛えたほうがよい。失明までの執行猶予期間が与えられている間に，小さな日々の選択として，中心部を見るという視力以外の身体的力をより自分のものとしていったほうがよいと。

　あきらかにわたしたちは，互いの身体の歴史に深く刻み込まれ，いつのまにか自らの“根”を構成する要素となってしまった“痛み”の歴史をくぐりぬけるかたちで，他者の身体を串刺しにしている諸感覚を受け止める力，その意味で，実質的で奥深いものとしてのみ存在するところの，共感の力，相手の状況を察することで適切な応答をする力，聴くことの場に出会った。

　彼がイタリアへと帰国する成田への列車のなかで，どちらからともなく言葉がもれた。「なぜ人はその人生の生存期間の大半を，生の実質的な意味に気づかぬまま過ごしてしまうのだろう」と。2000年6月5日，彼からのメールが来て，病状が悪化したこと，それでも楽観を失わないように努力したいとあった。わたしたちは，いま，社会的時間に組み込まれながらも，その内的時間においては，生きた心地のしない日々を過ごしている。しかしこれは特別な状況ではない。むしろ生という不治の病，生きることのリアリティなのだ。

2001年6月28日，亡くなる前のメルッチから，最期の力を振り絞ったメッセージが届いた：

　……わたしは，あいかわらず，その日そのときその瞬間を，希望をもちつづけようとしつつ，たたかいつつ，あるいはただ，この河の流れに身を任せようとしつつ，生きている……

生命力が最後の一滴まで奪われ尽くそうとする「喪失」の瞬間にこそ，かえってその内側から，予想以上の反発力が沸き上がってくる。そしてこの応答力に

後押しされて，メルッチのように「その日そのときその瞬間を，希望をもちつづけようとしつつ，たたかいつつ，あるいはただ，この河の流れに身をまかせようとしつつ，生きて」いく。生という不治の病のフィールドワーク。

母の自殺未遂，父親の死，メルッチの死に際して，「フィールドのなかで書くこと」の真価が問われた（新原 2004）。フィールドワーカーは，フィールドから還ってきた後にフィールドノーツを再構成するのが一般的である。しかし，この「生老病死」と向き合う“内なる惑星のフィールドワーク”を通じて，考えたり，言葉にしたりできないまさにその場所で，言葉になるかならないかのところをかろうじてつなぎとめたうめき声のようなものが，後から意識の経験の旅を振り返るための“基点／起点”となった。

身体を「内なる惑星」と呼んだメルッチそしてアンナ夫人とは，“痛み／傷み／悼み”と向き合う“内なる惑星のフィールドワーク”を続けている[(4)]。いつどのように何と誰と出会い，別れ，そしてまた“出会い”続けるか，その道程を確かな“身実（みずから身体をはって証立てる真実）”として開示する。〈かく〉に至らぬ“舞台裏”も含めて〈あるき・みて・きいて・しらべ・ふりかえり・ともに考え・かく〉は成立しているように思う。

6 “出会い”の意味を“すくい（掬い／救い）とる”

人はどのような瞬間に他者と出会うのだろう。その他者はきわめて身近にいた人だった。でも君はずっとその人のことを理解していなかった。理解していないということにさえ気づいていなかった。人間がものをわかるというのは，後知恵という面がある。君もまた，同時代を生きている目の前の他者を，いまここで理解することはなかった。でもそのことをなげく必要はない。自分ではない誰かのなかにある，自分とはことなる事実の理解のしかたをわかるという営みは，時として，時を経て，そう，時をこえて起こるからだ。君は出会った。その出会いは偶然ではない。君が会いたかったからだ。君があれほど，忌避していたもの，避けて通りたかったもの，もう一つの姿に君は出会った。その出会いは，遅すぎるぐらいだったけれども，なぜか心地よい敗北感を感じてもいる。なぜなら君は，君が忌避していた他者に出会いたかっ

たからだ。この出会いは，一見，いままで君が知っていた世界の否定でもある。確かだったものを失う痛みはある。でもなぜか心地よい。痛みのなかにあらたな何かが生まれる予感があるからだ。新しい人を目覚めよ。ああこの人は実はこんな人だったのだ。他者を見てそう思っている君自身が，実は目覚めの時をむかえているということを君はまだ知らない。君がそのことを知るのは，ずっと後になるだろう。それは，君がいま同時代のなかで格闘していることの意味を，ずっと後から来る誰かが掘り起こしてくれて，果たせなかった君の想いを発見してくれる時だろう。もしかしたら，君はその瞬間に立ち会わないままに死ぬかもしれない。ひとがつらなるというのは，多少の時間や空間のズレをともなうのだから。

　ごくごくまれに起こる，会いたい人に会うという瞬間は，必然的であるのと同時に特別な意味ももっているわけだ。君は出会った。誰かに。その人を知るために。その他者のなかに自分を発見する。

この文章は，最初のサルデーニャ留学から，しばらく経ってからのある日，ふと人生の「壁」となっていた母方の祖父のことが想起され，そのときふいにやって来た理解／和解を書きとめたものだ。祖父との“出会い”の意味を“すくい（掬い／救い）とる”という行為だったのかもしれない。フィールドワークは，「一つ終わって，はい，つぎ！」とはならないところがある。「一期一会」の出会いをずっとひきずり，新たな旅の途上で，理解が後からやって来る瞬間がある。自分の“背景”とも出会い直す。

　序章で紹介したカーボベルデのサント・アンタン島でのアントニオ神父との出会いは，メルレルと神父が出会いの意味をすくい（掬い／救い）とり続けていたことの「証（あかし）」でもある。セネガル，パリなどでの大学教員経験をもつかたちで，故郷のイタリアに「帰還」したメルレルが，「正統なイタリア知識人でない」という扱いを受け，不遇と孤独を感じている時期の出会いだった。メルレルが，アントニオ神父からもらったカーボベルデの詩集を翻訳していたがこのことを伝えられたのは，約40年ぶりの再会でのことだった。そして神父と再会したその日，地元のラジオ局の放送から，メルレルがイタリア語に翻訳した詩についての話が，ふいに聞こえてきた。

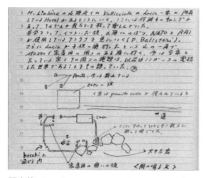

写真終-6　サルデーニャ・ガッルーラ地方山
間部の山小屋（lu stazzu）の見取り図
とフィールドノーツ（1989年8月6日）

あるいはまた，2010年から2011年にかけて，家族とともにサルデーニャで過ごしたときのことだ。帰国を間近に控えた2011年2月大学院生や若手研究者の前で，メルレルといっしょにセミナーをしていた。サルデーニャの各地に，自然，生き物，人間の暮らしが調和してきた歴史的地域があるという話（写真終-6）になったとき，なぜかふと，幼少期の数年を過ごした伊豆の祖父母の家近くの景観を想起した。そこでは，山の上に入会地と共同墓地があり，山から水が流れ，田畑と民家，集落の境には神社がある。家の近くの坂を下ると川が水をたたえ，魚や水生昆虫が暮らしている。その川の水で米を洗い，洗濯をする。流れた米粒を魚が食べるという循環が突然ひとつの全景としてこころに浮かんだ（写真終-7）。そしてまた，サルデーニャに暮らし始めた最初の頃，訪れた都市や地域で，同じようにスケッチをしていたことも想い出した（写真終-8）。「第二の故郷」サッサリ大学の教室で，サルデーニャと伊豆，記憶のなかの景観が突然つながった。さらには"生存の場としての地域"という全景把握の「図」が身体の奥から浮かび上がった（図表終-1）。

"生存の場としての地域"は，モノ［風水土（物質圏＝大気圏・水

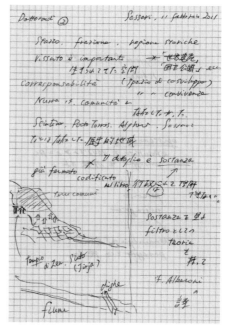

写真終-7　サッサリ大学セミナーでスケッチした
祖父母の家近くの景観（2011年2月11日）

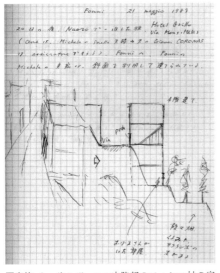

圏・地圏）]，イキモノ［生命系（生物圏）]，ヒト［類的存在としての人類の文明（人間圏）]によって構成される。一つのローカルな単位となった"惑星社会"を支えてくれている"生存の場としての地域"は，"廃棄"も"線引き"もできない一つのテリトリーとして存在している。

　2011年の時点で20数年を経たサルデーニャでのフィールドワーク，幼少期の「冒険」，"地域社会／地域／地"の研究が切り結び，発酵した瞬間だった。こうしたエピファニー（突然の理解のひらめき）

写真終-8　サルデーニャ内陸部のフォンニ村の家屋の構造把握（1989年5月21日）

は，不思議と後からやって来る。だからこそ，ふりかえり，"追想・追憶し続ける（keep re-membering）"ことが大切になる。

図表終-1　"生存の場としての地域"の図

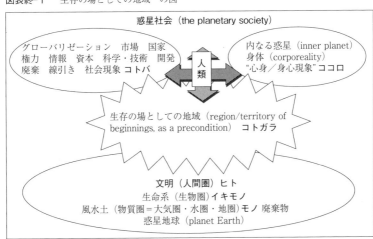

"出会い"の意味を"すくい（掬い／救い）とる"のであれば，ずっといっしょにいるわけではない人たちとも，出会い続けることになる。音楽の様式のカノンあるいはフーガのように，継起していく"出会い"の契機は，生者のみならず死者との間でも起こる。だから，メルッチとの旅と"出会い"は続いている。

⑦ 日々を生きるデイリーワーク／フィールドワーク

　序章7節の「ひとまずのまとめ」で，"試行／修行の局面"，"創発の局面""思行の局面"という話をしたが，真下先生と『精神現象学』，そしてサルデーニャへの最初のフィールドワークとそこでの暮らしは，"試行／修行の局面"だった。二度目のイタリア滞在（在外研究）となった1994／1995年に，メルレルとメルッチそれぞれから，「ああ，ミチノブにメタモルフォーゼが起こったんだね。ここからは前人未踏の地を行くんだよ」と言われたあたりで，"創発の局面"が始まった。しかし始まったからといって，すぐにうごけるわけではない。そこからまた，"試行／修行の局面"にもどることになる。帰国後，イタリアで学んだ"コミュニティを基盤とする参与的調査研究"と"療法的でリフレクシヴな調査研究"を，神奈川の公営団地，日本で暮らす「移動民の子どもたち」との間で，自分のものにしていく「復路」の時間とこれまた膨大なエネルギーが必要となった。

　どの局面も，自分の選択というよりは相手によってつかまれ，試されつづける「一期一会」だった。メルレル，メルッチ夫妻との友情と協業により，日本人があまり行かない国や地域への"旅／フィールドワーク"と，ふつうは学問でとりあげることのできない"傷つきやすさ"の領域にふれることとなった。"試行／修行の局面"，"創発の局面""思行の局面"は，一方向へと進んでいくものではなく，閉じることなく循環し，続いていくのだろう。

　固くしこった自分の殻を脱ぎ捨てたい。そう思ったとき，「同郷」はすでに「異郷」だった。「同郷」に違和感があり，根深い「こだわり」にうずくまり，行き詰まってどうにもならなくなった。いたたまれず，突然そこから離れようとうごきだし，出てみたものの後悔ばかりで，次から次へと難題に直面し，憂鬱な日々を過ごした。

　しかし，「旅」の終わりが近づいてきた頃，あれほどいやだったその場所と，

そこでの数奇な出会いを妙に愛おしむ気持ちがわきおこった。自分のなかに，その土地と人が埋め込まれ，刻み込まれていくという感覚。これから「帰郷」するというのに，なぜかとても不安な気持ちになった。

「同郷」への最初の違和感，"異郷／異教／異境"の地への違和感，それぞれの違和感は「多声」となって自分のなかに残っているが，そのどちらとも異なる「不協の声（ディスフォニー）」が身体のなかに蓄えられていく。「違和」は重ね合わされ，ますます不均衡のなかに放り込まれるような感覚に囚われる。ではあるが，妙にこの新たな混乱や混沌を歓ぶ自分がいることにも気づかされる。写真終-6〜8のように，訪れた土地でスケッチを"描き遺した"のは，"驚きと遊び心と探求心"に突き動かされていたからだろう。

たいしたことはできない人間としてなにかできることはあるのだろうか。「（我が）身を投ずる」（上野英信）意味，身を捨ててこそ浮かぶ瀬はあるのだろうか。手元にのこされているものを生かし直すしかないのだとすると，わたしの手元にあるのは何か。伊豆で生まれ育ち，真下先生の「門」をたたき，『精神現象学』の世界に入り，先の見えない古典の森を彷徨（さまよ）った。社会学（の先生）に救われ，地中海の海，草木，平原，大地とそこで暮らす人びとの香りや匂いや色を身体に染み込ませながら，ヨーロッパや南米の都市を歩いた。「浦島太郎のような気持ち」で「帰還」した日本で，「インドシナ難民」「日系人」「移動民の子どもたち」と"出会い"続けた。伊豆と地中海の山野河海，ヨーロッパの都市，ヘーゲルの『精神現象学』，出会うべくして出会った人と土地——フィールドを「読み」，古典をフィールドワークすることの往還をあきらめずに続ける。この道程・旅程によって，「地球の裏側」も「足元」も「暗い穴のなか」も，真下先生のおっしゃる「自己のうちなるコーズそのものにかかわる出来事」となる。以上が，日常生活とは切り離されずに生きられたフィールドワーク，「わたし」をフィールドとした旅の物語だ。

しかし，これは，あくまでに固有の「こだわり」「わだかまり」「いらだち」からの「コーズ」への道だった。本論での各氏の道行きでも明らかなように，それぞれの道がある。ただ言えることは，自分が「それによって生きることができるコーズ」と，わかちがたく結びついた〈エピステモロジー／メソドロジー／メソッズ／データ〉を組み立てることだ。そうしようとするならば，すべて

273

の道は正しいと言いたい。

8 これからうごき出す若い人たちへ

> 足跡を探し求めよう　アスファルトの道に
> 夜の闇を照らす　未踏の真実の跡を
> 「それでもまた夜は照らし出される」
> 私たちは　このただひとつの　地へと向かう　用心深き使者だ
> 出会うべき　言葉だけをもっている
> 「兄弟であれば」

メルッチの詩集『熱気球（Mongolfiere）』より
(Melucci 2002 : 11, 18–19)[6]

　フィールドワークは，人間が密集する都市や地域も含め，"異郷／異教／異境"に踏み出し，道に迷い，途方にくれ，何かを「やらかし」，命の危険もあり得る営みだ。海も山も川も，突然その「顔」を豹変させることがある。突然の嵐や暴風，豪雨，濁流のなかで，見晴らしも失い，インターネットの情報など役に立たないなかで，目や耳に入る事実から，降り立つべき次の足場，ひとまず身を寄せるべき「瀬」を探すしかないときもある。海や山や川と同じで，何度も痛い目にあって，身体に智恵をしみこませていく。

　いろいろと「想定」することはできるし，準備はする。「段取り八分」ではある。しかしその「段取り」が機能しないときに，自分はどのように，泳ぎ，歩き，川のなかの石を飛び，失敗するのかだけが，手元にある"身実（みずから身体をはって証立てる真実）"だ。

　制御不能な現実，他者との出会いのなかで，生身の現実に巻き込まれ，引き込まれていくなかで，科学の「知」と体験の"智恵"が編み合わされ紡がれることでしか，"智慧"はやって来てくれない。

　流れに身をまかせ，巻き込まれる。そのなかで声を発する。生の力への驚き。切り離す傷み，手放す痛み，失う悼み。それでも，なんとか，もがき，"かたちを変えつつうごいていく"。"流動性のなかにやすらぐ，うごきのなかに在る"

という“命運へのただ幸せ，安心とはいえない予感”とともに。

　フィールドワークは「マエストロ（師匠）」や「達人」に教えを請うものではない。「親身の指導」で「教え込む」ものでもないが，「野放し」でもない。悩み，右往左往する時間，その様子を，「わたしは，呻きつつ求めるひとのみを，是認する」（パスカル『パンセ』421）という気持ちで見守ってくれる師友（メンター），そしてできれば，「われらは黒き土にふし　まことの草の種まけりけわしき旅のなかにして　われら光の道をふむ」（宮沢賢治『精神歌』）となる仲間（ベル・エキップ）がいるとよい。本節冒頭のメルッチの詩のように，たったひとりで「未到の真実の跡」をあるく「用心深き使者」が，声をかけあい，たがいを気づかいながら，ともにいくつもの「ただひとつの地へと向かう」。

　自分が見届けることがないとしても，その場に居合わせることがないとしても，「当面の幸せ」とはならないかもしれないけれど，辛く悲しいことにも出会うかもしれないけれど，恋愛や友愛と同じで，体験の深さだけが意味をもつ世界（未発のコミュニティ）がある。その世界に少しでもふれたという体験は，ずっとこころのなかで灯をともし続けるはずだ。

　“変転の時代”を生きていくことになる若い人たちに，他者との間でうごきつづける旅への，（バッハの器楽曲のような多声のインヴェンションへの）希望をこめて，ぜひこう言いたい。

　「これから本当にたいへんな時代を生きていくことになります。誰も『解決策』などもっていません。『観客』ではなく『プレーヤー』として汗をかくしかありません。生身の現実というフィールドで，全身で全時間，フィールドワークをすることが現実となるのです。だからこそ，“驚きと遊び心と探求心”を大切に，どうか人生のよき旅／フィールドワークを！」

　不思議なものに驚くことの場を創り出すということは，可能なものと見知らぬものとを目撃しそれを証言しようとする人々との間に創られる，無心の関係性を再構築する必要があることを意味している。私たちは，子どもたちへ，人間とは異なる種へ，そして伝統的文化へと目を向けることから始めることができるのである。それらは，何もかもすべてが暴かれたわけではないこと，すべてが語られたわけではないこと，そしてきっと，すべてが語られる必要

はないということを，私たちに想い起こさせてくれるのだ（Melucci 1996＝2008：197）。

（新原道信）

注

(1) "痛み／傷み／悼み"に向き合う"臨場・臨床の智（cumscientia ex klinikós, wisdom to facing and being with raw reality）"については，（新原 2011）の終章，（新原 2019）の序章などで取り上げた。「本来は『主人公』であるはずの〈現実〉」に即した「臨床の知」を探求した哲学者・中村雄二郎は，著書『臨床の知とは何か』の冒頭で，メルッチの考え方には，自らの「〈臨床の知〉に通じる考え方がある」（中村 1992：2-4）としている。

(2) 『君たちはどう生きるか』の著者である吉野源三郎は，同時代に臨む智について語った『同時代のこと』（吉野 1974）のなかで，1917年のロシア革命という社会と人間のうごきの場に居合わせたジョン・リードが，いかにして，〈あるき・みて・きいて・よみ・しらべ・ふりかえり・ともに考え・かく〉ことをなし得たかを書いている。

(3) 自らの"背景（roots and routes）"，「こだわり」「わだかまり」「いらだち」から学問を始めようとしたとき，畏敬の念とともに遠目から学ばせていただいた阿部謹也先生（阿部 2007）と良知力先生（良知 1993）の"かまえ"に励まされた：
    筆者の心底を流れている言いたいことをいうのは，当の本人にとっても必ずしも明確な姿をとってはいない。それは思想化された主張というよりも，むしろ心のひだに積み重なってきたひとつのわだかまりだからである。そしてそのわだかまりは，私なりの精神の現象学を展開しようにも展開しえないいらだちとつながっている。……この小さな本をとおしていつしか自分の育った古巣にたちもどろうとしていたのかもしれない（良知 1993：309-310）。

(4) 2021年9月25日ミラノで，国際シンポジウム「未来は今──いまアルベルト・メルッチと対話する（IL FUTURO È ADESSO:Dialogando oggi con Alberto Melucci）」が開催された。メルッチの没後20年を追悼し，ベルギー，フランス，イギリス，チリ，日本，イタリアの各地から報告者が集まり，筆者は，「メルッチとの対話は続く──意味は出会いのなかで与えられる」という報告（オンライン）をした。2002年，2008年の追悼シンポジウムに続いて3回目の報告だったが，年を経てもなお，メルッチ夫妻との旅は続いている。

(5) ヨーロッパの都市を〈あるき・みて・きく〉ことで，都市には，人口規模や産業の集積などとはまた別の歴史性があること，それぞれの道や広場に固有の文化があることを体感した。これは，伊豆や地中海の山野河海で体感したことと重なるものだった（新原 1997，2007，2011，2019などで書いている）。

(6)　メルッチは人生最後の時期に多くの詩を書いた。詩集『熱気球（Mongolfiere）』
　　は，メルッチの死後に出版され，2002年，2021年の追悼シンポジウムで，メルッチ
　　の故郷リミニの親友により朗読された。

参考文献

阿部謹也，2007『自分のなかに歴史をよむ』筑摩書房。

中村雄二郎，1992『臨床の知とは何か』岩波書店。

新原道信，1997『ホモ・モーベンス──旅する社会学』窓社。

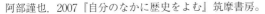，2002「旅」永井均他編『事典　哲学の木』講談社，pp. 697-699。

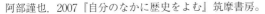，2004「生という不治の病を生きるひと・聴くことの社会学・未発の社会運
　　動──「A・メルッチの未発の社会理論」東北大学『社会学研究』第76号，pp. 99-
　　133。

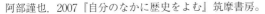，2007『境界領域への旅──岬からの社会学的探求』大月書店。

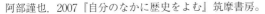，2011『旅をして，出会い，ともに考える──大学で初めてフィールドワー
　　クをするひとのために』中央大学出版部。

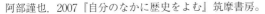編著，2014『"境界領域"のフィールドワーク──惑星社会の諸問題に応答
　　するために』中央大学出版部（メルレル，メルッチ，中村寛，鈴木鉄忠，阪口毅と
　　共著）。

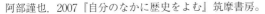編著，2016『うごきの場に居合わせる──公営団地におけるリフレクシヴな
　　調査研究』中央大学出版部（鈴木鉄忠，中里佳苗，中村寛と共著）。

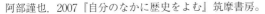編著，2019『"臨場・臨床の智"の工房──国境島嶼と都市公営団地のコミュ
　　ニティ研究』中央大学出版部（鈴木鉄忠，阪口毅，大谷晃，鈴木将平，中里佳苗と
　　共著）。

新原道信・宮野勝・鳴子博子編著，2020『地球社会の複合的諸問題への応答の試み』
　　中央大学出版部（鈴木鉄忠，阪口毅と共著）。

真下信一，1980［1957］「受難の深みより──思想と歴史のかかわり」『真下信一著作
　　集5　歴史と証言』青木書店，pp. 187-192。

吉野源三郎，1974『同時代のこと──ヴェトナム戦争を忘れるな』岩波書店。

良知力，1993『向こう岸からの世界史──一つの四八年革命史論』筑摩書房。

Alexievich, Svetlana, 2016, 三浦みどり訳『戦争は女の顔をしていない』岩波書店。

，2021，松本妙子訳『チェルノブイリの祈り──未来の物語〔完全版〕』岩
　　波書店。

Hegel, Georg Wilhelm Friedrich, 1986［1970］, *Phänomenologie des Geistes*, Frankfurt
　　am Main : Suhrkamp.

Melucci, Alberto, 1996, *The Playing Self : Person and Meaning in the Planetary Soci-
　　ety*, New York : Cambridge University Press（＝2008，新原道信・長谷川啓介・鈴
　　木鉄忠訳『プレイング・セルフ──惑星社会における人間と意味』ハーベスト社）。

, 2002, *Mongolfiere*, Milano : Archinto.

Murphy, Robert F., 1990 [1987], *The Body Silent—The Different World of the Disabled*, New York : W. W. Norton (＝2006, 辻信一訳『ボディ・サイレント—　病いと障害の人類学』平凡社).

Niihara, Michinobu, 1989, "Alcune considerazioni sulla vita quotidiana e sul processo dello sviluppo. Confronto fra due processi : Giappone−Okinawa e Italia−Sardegna", in *Il grandevetro*, 102, pp. 31-33.

読者への問い

Q. あなたの「こだわり」は何か？

Q. 誰の，何と，どのように出会ったのか？

Q. どのようにフィールドワーク／デイリーワークを始めるのか？

推薦図書

吉野源三郎，2006『君たちはどう生きるか』岩波文庫ワイド版。

阿部謹也，2007『自分のなかに歴史をよむ』ちくま文庫。

　　吉野さんは「私の哲学の先生」の旧制高校時代からの親友だった。小学生のとき，父の親友のＴ先生からこの本を贈っていただき，お亡くなりになる直前に「あなたがこれから学者となるのなら，ぜひまたこの本を読み直し，初心を忘れずにいてください」という言葉をいただいた。阿部先生は，何度か直接に「話」をしていただいた折に，「最近のひとたちは，『知』は自分のものだと思っているけれど，中世の職人はそうじゃありませんでした。"智"はみんなのものであり『いただいたもの』だと思っていたのですよ」とおっしゃられた。

Ｗ・Ｆ・ホワイト，奥田道大・有里典三訳，2000『ストリート・コーナー・ソサエティ』有斐閣。

Ｗ・Ｆ・ホワイト，Ｋ・Ｋ・ホワイト，佐藤誠・石塚秀雄・中川雄一郎訳，1991『モンドラゴンの創造と展開——スペインの協同組合コミュニティー』日本経済評論社。

　　若き日のホワイトは，1930年代に「犯罪と疾病の巣窟，無秩序で危険なスラム」とされていたボストンのイタリア系コミュニティに入り込み，そこで暮らし，地域のひとのなかで考え，『ストリート・コーナー・ソサエティ』をまとめた。この作品は，1943年に出版されて以来，今日に至るまで読みつがれている。晩年のホワイトは，スペイン・バスク地方の労働者共同組合モンドラゴンをフィールドワークし，「モンドラゴンの人々は，自分たちを伝道団とは思っていない。彼らはまずもって自分たちの自身の利益と必要について注意を向けなければならない」という言葉を遺した。"旅"の果てに獲得した"智"から出てきた言葉だと思う。

Ｒ・Ｎ・ベラー他，島薗進・中村圭志訳，1991『心の習慣』みすず書房。

　　アメリカの社会学者Ｒ・Ｎ・ベラーたちの共同研究の成果である本書は，アメリカのふつうのひとたちが無意識のうちに行動の指針としているところの「心の習慣」を探究した。付論の「公共哲学としての社会科学」は，社会の意味／社会で生きる

意味を明らかにするようなフィールドワークへと私たちを誘ってくれる。

向井豊昭，1999「下北半島における青年期の社会化過程に関する研究」『Barabara』四谷ラウンド。

2008年6月30日に肝臓癌で夭逝した向井豊昭は，1933年東京生まれ，「下北半島で育ち，アイヌ・モシリの小学校で25年間働いた」。下北半島から東京に出て来た男性が，神保町の古書店で，発見した論文のなかに，かつて「見られる対象となった自分」を発見し，「一人の生徒」の人生が「学術論文の図表のひとつとして処理」されていることに驚く。〈あるき・みて・きく〉側とならざるを得ないフィールドワーカー必読の書だと思う。

小松左京，2018『復活の日〔新版〕』早川書房。

小松左京「お召し」赤木かん子編，2005『未来世界へようこそ（SFセレクション）』ポプラ社。

萩尾望都（著），小松左京（企画・原案），2014-2015『AWAY——アウェイ』小学館。

楳図かずお，2001-2002『14歳』小学館文庫。

『復活の日』（1964年）では，強毒性のウイルスのため人間社会は崩壊する。主人公・吉住は，仲間のため，北米ワシントンに向かい，そこから南米の端まで歩きに歩く。北米「お召し」（1964年）では，満12歳以上の人間が，突然消え去った地球が舞台となっている。まもなく12歳となる小学6年生の主人公は，次の「大人」となるべき5年生に向けて，変動の記録を描き遺す（『AWAY』は「お召し」を漫画化した作品）。ここには，「さまざまな幻想がはぎとられ，断崖の端に立つ自分の真の姿を発見することができたとき，人間は結局『理知的に』ふるまうことをおぼえるだろう」という小松の願望と企図がこめられている。楳図かずおの『14歳』では，物質文明の限界に達した社会が滅亡へと向かっていく。14歳でその生が終わることを運命づけられた子どもたちは宇宙へと旅立ち，永く困難な"旅"の果てに，まったく異質な存在との交感によって，危機を突破していく。これらの作品から，異質な他者との出会いに絶望しないことへの勇気を読みとることが出来る。

フィールドワーカーとの対話

　序章では，編著者からフィールドワーカーたちへ，以下のような問いかけをした（P30–31）。それに対するフィールドワーカーたちの回答を公開する。フィールドワークの核心にも迫る問いかけにどんな回答が寄せられたのだろうか。

── 問　　い ──

Q1. あなたの原動力となった「こだわり」は何か？

Q2. フィールドワークの途上でいかなる困難と対面したのか，何をきっかけに，考え，そして視野が変化していったのか？　フィールドのひとたちとの間で何が生まれたのか？

Q3. 誰の，何と，どのように出会ったのか？

Q4. どのように，〈あるき・みて・きいて・よみ・しらべ・考え・かく〉という営みをしているのか？

Q5. 何を識ろうとしているのか？　何を実現しようとしているのか？　いかなる社会を構想しているのか？　その智を誰に伝えたいのか？

問いかけへの応答
木村哲也

Q. あなたの原動力となった「こだわり」は何か？

歴史のなかで「忘れられた」とされる存在を、「忘れるまい」とすること。そのために、ささやかな記録を残すこと。

ドストエフスキーは、『カラマーゾフの兄弟』のなかで、罪もない子どもが病気で死んでいく、そんな世の中に神は存在するのか？と問う。長い思索を経た先に出した答えは、「彼のことを忘れないでいよう」という呼びかけだった。

もっとも恐ろしいことは、確かに存在した人が、歴史のなかで存在しなかったとされることだ。そのような状況にささやかに抵抗すること。それが私の原動力となっている。

Q. フィールドワークの途上でいかなる困難と対面したのか、何をきっかけに、考え、そして視野が変化していったのか？　フィールドのひとたちとの間で何が生まれたのか？

学生時代は、寝袋を持っての野宿の旅であったので、その日、寝る場所を確保し、十分な睡眠をとり、旅を持続させる体力を奪われないようにする工夫の連続。それが旅だった。そのような旅を通して、人が生の営みを続ける原点を学んだような気がしている。

しかし、やがて、私に宿を貸し、食事を提供してくださる方が必ず現れた。それは私にとって、人間に対する視野がすっかり変わるような出来事だった。見ず知らずの旅人に、なぜ、人は泊まる場所と食べるものをまったくの無償で提供できるのか。人が人を信用しようとする最初の姿を教えていただいたと思っている。

Q. 誰の、何と、どのように出会ったのか？

庶民（大学などを出た知識人ではないという意味）のあいだに生きる「公正（フェアネス）」の感覚（P50-52参照）。

Q. どのように，〈あるき・みて・きいて・しらべ・考え・かく〉という営みをしている
　のか？

　下調べはどの程度十分にしていっても，旅先で，必ずそれを超える発見があ
り，未知なるものとの出会いが待っている。自分の固定観念の枠を刷新するよ
うな新たな出会いのために，繰り返し旅に出る。

Q. 何を識ろうとしているのか？　何を実現しようとしているのか？　いかなる社会を
　構想しているのか？　その智を誰に伝えたいのか？

　どんな時代，どんな社会にもはびこる「支配的言説」を打破するものの見方
を手にしたい。その智を，若い人たちと共に考え，伝えていきたい。

問いかけへの応答

友澤　悠季

Q. なぜ，どのように，〈あるき・みて・きいて・よみ・しらべ・考え・かく〉という営みをしているのか？

　我が身の「フィールドワーク」はほとんど「受け身」の営みで，「なぜするのか」の問いには「薦められたから」と答えるのが適している。宇井純さんと縁のあった藤林泰さん，菅井益郎さんに最初の一歩の背中を押されていなければ，国内とはいえ20以上の土地に足を運ぶことはなかった。岩手県陸前高田市，栃木・群馬両県の渡良瀬川流域（足尾銅山鉱毒被害地），沖縄県などの方々は，筆者にとって「人生の先生」で，何かの知識を与えてもらうだけでなく，自分自身の見解を伝え，意見・感想をもらうような関係でもある。その場に滞在している間よりも電話や手紙などでやりとりする時間も得難い学びとなっている。

　「どのように」という点では，誰かに同行する幸運から旅先での振る舞い方を教わった。下調べ，持っていくべきもの，挨拶の仕方，感謝の伝え方，雑談の中から土地を知る方法など。一人で行く場合は，移動のスケジュール管理に相当頭をとられる。路線バスなどのほか，最寄り駅や宿泊先からよく自転車（レンタサイクル）を借りた。快晴下の走行はそれこそ最高だが，土砂降りに遭ったときのことも鮮明に覚えている。

　「この問題（地域）に関心をもってもらってありがたい」という反応にしばしば出会うが，それだけ社会が無関心であることの裏返しである。信頼にあぐらをかくなと自分に言い聞かせている。

問いかけへの応答
阪口　毅

Q. あなたの原動力となった「こだわり」は何か？

　個々人の内なる複数性も含めて，異物の存在を許容する集団形成はいかに可能なのかを考え，そのための「場所」を実現したいという気持ち。けれども学生時代の自分の出発点にあったのは，この社会のなかで生きていけるのだろうかという漠然とした怖れや，生きていくためには自分の存在を証明しなければならないという過剰な自意識だったことは忘れてはいけないと思う。

Q. フィールドワークの途上でいかなる困難と対面したのか，何をきっかけに，考え，そして視野が変化していったのか？　フィールドのひとたちとの間で何が生まれたのか？

　自分にとって「未知」の場所で，人と出会い，関わるということ自体が自分にとっての「困難＝壁」だった。それが変わっていったのは，結局はフィールドで出会った人たちと関わり続けることでしかなかった。一緒に身体を動かし働くことで，記録として残される文書や，ある程度形の整ったインタビューの語りとは異なる言葉や振る舞いを見聞きした。学んできた概念では語り切れない出来事に出会い，モノグラフを書こうとすることで自分の語彙の不十分さを痛感した（私は書くことで出会ったものを損ねているのではないか？）。そこで初めて，「ものの見方」が変わる，あるいは変わってしまっていることに気づいた。本書の読者の皆さんにも，ぜひそんな体験をしてもらいたい。

問いかけへの応答
石岡丈昇

Q. あなたの原動力となった「こだわり」は何か？

　フィールドについて知るためには，そのフィールドに関心を向けてしまう自分自身について知る必要があること。また自分について知るためには，その自分に馴染みある世界とは異なった世界に飛び込む必要があること。フィールドに赴くことで自分を発見し，自分を発見することでフィールドの機微が視野に入ってくる。私がこだわりたいのは，このようなフィールドワークの対位的運動である。

Q. 誰の，何と，どのように出会ったのか？

　大学院生だった頃，フィールドで調査をするだけでなく，そこで様々な支援運動をおこなう（そのこと自体は決して文字にされることはなかった）先生たちの姿を目にすることがあった。そのフィールドは日本の農村だったり，ある社会運動の団体だったりしたが，決して書かれることのない，そうした舞台裏での模様が，翻ってその人の書き物や生き方に息づいていることを学んだ。

Q. どのように，〈あるき・みて・きいて・しらべ・考え・かく〉という営みをしているのか？

　フィールドの音やにおいを感じ取ることを大切にしている。音については，第4章に書いたように，熱帯特有の大雨が，夜に，トタン屋根に打ちつける轟音を耳にしながら，マニラの貧困世界を覆うさみしさについて考えるようになった。においについては，ボクシング・キャンプでの住み込み調査時に使用していたフィリピン・メーカーの石鹸（Safeguard）を，今でも日本の生活で使い続けている（フィリピンに赴くたびに，その石鹸をたくさん購入して持ち帰っている）。日本の日常のなかにフィリピンの生活の一部を入れておくことは，フィールドワークにおいて重要なことに思える。

問いかけへの応答
首藤明和

Q. 何を識ろうとしているのか？　何を実現しようとしているのか？　いかなる社会を
　構想しているのか？　その智を誰に伝えたいのか？

　フィールドワークとは決して〈フィールドワークの方法〉から始まるのでは
なく，むしろ世界のなかにあって，そのうごきの場のリアリティを感じる日常
から始まっている。すなわち，わたしたちに示される世界は意味を過剰に有し
ていて無限の可能性に開かれているが，わたしたちはこの世界のなかで観察や
記述を通して意味を選択し，世界を構成してもいる。わたしたちに示される世
界と，わたしたちによって構成される世界の両者は，再帰的に循環しており，
わたしたちはここから逃れることはできない。だからこそわたしたちは，世界
（他者）や自己を，観察し記述し続ける可能性に開かれてもいる。わたしたち
の〈あるき・みて・きいて・よみ・しらべ・考え・かく〉日常的な世界への反
応そのものが，作品を残すという営みに直結している。

問いかけへの応答
鈴木鉄忠

Q. 誰の，何と，どのように出会ったのか？

　イタリア国境地域に暮らす普通の人々から有名な歴史家の先生まで，私は「赤ん坊」状態で出会ったが，根気よく付き合ってくださり育ててもらった。出会った人やモノをできる限り書き残すことで，少しでも恩返しをしたいと思う。

Q. 何を識ろうとしているのか？　何を実現しようとしているのか？　いかなる社会を構想しているのか？　その智を誰に伝えたいのか？

　「もっとも暴力的な世紀」（ハンナ・アーレント）であった20世紀の愚行は，いまも未解決の問題なのではないか。ナチスドイツのユダヤ人大虐殺は，ヒトラーのような「少数の怪物」だけでは不可能であり，大多数の「普通の人々」の分業と無関心によってはじめて可能になった。大学生でその事実を知ったとき，「また同じことが起こるのではないか」と衝撃を受け，「自分も知らないうちに加担するのでは」と不安になった。なぜなら分業を前提とする社会や組織，上の指示に従うこと，自分とは関係の薄い世界への無関心は，現在も根深く残っているからである。「当たり前」だと信じてきた「真面目にがんばる」「素早く模範解答を探す」ことが，場合によっては破滅的な事態の加担につながることもショックだった。20世紀から続く「深い森」（エリ・ヴィーゼル）に出口はあるのか。その答えを探しにトリエステまで辿り着いた。第二次世界大戦後に故郷を喪失したが，国境を越えた地域の未来を真剣に考え，平和的な方法で実現を試みる「普通の人々」がいることを知った。トリエステとイストリアの市井の人びとの体験と証言を通して，引き返してはならない道はどこか，どの道を進めばよいのかを識りたいと思っている。

問いかけへの応答
中村　寛

Q. あなたの原動力となった「こだわり」は何か？

すべての活動の根幹にあるのは「怒り」である。特定の個人に対するものではなく，不条理なもの，有形無形の暴力，それをうみだす制度や構造といったものへの「怒り」。爆発するような「怒り」ではなく，静かに長く燃え続ける蝋燭の炎のような「怒り」。少なくとも探究の始まりにおいて，こうした「怒り」のほうが「好奇心」よりも強かった。

Q. フィールドワークの途上でいかなる困難と対面したのか，何をきっかけに，考え，そして視野が変化していったのか？　フィールドのひとたちとの間で何が生まれたのか？

最初は奨学金を得て大学院に留学したいと思っていた。それこそハーレム近くのコロンビア大学あたりに。ところが奨学金がとれなかった。思想的メンターであるN先生は大喜びで「奨学金にぜんぶ落ちたなんて，すばらしいよ，中村くん！　じゃあ，ハーレムの路上でコーヒーでも売って暮らすといいよ」と言われ，「えー」とか思いながら貯金を切り崩しつつのフィールドワーク生活が始まった。とにかくお金がなかった。出会った人たちにコーヒーやご飯をごちそうになりながら話を聞き，教わる日々だった。彼らだって決して裕福ではないのに，何者でもない私に無償で手を差し伸べ，惜しみなく時間とエネルギーをさいてくれた。能力も体力も地位もカネも，なんの余裕もない状態のときにしか経験できない出会いがあり，関係がある――今では，その先生が喜んだ理由がわかる気がする。

Q. 誰の，何と，どのように出会ったのか？

ごく普通の人びと，なかでもハーレムの路上やモスク，集会場では，ストリート文化を体現している者たちの豊かな語りに出会った。それと同時に，かれらが体現する歓待（hospitality），智恵（wisdom），仲裁（mediation）の力といったものにも出会った。前者の「語り」は言語の複数性，多様性，ダイナミズム

にかかわっており，後者の「体現されたもの」はすべて，言語の「外」にある。この両者のせめぎあいが，大きなテーマになった。

Q. どのように，〈あるき・みて・きいて・よみ・しらべ・考え・かく〉という営みをしているのか？

　最初から本を読んで，想像力をつかってその叙述のなかに入っていける人がいる。残念ながら私はそうではない。努力は続けているが，今でも文字をうまく読むことができない。物心ついたときには既に，じっと座って文字を読むことができなかった。だからというわけでもないだろうが，気になるとその場には足を向けてみる。そこで幸運にも出会えた人の声に耳を傾け，仕草や表情に触れることで，初めて想像力をつかうことができる。

Q. 何を識ろうとしているのか？　何を実現しようとしているのか？　いかなる社会を構想しているのか？　その智を誰に伝えたいのか？

　陰湿で凄惨な暴力をみることが仕事の一部になっている。そうした暴力は人間にしか可能ではない。毎日，絶望的な気持ちになる。しかし，それは浅知恵というもので，眼をこらせば，反暴力の叫びをあげ，脱暴力の試みを続ける人びとがいる。反暴力の叫びは，必ずしも意味の明快な言葉になっておらず，非制度的・非言語的な表現をとることがある。明晰な抗議や告発の声だけが反暴力なのではない。無名の人びとによる，時として支離滅裂な路上の声に耳をすまさなくなったら，人間の学問は滅びるだろう。しかし近年は，抗議や告発ではなく，社会集団内に不可避的に生じる排除や差別，紛争を仲裁し，対話を促す脱暴力の取り組みに惹かれる。暴力に対し，懲罰的・報復的ではない修復的な触れ方をする彼らは，表立って闘う／戦うことはあまりないが，それは最も着実で堅実な「たたかい」であるかもしれない。社会を構想するということは，反社会や非社会を同時に考えることなので，既存社会からとりこぼされたり，はじかれたりするような人びとの所作から考え，包括的であると同時に，「外」にはみ出すことが許されるような，「遊び」のある社会のあり方を，眼の前にいる人たちと考えたい。

あとがき
まだ伝えたいことがたくさんある

　「新型コロナウイルス感染症（COVID-19）」のなかで生きるようになってから，当初予定していたブラジル行きも，イタリアへの「里帰り」もできなくなり，国際シンポジウムなどでもオンラインで報告するようになった。社会調査実習の授業やゼミの学生のフィールドワークもままならず，暗中模索の日々が続いている。たしかに，「苦境」ではあるけれども，焦燥感やいらだちよりも，いま惑星地球規模で起こっている人間と社会のうごきそのものを，眼や耳，鼻や皮膚，骨身で感じ取りたいという想いがわきあがっている。

　学生の人たちを見ていると，物理的なうごきが制限されるなかで，ものごとの微細なうごきを感知する〈装置〉のようなものが敏感に作動しやすくなってもいる。そうなると，これまでただ，その場所を通り過ぎてきただけの過去が，突然きらめきをともなった追想としてよみがえってくるはずだ。それは，定型化された「物語」によって覆い隠されてしまった，いくつものもうひとつの現実，生身の現実との新たな出会いであり，自分／他者との再会でもある。本書の著者たちは，いつの間にか，学生時代や子どもの頃のことまで書きつづっていた。学生の人たちもまた，レポートや論文のなかで，いままで以上に，自分をふりかえっていた。それはきっと，危機の瞬間に，自分が歩いた道の端や果てに埋め込まれた「贈り物」をすくいとることで，人間と社会を生身でとらえようとするうごきなのかもしれない。

　ランペドゥーザ，メリリャ，セウタの街や海岸を歩きながら，メルレルが，「まだ伝えたいことがたくさんあるんだ。できればともに旅をしながら」と言った。ミラノの自宅や修道院で，亡くなる前の静かな時間の旅をともにしたメルッチは，別れ際，「もう行くのか。いま詩が訪れたんだよ」と言った。記録文学作家・上野英信の「盟友」で『西表炭鉱史』の著者，三木健さんのご好意で，かつて炭鉱があった西表島のジャングルを訪れた。その後，那覇の沖縄第一ホテルで，「上野英信さんから託されたもの」について語ってくださった三木さ

んには，何も返せていない。

　あるいは，亡くなる一カ月前，病床の祖父から，「柳条湖，そして2.26，軍部や民衆がどのようにうごいたのか，人間とはどういうものか，日本の社会とは何か，おまえにはまだ話さなければいけないことがある」と言われた。その後すぐに，祖父は昏睡状態に陥り，話を聴くことはできなかった。子どもの頃，「なぜ特攻隊に志願したの」と聞いた息子に何も語らず，文語体で書かれた吉田満『戦艦大和ノ最期』を手渡した父から，何も聴くことはできなかった。

　こうした欠落感あるいは負債の感覚から，多くを語らず生きた人たちの生の軌跡と痕跡，果たされなかった“願望”や“企図”をうけとめ，“すくい（掬い／救い）とり，くみとる”ことに意を注ぎたいと思ったのだろう。そのため，本書自体が，個々の著者にとって，あるいは読者にとって，療法的な意味を持っているかもしれない。

　欠けたるもののかけらを持ち寄り，魂を解き放ち，読者に「多少，穴があってもいいから，とりあえず，自由に歩いていくといいですよ」と語りかけたかった。時間はかかるし，エネルギーを必要とするけれど，「あのとき死なずに生きてきて，ああよかった」と思えるようになることを伝えたかった。

　そのうち，あなたの人生の様々な時期に惜しみなく厚意を届けてくれた人たち，命を“すくい（掬い／救い）とり，気持ちをくみとってくれた人たちへの感謝の念が心からわきあがって来る。その頃には，後から来る若いひとたちに「伝えたいことがたくさんあるんだ」という気持ちになることを伝えたかった。あまりに社会の問題が複雑化しすぎて，自分などが考えても意味がない，でも，何かを深く理解したい，他者とともに何かをしたいという望みを持つ人たちに，「大丈夫だから」と言いたい──おそらくそれで，私たちは，こころを寄せ，集まったのだろう。

　実は，本書の“基点／起点”となっているのは，中央大学文学部の授業で，2012年度と2013年度に行った「プロジェクト科目：歩く学問／フィールドワークから学ぶ」だった。「3.11」の後，とにかく何かしなければという，いてもたってもいられない気持ちから始めた試みだった。日頃から注目し，尊敬する

旅人／フィールドワーカーをお呼びして，思い悩む学生諸氏との新たな出会いの場となればと考えた（編集者の西浩孝さんが智恵袋となってくれた）。本書の著者である木村哲也さん，中村寛さん，鈴木鉄忠さん，友澤悠季さん，阪口毅さんに加えて，アメリカ「辺境」の研究者・鎌田遵さん，写真家の大西暢夫さんと亀山亮さん，ドキュメンタリー・カメラマンの百崎満晴さん，「スロー・ウォーター・カフェ」代表の藤岡亜美さんが参集してくれた。来訪がかなわなかった中川雅子さんからは，ていねいなお手紙とご著書をいただいた。

　ドキュメンタリーや写真，フェアトレードといった作品・アート（技芸）の「職人」のみなさんと学生諸氏との間で生まれた"共感・共苦・共歓"は，なかなかそのままのかたちで作品化はできなかった。しかし，むしろその場で生まれた沈黙や緊張，気まずい時間，突然の出来事だった救急搬送なども含めて，教室にいながら社会的な生をフィールドワークする時間だった。そのすべてを再現することはできないが，フィールドのなかで，そこに生きる人たちとともに呼吸する感覚を持っている首藤明和さん，石岡丈昇さん，大谷晃さん，栗原美紀さん，鈴木将平さんに新たに加わっていただき，「フィールドワーカーとの対話」が実現した。それゆえ，この本自体が，「3.11」に応答するべくなされた2012年から2013年にかけての「プロジェクト」の「あとがき」のような性格を持っている。

　「3.11」前後の「プロジェクト」をともにした後，修士論文を提出し，教育現場へと旅立っていった卒業生がいた。いまは海外で学び働く，その卒業生から，「書けなかったあとがき」が届いた。「あとがき」で，論文やフィールドワークの舞台裏にあった「わだかまり」や「ひっかかり」を解きほぐしていく――「私にとっての識字」だからという言葉が添えられていた。この卒業生のように，かなり後になって，追想・追憶をかたちにして，「あとがき」を送ってくれる卒業生がいる。「あとがき」は，ずっと後から，何度かにわたって書き続けることができるものだ。

　今回なんとか，ひとつの「あとがき」をかたちにした。しかし，まだまだ伝えたいことはたくさんある。惑星社会のフィールドワークによる生存の場としての地域の探求が，少しでも，分断・貧困・差別に苦しむ人たちの想いを"す

くい（掬い／救い）とる"ことになりますように。そしてまた，ひとつの「あとがき」であるような本書が，あなたたちにとって，「変化に対する責任と応答を自ら引き受ける自由」「限界を受け容れる自由」（メルッチ）のもとで，ともに智を織り合わせる場となりますことを。

　みなさんとまた出会えますことを。強権と監視と相克のなかで，地には平和をと願いつつ。感謝と信頼をこめて。

2022年1月

著者たちを代表して　新 原 道 信

人名索引

事項索引

《執筆者紹介》執筆順 ＊は編著者

新原道信（にいはら・みちのぶ）**はしがき・序章・第Ⅱ部解説・終章・あとがき**

 ＊編著者紹介欄参照

木村哲也（きむら・てつや）**第1章・フィールドワーカーとの対話**

 2005年 神奈川大学大学院歴史民俗資料学研究科博士後期課程修了
    博士（歴史民俗資料学，神奈川大学）
 現 在 国立ハンセン病資料館　学芸員
 著 書 『宮本常一を旅する』河出書房新社，2018年。『来者の群像——大江満雄とハンセン病療
    養所の詩人たち』編集室水平線，2017年。『駐在保健婦の時代　1942-1997』医学書院，
    2012年など。

友澤悠季（ともざわ・ゆうき）**第2章・フィールドワーカーとの対話**

 2013年 京都大学大学院農学研究科生物資源経済学専攻博士課程修了。博士（農学，京都大学）
 現 在 長崎大学環境科学部准教授
 著 書 『労働者と公害・環境問題』（共著）法政大学出版局，2021年。『「問い」としての公害
    ——環境社会学者・飯島伸子の思索』勁草書房，2014年など。

阪口　毅（さかぐち・たけし）**第3章・フィールドワーカーとの対話**

 2016年 中央大学大学院文学研究科社会学専攻博士後期課程修了。博士（社会学，中央大学）
 現 在 立教大学コミュニティ福祉学部コミュニティ政策学科准教授
 著 書 『流れゆく者たちのコミュニティ——新宿・大久保と『集合的な出来事』の都市モノグラ
    フ』ナカニシヤ出版，2022年。『地球社会の複合的諸問題への応答の試み』（共著）中央
    大学出版部，2020年。『"臨場・臨床の智"の工房——国境島嶼と都市公営団地のコミュ
    ニティ研究』（共著）中央大学出版部，2019年など。

石岡丈昇（いしおか・とものり）**第4章・フィールドワーカーとの対話**

 2008年 筑波大学大学院人間総合科学研究科一貫制博士課程単位取得退学
 2010年 博士（学術，筑波大学）
 現 在 日本大学文理学部社会学科教授
 著 書 *Southern Hemisphere Ethnographies of Space, Place, and Time*（共著），Peterlang, 2018.
    『質的社会調査の方法——他者の合理性の理解社会学』（共著）有斐閣，2016年。『ローカ
    ルボクサーと貧困世界——マニラのボクシングジムにみる身体文化』世界思想社，2012
    年など。

首藤明和（しゅとう・としかず）**第5章・フィールドワーカーとの対話**

 2001年 神戸大学大学院文化学研究科博士課程修了。博士（学術，神戸大学）
 現 在 中央大学文学部教授
 著 書 『中国のムスリムからみる中国——N. ルーマンの社会システム理論から』明石書店，2020
    年。『日本と中国の家族制度研究』（共編著）風響社，2019年。『中国の人治社会——もう
    ひとつの文明として』日本経済評論社，2003年など。

鈴木鉄忠（すずき・てつただ）**第6章・フィールドワーカーとの対話**

2011年　東京工業大学社会理工学研究科価値システム専攻博士課程単位取得退学
2013年　博士（学術，東京工業大学）
現　在　東洋大学国際学部国際地域学科教授
著　書　『「見知らぬ私の地元」の探究——前橋・赤城スローシティのフィールドワーク』上毛新聞社，2022年。『地球社会の複合的諸問題への応答の試み』（共著）中央大学出版部，2020年。『精神病院のない社会をめざして　バザーリア伝』ミケーレ・ザネッティほか（共訳）岩波書店，2016年など。

中村　寛（なかむら・ゆたか）**第7章・フィールドワーカーとの対話**

2008年　博士（社会学，一橋大学）
現　在　多摩美術大学美術学部リベラルアーツセンター／大学院教授
著　書　『アメリカの〈周縁〉をあるく——旅する人類学』平凡社，2021年。『残響のハーレム——ストリートに生きるムスリムたちの声』共和国，2015年。『アップタウン・キッズ——ニューヨーク・ハーレムの公営団地とストリート文化』テリー・ウィリアムズ＆ウィリアム・コーンブルム（訳）大月書店，2010年など。

大谷　晃（おおたに・あきら）**第8章**

2022年　中央大学大学院文学研究科社会学専攻博士後期課程修了。博士（社会学，中央大学）
現　在　社会構想大学院大学実務教育研究科助教
著　書　「『記憶』による都市コミュニティの統合——東京都立川市の都営団地の建替えと自治会再編」『地域社会学会年報』32号，東信堂，2020年。「コミュニティ・リーダーの統合に対する『記憶』の作用——東京都立川市の都営団地自治会役員層のネットワーク形成の検討を通じて」『中央大学社会科学研究所年報』24号，中央大学出版部，2020年。『"臨場・臨床の智"の工房——国境島嶼と都市公営団地のコミュニティ研究』（共著）中央大学出版部，2019年など。

栗原美紀（くりはら・みき）**第9章**

2022年　上智大学大学院総合人間科学研究科社会学専攻博士後期課程修了。博士（社会学，上智大学）
現　在　共愛学園前橋国際大学国際社会学部国際社会学科専任講師
著　書　「理念としてのホーリズム／実践されるホーリズム——マレーシアにおけるヨガの展開を事例として」『上智大学社会学論集』44，上智大学社会学科，2020年など。

鈴木将平（すずき・しょうへい）**第10章**

2024年　中央大学大学院文学研究科博士後期課程修了。博士（社会学，中央大学）
現　在　国立国際医療研究センター特任研究員
著　書　「常染色体潜性遺伝（劣性遺伝）病における保因者検査の現状と ELSI」（共著）『生命倫理』32（1），2022年。「医学研究・教育への参加を通じた身体の意味づけ——1950年代から60年代における長崎・東京・愛知の遺体提供団体の事例から」『保健医療社会学論集』31巻2号，2021年。『"臨場・臨床の智"の工房——国境島嶼と都市公営団地のコミュニティ研究』（共著）中央大学出版，2019年など。

《編著者紹介》

新原道信（にいはら・みちのぶ）

1990年　一橋大学大学院社会学研究科博士課程退学
現　在　中央大学文学部教授
主　著　『うごきの場に居合わせる──公営団地におけるリフレクシヴな調査研究』（編著）中央
　　　　大学出版部，2016年。『境界領域への旅──岬からの社会学的探求』大月書店，2007年。
　　　　『ホモ・モーベンス──旅する社会学』窓社，1997年など。

　　　　　　　　　　　　　　　　人間と社会のうごきをとらえる
　　　　　　　　　　　　　　　　フィールドワーク入門

2022年5月15日　初版第1刷発行　　　　　　　　　　　　〈検印省略〉
2024年11月30日　初版第3刷発行

　　　　　　　　　　　　　　　　　　　　　　　　定価はカバーに
　　　　　　　　　　　　　　　　　　　　　　　　表示しています

　　　　　　　　　　　編著者　　新　原　道　信
　　　　　　　　　　　発行者　　杉　田　啓　三
　　　　　　　　　　　印刷者　　藤　森　英　夫

　　　　　　　発行所　株式会社　ミネルヴァ書房
　　　　　　　　　607-8494　京都市山科区日ノ岡堤谷町1
　　　　　　　　　　　　　　電話代表　（075）581-5191
　　　　　　　　　　　　　　振替口座　01020-0-8076

　　　　ⓒ新原ほか，2022　　　　　亜細亜印刷・吉田三誠堂製本
　　　　　　　ISBN978-4-623-09376-2
　　　　　　　　　Printed in Japan

■社会にひらく 社会調査入門

—— 文貞實・山口恵子・小山弘美・山本薫子編著　Ａ５判　266頁　本体2800円

社会調査の多様な手法，さらに調査時の作法や倫理などの基本を解説するとともに，一歩踏み込んで社会へ果敢に関与していく術を探る。

■インタビュー調査法入門
質的調査実習の工夫と実践

—————————— 山口富子編著　Ａ５判　256頁　本体2800円

質的社会調査のためのインタビュー法の手順を，実践例を交え紹介。実践から生みだされた様々な工夫を解説しており自発的に学べる。

■よくわかる質的社会調査　技法編

————————— 谷　富夫・芦田徹郎編著　Ｂ５判　232頁　本体2500円

質的調査のスタンダードテキスト。調査の技法（データの収集）・分析の技法をわかりやすく解説。

■よくわかる質的社会調査　プロセス編

————————— 谷　富夫・山本　努編著　Ｂ５判　224頁　本体2500円

質的調査方法の入門書。「調査の進行プロセス」（問題設定からレポート作成まで）をわかりやすく解説した標準テキスト。

■最新・社会調査へのアプローチ
論理と方法

—— 大谷信介・木下栄二・後藤範章・小松　洋編著　Ａ５判　344頁　本体2500円

1999年の初版刊行以来のベストセラーを調査状況にあわせて全面改訂した最新版。入門演習から卒論まで，長く使えて重宝する一冊。

————————————— ミネルヴァ書房 —————

https://www.minervashobo.co.jp/